Ute Göggelmann
Frank Hauser

Deutschlands Beste Arbeitgeber

Bibliografische Information der Deutschen Bibliothek:
Die Deutsche Bibliothek verzeichnet diese Publikation in der
Deutschen Nationalbibliografie; detaillierte bibliografische Daten
sind im Internet unter **http://dnb.ddb.de** abrufbar.

Design/Layout: Stephanie Villiger

Druck: Druckerei Joh. Walch, Augsburg

Covergestaltung: Stephanie Villiger

Lektorat: Dr. Renate Oettinger

1. Auflage 2004

© 2004 Finanzbuch Verlag GmbH

Frundsbergstr. 23 • 80634 München

Tel.: 089 651285-0 • Fax: 089 652096

Alle Rechte, einschließlich derjenigen des auszugsweisen Abdrucks
sowie der photomechanischen Wiedergabe, vorbehalten.

Für Fragen und Anregungen:
goeggelmann@finanzbuchverlag.de

ISBN 3-89879-079-7

Fordern Sie jetzt unser Verlagsverzeichnis an!

Weitere Bücher: www.finanzbuchverlag.de

Inhalt

TEIL I

Vorwort	7
Einleitung	9
Vertrauen, Stolz und Teamgeist machen Unternehmen zu den besten Arbeitgebern	11
Wie Einsteiger und Aufsteiger ihren besten Arbeitgeber suchen	20

TEIL II

Die Gewinnerunternehmen		26
Rang 1	Microsoft Deutschland	29
Rang 2	Skytec	34
Rang 3	Diageo Deutschland	39
Rang 4	Hexal	44
Rang 5	Endress + Hauser Wetzer	49
Rang 6	Kraft Foods Deutschland	54
Rang 7	J. Schmalz	59
Rang 8	Sick	64
Rang 9	Guidant Medizintechnik	69
Rang 10	Federal Express Europe	74
Rang 11	Consol Software	79
Rang 12	Johnson Wax	84
Rang 13	Ruhrgas	89
Rang 14	Office Depot International	94
Rang 15	Computer Associates	99
Rang 16	Brose Fahrzeugteile	104
Rang 17	Soft Imaging System	109
Rang 18	Boehringer Ingelheim Pharma	114
Rang 19	Ford-Werke	119

Rang 20	Olympus Europa	124
Rang 21	Fachklinik Heiligenfeld	130
Rang 22	Sauer Danfoss	135
Rang 23	Volkswagen Bank	140
Rang 24	Johnson & Johnson	145
Rang 25	W. L. Gore & Associates	150
Rang 26	H&M Hennes & Mauritz	155
Rang 27	Lilly Deutschland	160
Rang 28	Smart	165
Rang 29	Pfizer	170
Rang 30	Electronic Arts	175
Rang 31	GSD	180
Rang 32	Hakle-Kimberly Deutschland	185
Rang 33	DePuy Orthopädie	190
Rang 34	Ingram Micro Distribution	195
Rang 35	Hugo Boss	200
Rang 36	L'Oréal Deutschland	205
Rang 37	Rohde & Schwarz	210
Rang 38	National Instruments Germany	215
Rang 39	Leoni	220
Rang 40	Dow Chemical Germany	225
Rang 41	Heinrich-Deichmann Schuhe	230
Rang 42	GfK	235
Rang 43	Weinmann Geräte für Medizin	240
Rang 44	Kyocera Mita Deutschland	245
Rang 45	Schreiner Group	250
Rang 46	SAS Institute	255
Rang 47	Hannover Rückversicherung	260
Rang 48	Burster Präzisionsmeßtechnik	265
Rang 49	3M Deutschland	270
Rang 50	Epigenomics	275

Neue Qualität der Arbeit

Vorwort von Wolfgang Clement,
Bundesminister für Wirtschaft und Arbeit,
zum Buch „Deutschlands Beste Arbeitgeber"

Die Gestaltung der Arbeitswelt ist eine der entscheidenden Zukunftsaufgaben unserer Gesellschaft. Arbeit ist die Grundlage allen wirtschaftlichen Wohlstandes, sie sichert dem Einzelnen materielle Unabhängigkeit und garantiert soziale Sicherung. Arbeit ist aber auch ein Weg zur persönlichen Entfaltung, zur Verwirklichung individueller Ziele und zur Anerkennung eigener Fähigkeiten. Und – auch das muss immer wieder betont werden – Erwerbsarbeit heißt heute mehr denn je Teilhabe am gesellschaftlichen Leben.

Die Arbeitsbedingungen haben sich in den zurückliegenden Jahrzehnten rasant verändert. Und auch in Zukunft werden hohe Anforderungen an unsere Fähigkeit und Bereitschaft zum Wandel gestellt. Die weltweit verschärften Wettbewerbsbedingungen erfordern eine umfassende Modernisierung unserer Wirtschafts- und Arbeitsstrukturen. Ansonsten wird sich die Stellung Deutschlands und Europas als große Wirtschaftszentren nicht in die Zukunft fortschreiben lassen.

Deutschland hat sich zusammen mit seinen europäischen Partnern das Ziel gesetzt, in diesem Jahrzehnt zur wachstumsstärksten und dynamischsten Wirtschaftsregion der Welt zu werden. Die Bundesregierung hat hierzu mit den Reformen der Agenda 2010 die richtigen Schritte eingeleitet. Sinkende Steuern und Lohnnebenkosten, Impulse für Investitionen und Konsum, die Schaffung flexibler Güter- und Dienstleistungsmärkte sowie die Förderung von Selbstständigkeit und Eigenverantwortung werden dazu beitragen, das Wachstumspotenzial unserer Wirtschaft zu erhöhen und für mehr Beschäftigung zu sorgen. Jetzt geht es um die konsequente Weiterverfolgung dieses Reformweges, bei dem wir Eigenverantwortung und soziales Miteinander in Deutschland wieder in ein gerechtes und für alle tragfähiges Gleichgewicht bringen müssen.

Wir müssen die Blockaden und Zementierungen in unseren Wirtschafts- und Arbeitsmarktstrukturen lösen, um endlich wieder genügend Kräfte für die eigentliche Herausforderung freizusetzen: Im internationalen Wettbewerb wird Deutschland nur bestehen, wenn wir auf den Weltmärkten innovative und intelligente Produkte und Dienstleistungen zu konkurrenzfähigen Preisen anbieten.

Zur Förderung der Innovationsfähigkeit und -tätigkeit von Forschung und Wirtschaft hat der Bundeskanzler im Januar die Initiative „Partner für Innovation" ausgerufen. Wir wollen die Rahmenbedingungen für Bildung und Forschung und für die Entwicklung neuer Technologien verbessern. Dazu gehört der Abbau überflüssiger Bürokratie in den Verwaltungen und an den Universitäten ebenso wie die gezielte Förderung technologieorientierter Gründungen und die Verbesserung der Investitionsbedingungen durch eine Stärkung des Wagniskapitalmarktes in Deutschland.

Das größte Potenzial zur Stärkung unserer Wettbewerbsfähigkeit sind die Köpfe der Menschen in unserem Land. Ihr Wissen, ihre Ideen, ihr Engagement gilt es zu nutzen und weiter zu entfalten. Um erfolgreich zu sein, muss es den Unternehmen gelingen, optimale Arbeitsbeziehungen zu entwickeln. Offene, vertrauensvolle Zusammenarbeit, Identifikation und Teamgeist sind dabei wesentliche Aspekte, die Menschen motivieren, ihre Kompetenz und ihr Engagement zu beiderseitigem Gewinn einzubringen.

Zur Mitgestaltung dieses Prozesses hat das Bundesministerium für Wirtschaft und Arbeit bereits im Jahr 2001 die Initiative Neue Qualität der Arbeit (INQA) ins Leben gerufen. Alle für den Arbeitssektor maßgeblichen Gruppen und Organisationen sind daran beteiligt. Netzwerke transportieren das gebündelte Wissen zur Verbesserung der Produktivität und der Arbeitsplatzqualität in die Betriebe. Die Initiative zeigt, wie ein modernes, integriertes Management, gesund erhaltende Arbeitsverhältnisse und die Stärkung von Qualifikation und Motivation der Mitarbeiter die Wettbewerbsfähigkeit von Unternehmen stärken können.

Diesem Ziel dient auch der Wettbewerb „Deutschlands Beste Arbeitgeber". Es ist ein gutes Zeichen, wenn sich die Unternehmen einem offenen Wettbewerb in der Frage der Gestaltung der Arbeitswelt stellen. Aus den Betrieben und Firmen, die Ihnen in diesem Buch als Sieger vorgestellt werden, gibt es viele begeisterte Kommentare der Mitarbeiterinnen und Mitarbeiter. In einem heißt es: „Ich freue mich auf die Zukunft in diesem menschlichen und innovativen Unternehmen." Ich wünsche allen Arbeitnehmern, Arbeitsuchenden und Arbeitgebern in unserem Land, dass sie ebenfalls diesen Zustand erreichen.

Ihr

Einleitung

Woran erkennt man Siegerunternehmen? In den Eingangshallen rund um den Empfang oder in den Konferenzzimmern sieht es aus wie bei sportlichen Teenagern zu Hause: Zahlreiche Trophäen stehen in Vitrinen, und Urkunden hängen an den Wänden. Die Auszeichnungen belohnen beispielsweise die innovativsten Produkte, die kreativsten Werbekampagnen, den besten Service und die umweltfreundlichste Produktion. Die Pretiosen aus Plexiglas und Blech sind nicht immer schön, und so manchen Preis weiß lediglich ein Brancheninsider zu würdigen. Eines aber signalisieren die Sammlungen deutlich: Das Unternehmen hat Lust am Wettbewerb, und Führungskräfte und Mitarbeiter arbeiten hart daran, dass ihr Produkt oder ihre Dienstleistung zu den besten gehört. Darauf sind sie stolz.

Mit einer ganz besonderen Auszeichnung beschäftigt sich dieses Buch. Es geht um nichts Geringeres als Deutschlands beste Arbeitgeber. Attraktive Arbeitsbedingungen, glaubwürdige und faire Führungskräfte, motivierende Tätigkeiten und zufriedene und stolze Teams sind Themen, die dabei zählen. Für manche Leser mag das fast ein wenig exotisch wirken, prägen doch derzeit Pessimismus und Sorge die Stimmung am Arbeitsmarkt. Personalabbau, Kündigung der Betriebsrenten, Motivationskrise, überhöhte Vorstandsgehälter und Outsourcing ganzer Unternehmensteile nach Indien oder Osteuropa bestimmen die Schlagzeilen. Umso erfreulicher, dass es Unternehmen gibt, die anders denken und handeln. Bei „Deutschlands Besten Arbeitgebern" werden Erfolge gefeiert, wird Kollegialität gelebt und Respekt vor der Leistung des anderen gezeigt.

Vorgestellt werden Wettbewerbssieger, die sich ihre Urkunde redlich verdient haben. Die Vorstände und Geschäftsführer von über 100 deutschen Unternehmen stellten sich dem Votum derer, die die Qualität der Arbeitsplätze am besten beurteilen können: den Mitarbeitern. 17 000 Teilnehmer gaben in einer anonymen und ausführlichen Befragung ihr Urteil ab. Eine vergleichbare Analyse dieses Umfanges und dieser Beteiligung gibt es in Deutschland kein zweites Mal. Die starke Einbeziehung der Belegschaft macht noch etwas deutlich: An dem Wettbewerb nehmen nur Unternehmen teil, die es mit der Mitarbeiterorientierung ernst meinen und hier viel vorzuweisen haben. Darum werden der Wettbewerb und die Gewinner in diesem Buch ausführlich vorgestellt.

Zudem erhalten Wechselwillige und Bewerber wertvolle Tipps, wie sie den für sie besten Arbeitgeber auswählen und den Bewerbungsprozess optimieren können. In Teil II bekommen Interessierte detaillierte Informationen zu den gekürten Arbeitgebern sowie Antworten auf so wichtige Fragen wie: Wie glaubwürdig ist das Management? Wie gut sind die Sozialleistungen? Und wie hoch ist der Wohlfühlfaktor in den einzelnen Unternehmen? Entscheidend dabei ist: Alle Unternehmensporträts sind ehrlich und neutral. Kein Öffentlichkeitsarbeiter, Marketingstratege oder Personalexperte hatte Einfluss auf das Geschriebene.

Der Leser erhält so die einmalige Chance, einen Blick hinter die Kulissen zu werfen – abseits von Unternehmensdarstellungen im Web oder Vorträgen auf Messen. Die Liste der Sieger ist vielfältig: vom IT-Riesen Microsoft auf Rang 1 über das Modehaus Hennes & Mauritz auf Platz 26 bis zur Start-up-Biotech-Firma Epigenomics auf Rang 50 sind die unterschiedlichsten Unternehmensgrößen und Branchen vertreten. Ob Fachkraft oder Akademiker, Betriebswirt oder Psychologe, Berufseinsteiger oder Führungskraft – jeder hat die Chance, für sich einen interessanten Arbeitgeber zu entdecken. Daneben erhalten Personalexperten und Firmenchefs wichtige Informationen darüber, was die Konkurrenz in puncto Personalarbeit und Mitarbeiterzufriedenheit anders oder sogar besser macht. Gründer, Vorstände und Personaldirektoren erklären in diesem Buch, wie sie Mitarbeiter motivieren und was sie von Führungsmethoden wie Befehl und Gehorsam halten.

Schließlich gilt es auch, Danke zu sagen: den Unternehmen, die sich dem Wettbewerb gestellt haben, den Mitarbeitern, die offen ihr Votum abgegeben haben, und den Managern, die sich Zeit für ausführliche Interviews genommen haben. Natürlich gebührt auch den Unterstützern bei Capital und psychonomics ein herzliches Dankeschön, dass diese Veröffentlichung möglich werden konnte – besonders Tobias Schmidtner und Stefanie Krämer aus dem Great Place to Work® Team für ihre Mitarbeit. Auch die Partner des Wettbewerbs müssen herausgestellt werden: die Initiative Neue Qualität der Arbeit (INQA), die den Wettbewerb „Deutschlands Beste Arbeitgeber" ab diesem Jahr unterstützt, und die ASSTEL Versicherungsgruppe. Der Finanzdienstleister sponsort die Initiative seit ihrem Start vor zwei Jahren. Das Kölner Unternehmen bietet innovative Versicherungskonzepte für Belegschaften von Unternehmen an. Daher fühlt sich ASSTEL der Idee „Deutschlands Beste Arbeitgeber" sehr verbunden.

Ute Göggelmann   *Frank Hauser*

Vertrauen, Stolz und Teamgeist machen Unternehmen zu den besten Arbeitgebern

„Ich liebe mein Unternehmen", „Ich finde unser Unternehmen super, es macht dich stark!", „Das Unternehmen ist fast wie ein zweites Zuhause.", „Hier ist mein Hobby mein Beruf", „Der Job ist mehr als ein Job: ein Stück Lebenserfüllung".

Stimmen wie diese waren nicht häufig zu hören im letzten Jahr. Die Botschaften aus den Unternehmen verrieten eher etwas ganz anderes: Vertrauens- und Motivationskrisen bis hin zu Betriebsklimakatastophen. Doch auch in wirtschaftlich guten Zeiten ist derlei Begeisterung für den Arbeitsplatz zweifellos etwas Besonderes.

Von diesem besonderen Verhältnis zwischen Unternehmen und Mitarbeitern – und von dem System dahinter – wird in diesem Buch berichtet. Obige Zitate stammen von Mitarbeitern aus den 50 Siegerunternehmen des Wettbewerbs „Deutschlands Beste Arbeitgeber 2004". Dieser Wettbewerb erfasst in systematischer Weise die Qualität und Attraktivität der Unternehmen als Arbeitgeber und baut dabei vor allem auf dem Urteil der Mitarbeiter auf.

Was macht ein Unternehmen überhaupt zu einem sehr guten Arbeitgeber?

Genau diese Frage stellte sich bereits Mitte der achtziger Jahre der amerikanische Wirtschaftsjournalist und Mitbegründer des Great Place to Work® Institute Robert Levering. Bei seiner Arbeit waren ihm vor allem immer wieder Aussagen von Mitarbeitern über frustrierende Arbeitsplätze begegnet. Levering lernte aber auch Mitarbeiter mit echter Begeisterung für ihr Unternehmen und einer starken Identifikation mit der dortigen Arbeit kennen.

Zusammen mit einem Team aus Organisationsforschern und -beratern machte er sich auf den Weg, das Geheimnis dieser besonders guten Arbeitsplätze beziehungsweise Arbeitgeber aufzuklären. 1991 wurde das Great Place to Work® Institute, USA, gegründet, an dem seither zum Thema Arbeitsplatzqualität und -attraktivität geforscht und beraten wird. Die Analyse und Verdichtung Hunderter von Interviews mit Mitarbeitern verschiedenster Unternehmen, Altersklassen und Herkunft zeigte: Um aus Sicht der Mitarbeiter ein wirklich sehr guter Arbeitgeber zu sein, muss es grundsätzlich auf drei Ebenen stimmen: im Verhältnis zwischen Mitarbeitern und Vorgesetzten, im Verhältnis zur Tätigkeit und im Verhältnis zu den Kollegen.

Die Eigenschaften sehr guter Arbeitsplätze hat Levering in folgende Definition zusammengefasst: Ein „great place to work", ein sehr guter Arbeitsplatz, ist ein Arbeitsplatz, an dem man „denen vertraut, für die man arbeitet, stolz ist auf das, was man tut, und Freude hat an der Zusammenarbeit mit den anderen".

Die fünf Dimensionen des Great Place to Work® Modells

Vertrauen, Stolz und Teamgeist sind die zentralen Pfeiler eines sehr guten Arbeitsplatzes. Die wichtigste Qualität ist das *Vertrauen* zum Management. Es entsteht, wenn Führungskräfte drei Qualitäten zeigen: Glaubwürdigkeit, Respekt und Fairness. Das Great Place to Work® Modell führt aus, welche Einzelaspekte und welche Maßnahmen zum Erreichen dieser zentralen Qualitäten eines sehr guten Arbeitsplatzes beitragen.

Für die wahrgenommene *Glaubwürdigkeit* des Managements spielt die Gestaltung der Kommunikation eine dominante Rolle. Dabei geht es darum, wann, in welcher Form und in welchem Umfang die Mitarbeiter über relevante Sachverhalte und Entwicklungen informiert werden. Und wann, worüber und bei wem diese sich selbst informieren können. Neben Rundschreiben, schwarzen Brettern, Intranet-Angeboten und E-Mails gehören bei den besten Arbeitgebern meist regelmäßige Meetings und eine ausdrückliche Open-Door-Policy zum Standard. Wie offen und weitgehend die firmeninterne Kommunikation sein kann, demonstriert der Pharmahersteller Hexal, bei dem auch das Protokoll des 14-tägigen Führungskräftetreffens allen Mitarbeitern weitergeleitet wird. Das Unternehmen belegte im Wettbewerb Platz 4.

Zur Glaubwürdigkeit gehören aber auch die erlebte Kompetenz des Managements und seine Integrität. Wer Entscheidungen folgen soll, muss erkennen können, dass die Führungskräfte klare Ziele haben und die Maßnahmen gut aufeinander abgestimmt sind. Im Sinne der Mitarbeiterorientierung gehört hierzu auch die Frage, wie viel Verantwortung der einzelne Mitarbeiter oder das Arbeitsteam erhält. Die Integrität des Managements zeigt sich daran, ob Versprechen eingehalten werden und den Worten auch Taten folgen. Selten zuvor wurden in der breiten Öffentlichkeit Fragen nach dem ethischen Handeln des Managements so kritisch gestellt wie heute. In Zeiten, in denen viele Mitarbeiter um ihre Arbeitsstelle bangen und viele ihren Arbeitsplatz verloren haben, wird besonders genau hingeschaut, ob die Top-Entscheider hier Vorbilder sind. Sehr bedeutsam ist daher auch die Frage, ob Mitarbeiter darauf vertrauen können, dass eine Kündigung nur als letzter Ausweg gewählt wird.

Respekt zeigt sich darin, dass die berufliche Entwicklung der Mitarbeiter gezielt gefördert wird. Dazu gehört eine Feedback-Kultur, in der gute Arbeit und besonderer Einsatz entsprechend gewürdigt werden. Einige Unternehmen schaffen hierzu eigene Geld- und Zeitbudgets, in anderen werden Preise oder Titel für besondere Leistungen verliehen. Der Medizintechnikhersteller Guidant (Platz 9) vergibt zum Beispiel so genannte Culture Awards an Kollegen, die sich besonders im Sinne der Unternehmenskultur engagiert haben. Darüber hinaus zeigt sich die Unterstützung der beruflichen Entwicklung der Mitarbeiter im Schulungs- und Weiterbildungswesen der Unternehmen. Eine gezielte Entwicklungsplanung für jeden Mitarbeiter zählt hierzu ebenso wie Art und Umfang der konkret angeboten Schulungsmaßnahmen oder Lernmöglichkeiten. Microsoft als Gesamtsieger des Wettbewerbs beeindruckt hier unter anderem durch eine besondere Unterstützung des selbst gesteuerten Lernens in „learnings networks". Die Mitarbeiter können hier abteilungsübergreifend und hierachieunabhängig genau die Themen bearbeiten, die ihnen sinnvoll erscheinen.

Zum Respekt zählen weiter die Art und Weise der Zusammenarbeit zwischen Management und Mitarbeitern sowie der Umgang mit den Ideen der Mitarbeiter. Schließlich spielen Aspekte, die zur Gestaltung einer ausgewogenen Lebens- und Arbeitssituation beitragen, eine Rolle, etwa flexible Arbeitszeiten, Kinderbetreuung und Gesundheitsförderung bis hin zu unbürokratischer und schneller Hilfe in persönlichen Notsituationen.

Im Hinblick auf die *Fairness* im Unternehmen muss zunächst gelten, dass grundsätzlich alle Mitarbeiter unabhängig von ihrer Position als vollwertige Mitglieder behandelt werden und die Chance auf besondere Anerkennung haben. Natürlich geht es um die Frage, ob die Mitarbeiter durch Vergütungsprogramme und Sonderleistungen ausgewogen am wirtschaftlichen Erfolg beteiligt werden. Hier bieten die Unternehmen neben Grundvergütung und leistungsorientierter Vergütung zum Teil auch Beteiligungsmodelle an, die die Mitarbeiter zum Mit-Unternehmer machen. Wichtig ist unter Fairnessgesichtspunkten darüber hinaus, dass Einstellungs- und Beförderungsentscheidungen neutral und unvoreingenommen nach möglichst objektiven Kriterien getroffen werden. Schließlich sollte ein fairer Arbeitsplatz von jeglicher Art der Diskriminierung frei sein, und es sollten klare Verfahren existieren, nach denen mit Beschwerden umgegangen wird oder Unstimmigkeiten verhandelt werden. Bei Federal Express (Platz 10) können Probleme, Beschwerden oder Bedenken zum Beispiel über ein „Guaranteed Fair Treatment"-Verfahren angesprochen werden. Dieses Verfahren garantiert das Recht der Mitarbeiter, entsprechende Anliegen systematisch durch stufenweise höhere Managementebenen überprüfen zu lassen.

Im Bereich *Stolz* geht es um die Identifikation der Mitarbeiter mit ihrem Unternehmen, ihrem Team und ihren Aufgaben. Grundlage für Stolz auf die eigene Tätigkeit ist das Erlebnis des einzelnen Mitarbeiters, dass sich persönliche Leistungen und Beiträge im Unternehmen bemerkbar machen. Die Identifikation der Mitarbeiter mit den Erfolgen ihres Arbeitsteams kann gestärkt werden, indem den Teams Entscheidungsspielräume und Verantwortung übertragen werden. Weitere Möglichkeiten sind die Vergabe von Preisen für besondere Teamleistungen oder teamorientierte Prämien. Besondere Leistungen am Markt, aber auch soziales und kulturelles Engagement tragen – insbesondere bei Beteiligung der Beschäftigten – zur Identifikation mit dem gesamten Unternehmen bei und erhöhen die Bindung der Mitarbeiter. Bei Computer Associates (Platz 15) leisten Mitarbeiter am „Sozialen Projekttag" persönlichen Einsatz und renovieren beispielsweise eine Einrichtung für sozial benachteiligte Kinder.

Ein ausgezeichneter Arbeitsplatz ist schließlich gekennzeichnet durch eine lebendige *Teamorientierung* unter den Kollegen. Dazu gehört das Erleben, bei der Arbeit „man selbst" sein zu können und im Kreis der Kollegen grundsätzlich willkommen zu sein. Der allgemeine Umgang und die Atmosphäre sind freundlich, und die Mitarbeiter kooperieren ohne Reibungsverluste miteinander. Persönliche Anlässe und Erfolge werden gemeinsam im Kollegenkreis gefeiert. Die Menschen haben so Freude an der Zusammenarbeit und bleiben dem Unternehmen eng verbunden. Die Unternehmen unterstützen dieses Zusammengehörigkeitsgefühl durch „Willkommenspakete" oder Begrüßungsprogramme für Einsteiger oder die Finanzierung gemeinsamer Feiern oder Veranstaltungen vom Betriebsausflug über das Sommerfest bis zur Firmenolympiade. Bei Ruhrgas (Platz 13) intensivieren zum Beispiel mehr als drei Viertel der Mitarbeiter ihre freundschaftlich-kollegialen Beziehungen in einer der zahlreichen Sparten der unternehmenseigenen Sportgemeinschaft.

Der „Beste Arbeitgeber"-Wettbewerb

Auf Basis dieser Qualitätskriterien wurde der Wettbewerb „Deutschlands Beste Arbeitgeber 2004" durchgeführt. In den USA werden seit 1998 jährlich die Ergebnisse des entsprechenden Wettbewerbs „100 Best Companies to Work For in America" vom Wirtschaftsmagazin Fortune veröffentlicht. In Europa wurde der Wettbewerb über eine Initiative der EU-Kommission zur Ermittlung der „100 Besten Arbeitgeber der EU" im Jahr 2002 in den damaligen 15 Mitgliedsländern eingeführt. In vergleichbarer Weise findet der Wettbewerb mittlerweile in insgesamt 25 Ländern weltweit statt. (www.greatplacetowork.com).

In Deutschland konnten alle Unternehmen mit mindestens 100 Mitarbeitern in Deutschland teilnehmen. Zur Ermittlung der Besten führten Great Place to Work® Deutschland und die psychonomics AG, zwischen Juni und November 2003, bei allen Teilnehmern eine Mitarbeiterbefragung und eine Befragung des Managements zu Maßnahmen und Programmen im Personalbereich (Personalkultur-Audit) durch. Die Forscher befragten in Unternehmen mit bis zu 250 Mitarbeitern alle Mitarbeiter, in Unternehmen mit bis zu 5000 Mitarbeitern erhielten 250 und in Unternehmen mit über 5000 Mitarbeitern 500 per Zufall ausgewählte Mitarbeiter einen Fragebogen.

Die Ergebnisse aus Mitarbeiterbefragung und Audit wurden so zusammengefasst, dass das Urteil der Mitarbeiter zu zwei Dritteln und das Kultur-Audit zu einem Drittel die Gesamtbewertung bestimmten. Wenn im Great Place to Work® Wettbewerb also die besten Arbeitgeber ausgewählt werden, sitzen in der Jury vor allem diejenigen, die die Unternehmen am besten kennen: die Mitarbeiter selbst.

Die Durchführung und die hohe Bedeutung der Mitarbeiterbefragung bedingen, dass am Wettbewerb nur solche Unternehmen teilnehmen, die ein eindeutiges und nachhaltiges Bekenntnis zu ihrer Mitarbeiterorientierung nach außen, aber insbesondere auch nach innen abgeben möchten und können. Im abgeschlossenen Wettbewerb 2004 waren dies 107 Unternehmen. An diese wurden knapp 25 000 Fragebögen versandt. Mit etwa 17 000 Mitarbeitern beteiligten sich sehr gute 70 Prozent an der Befragung. Nach Berücksichtigung aller formaler Kriterien gingen 100 Unternehmen in die Endausscheidung des Wettbewerbs. Aus diesen ambitionierten Teilnehmern wurden die 50 besten ausgewählt, die als echte Spitzenunternehmen in Sachen Arbeitsplatzqualität gelten können. Die anderen Unternehmen bleiben der Wettbewerbsphilosophie entsprechend anonym.

Der „Beste Arbeitgeber"-Wettbewerb stellt in Deutschland den größten und in seiner Art bedeutendsten Wettbewerb zur Qualität und Attraktivität von Arbeitsplätzen dar. Ähnliches gilt für den europäischen Wettbewerb, der auf den nationalen Wettbewerben in 15 Ländern mit insgesamt 1000 Unternehmen aufbaut (www.gpweurope.com).

Ergebnisse der besten Arbeitgeber

Die Mitarbeiter der 50 Siegerunternehmen geben ihren Arbeitgebern ganz überwiegend ausgezeichnete Noten. 89 Prozent bewerten ihr Unternehmen als „sehr guten Arbeitsplatz", und 84 Prozent geben an, dass es Freude macht in ihrem Unternehmen zu arbeiten.

Auch die Zufriedenheit hinsichtlich der weiteren Merkmale zeigt, dass es den Unternehmen gelingt, die Bedürfnisse der Mitarbeiter zu treffen: 85 Prozent der Mitarbeiter erleben, dass das Management der Qualität der Arbeit der Mitarbeiter vertraut. Mit der Kommunikation des Managements sind im Durchschnitt immerhin noch mehr als 70 Prozent der Befragten zufrieden.

Angesichts der erwähnten Vertrauenskrise zwischen Management und Mitarbeitern ist positiv festzuhalten, dass bei den Siegerunternehmen auch die Integrität der Manager gut bewertet wird: 85 Prozent halten die Geschäftspraktiken ihres Managements für ehrlich und ethisch vertretbar, 81 Prozent glauben, dass das Management Kündigungen nur als letzten Ausweg wählt. Besonders gute Ergebnisse erreichen die besten Arbeitgeber auch im Bereich Stolz beziehungsweise Identifikation. In diesen Unternehmen ist nichts von einem Verlust an Motivation und Engagement der Mitarbeiter zu spüren. 89 Prozent geben an, dass ihre Arbeit eine besondere Bedeutung für sie hat und nicht einfach nur ein „Job" ist. 87 Prozent sind bereit, einen zusätzlichen Einsatz zu leisten, falls die Arbeit dies erfordert, und 85 Prozent sind stolz, anderen erzählen zu können, dass sie für ihr Unternehmen arbeiten. Es gibt wohl kaum eine glaubhaftere Werbung für ein Unternehmen.

Menschen, die auf Grund ethnischer oder religiöser Zugehörigkeit, sexueller Orientierung oder anderer Merkmale nicht selten Diskriminierungen befürchten, sind in den Siegerunternehmen sehr gut aufgehoben. Diskriminierungen sind hier verpönt, Vielfalt wird stattdessen meist ausdrücklich als Bereicherung gesehen und gefördert. Diese Ansicht vertritt auch der Großteil der Menschen, auf die potenziell diskriminierende Merkmale zutreffen. Die Ford-Werke (Platz 19) demonstrieren eindrucksvoll, wie ein Unternehmen systematisch die Vielfalt der Mitarbeiter aufgreifen, fördern und zum Nutzen im Unternehmen und im Markt gestalten kann. Brose Coburg (Platz 16) setzt mit seiner Einstellungskampagne für ältere Mitarbeiter Zeichen für die Nutzung des Potenzials dieser Mitarbeitergruppe, und Lilly Deutschland

(Platz 27) zeigt, wie Frauen mit speziellen Förderprogrammen effektiv in ihrer Karriere unterstützt werden können.

Aber auch unter den besten Arbeitgebern gibt es noch Verbesserungspotenzial. Nur weniger als 60 Prozent der Mitarbeiter fühlen sich ausreichend in Entscheidungen einbezogen, die ihre Arbeit betreffen. Auch beim Ausgleich zwischen Berufs- und Privatleben fühlen sich nur weniger als 60 Prozent vom Unternehmen unterstützt. Die schlechteste Bewertung erhält das Management beim Thema Beförderungen: Hier ist nur weniger als die Hälfte der Mitarbeiter überzeugt, dass tatsächlich diejenigen befördert werden, die es am meisten verdienen. Schließlich erhalten auch nur zwei Drittel der Mitarbeiter eindeutige Anerkennung für gute Arbeitsleistungen und besonderen Einsatz – zu wenig angesichts der grundlegenden Bedeutung für die Motivation. Freilich gibt es Unternehmen, die auch bei diesen insgesamt etwas schwächeren Punkten sehr gute Ergebnisse erzielen.

Bei der Frage, welche Merkmale des Arbeitsplatzes den größten Einfluss auf eine positive Gesamtbewertung des Unternehmens haben, stehen zwei Merkmale ganz vorne: Zunächst das aufrichtige Interesse der Führungskräfte am einzelnen Mitarbeiter als Person und nicht nur an dessen Arbeitskraft. Dann die wahrgenommene Kompetenz des Managements zur Führung der Geschäfte. Während die Kompetenz des Managements von 83 Prozent der befragten Mitarbeiter positiv bewertet wird, erleben nur 63 Prozent ein authentisches Interesse an ihrer Person. In der Ergänzung von Fachkompetenzen um besondere sozial-emotionale Kompetenzen liegt daher eine besondere Herausforderung für die Unternehmen und die Führungskräfte.

Was nützt der Wettbewerb Unternehmen und Mitarbeitern?

Der „Beste Arbeitgeber"-Wettbewerb wurde 2003/2004 bereits zum zweiten Mal durchgeführt. Die Tatsache, dass sich Unternehmen – auch in einer Zeit aktuellen Überangebots auf den Personalmärkten und gleichzeitig angespannter wirtschaftlicher Situation – diesem anspruchsvollen Wettbewerb stellen, weist auf zweierlei hin: Zum einen macht es den Stellenwert des Themas Arbeitsplatzqualität und Arbeitgeberattraktivität für die Unternehmen deutlich. Zumal es in einigen Branchen und Berufsfeldern bereits in den vergangenen zwei Jahren schwierig war, qualifizierte und motivierte Mitarbeiter zu finden. Mittelfristig wird das Werben um geeignete Mitarbeiter auf Grund der demografischen Entwicklung für viele Unternehmen zum strategischen Engpass werden. Hier werden solche Unternehmen deutliche Vorteile haben, die bereits eine attraktive Arbeitsplatzkultur entwickelt haben. Zum anderen verdeutlicht die Teilnahme aber auch, dass die Mitarbeiterorientierung für die teilnehmenden Unternehmen kein Schönwetterthema ist, das in Krisenzeiten vermeintlich ökonomischen Zwängen geopfert werden muss.

Es wird vielmehr deutlich, dass die Unternehmen nachhaltig an einer besonderen Partnerschaft interessiert sind. Die Schaffung attraktiver Arbeitsplätze erfolgt keinesfalls, indem nach dem Gießkannenprinzip großzügig Wohltaten über den Mitarbeitern ausgeschüttet werden, um sie ans Unternehmen zu binden. Vielmehr geht es diesen Unternehmen um ein Verhältnis, in dem beide Seiten mehr geben als üblich oder grundsätzlich notwendig ist. Dabei ist auch für die Unternehmen eher nicht der Workaholic das Leitbild. Ideal wird das Ziel vielleicht durch einen Mitarbeiter selbst formuliert, der das Verhältnis mit den Worten beschreibt: „Der Job ist mehr als ein Job: ein Stück Lebenserfüllung." Diese intensive Partnerschaft erfordert von beiden Seiten starkes Interesse, Offenheit, wechselseitiges Vertrauen und Engagement.

Die Unternehmen profitieren in mehrfacher Weise vom „Beste Arbeitgeber"-Wettbewerb. Die Sieger erhalten öffentlich die ihnen gebührende Aufmerksamkeit und Anerkennung als ausgezeichnete Arbeitgeber. Dabei ist belegt, dass die Verleihung des „Beste Arbeitgeber"-Gütesiegels Rekrutierungserfolge spürbar steigert. Zudem reagieren Kunden, Lieferanten und weitere Stakeholder positiv auf die Botschaft von kompetenten Führungskräften sowie engagierten und motivierten Mitarbeitern. Schließlich finden auch die Mitarbeiter selbst über den Wettbewerb einen Vergleich zur Situation in anderen Unternehmen. Gleichzeitig gehen die Unternehmen aber auch in die Pflicht, die mitarbeiterorientierte Kultur zu pflegen und weiter zu entwickeln. Der Vergleich mit den Besten auf nationaler und internationaler Ebene liefert hierfür fundierte Hinweise.

Angestoßen durch die Rekrutierungserfolge der Wettbewerbssieger entsteht auch ein Handlungssog für andere Unternehmen. Wesentlicher aber ist, dass die Siegerunternehmen zeigen, dass es möglich ist, Mitarbeiterorientierung und unternehmerische Leistungsfähigkeit erfolgreich zu verbinden. Auf Basis der umfangreichen Daten des amerikanischen Great Place to Work®-Wettbewerbs bestätigten im Jahr 2003 die Analysten von Frank Russel, USA, einen positiven Zusammenhang zwischen einer guten Arbeitsplatzkultur und einem wirtschaftlichen Gesamterfolg der Unternehmen. Die Analyse zeigte, dass ein Aktienportfolio aus den „100 Best Companies to Work For in America" die Rendite des Standard & Poor's und des Russel 3000 Index im Zeitraum von 1998 bis 2002 um das Mehrfache übertrifft. Für Deutschland ist die verfügbare Datenbasis derzeit noch nicht breit genug, erste Analysen weisen aber in die gleiche Richtung.

Vor diesem Hintergrund spricht sehr vieles dafür, sich auf den Weg zu machen, ein „great place to work" zu werden. Hierzu gilt: Jedes Unternehmen kann ein sehr guter Arbeitgeber, ein „great place to work" werden. Die Unterschiedlichkeit der Unternehmen, die in diesem Buch vorgestellt werden, mag dafür bereits als Beleg dienen. Für den Weg zu einem sehr guten Arbeitgeber wiederum lässt sich sagen, dass keiner mit dem anderen identisch ist. Auch hier mögen die Beispiele in diesem Buch erste Orientierung und Anregung geben. Um zum Ziel zu gelangen, sind Engagement und Überzeugung des Managements und ein individueller Entwicklungsprozess im Unternehmen erforderlich. Vor allem ist aber eine Investition in das erforderlich, was sehr gute Arbeitgeber am Ende immer ausmacht: Vertrauen!

Für die Stellensuchenden bringt der Wettbewerb ganz unmittelbar Informationen über die Kultur, über die Angebote und Anforderungen von 50 attraktiven Arbeitgebern. Es ist sehr zu wünschen, dass unter diesen Unternehmen das für sie Richtige dabei ist. Wie sie bei der Auswahl und Bewerbung vorgehen können, wird im nächsten Kapitel beschrieben.

Wie Einsteiger und Aufsteiger ihren besten Arbeitgeber suchen

Arbeiten wird hier zu Lande oft mit Pflicht, manchmal gar mit Mühsal gleichgesetzt. „Schon wieder Montag" ist ein beliebter Spruch, den jeder schon oft gehört hat. Arbeit mit Glück zu verbinden – dieser Zusammenhang kommt derzeit höchstens mit Blick auf die enorme Arbeitslosigkeit in Deutschland auf. Verständlich: Selbst sehr gut ausgebildete Menschen mit wertvollen Erfahrungen sind ohne Job. Doch es lohnt sich, auch über Arbeit und Glück in einem anderen Zusammenhang nachzudenken. Beispielsweise über Spaß an dem Produkt, das man als Mitarbeiter entwickelt, herstellt und verkauft, oder über gute Gespräche mit Kunden, denen man als Berater oder Vertriebsexperte kompetent weiterhelfen kann. Natürlich sind neue Herausforderungen abseits der Routine mit viel Arbeit, wahrscheinlich sogar mit Überstunden verbunden. Am Ende ist der Erfolgreiche aber doch stolz auf das Geleistete. Vielleicht winken ein Lob vom Chef oder anerkennende Worte von Kollegen.

Es sind die oben genannten Gedanken, Kleinigkeiten und das Alltägliche, das Bewerber im Blick haben sollten, wenn sie die 50 Gewinnerunternehmen in diesem Buch unter die Lupe nehmen. Die Anreize sind groß: gute Bezahlung, Top-Arbeitsausstattung, monetäre Belohnungen für herausragende Leistungen, faire Firmengrundsätze und mitunter beeindruckende Feiern. All das bieten viele der Sieger, die auf den folgenden Seiten detailliert beschrieben werden. Die ausgezeichneten Arbeitgeber – ob Microsoft, L'Oréal, Lilly oder Ruhrgas – sind nicht nur sehr mitarbeiterorientiert, sondern auch außerordentlich erfolgreich in ihrem Geschäft. Um weiter zu wachsen, neue Produkte zu entwickeln oder noch bessere Dienstleistungen anzubieten, suchen sie zudem laufend nach neuen Talenten.

Gefragt sind Berufseinsteiger wie erfahrene Führungskräfte, Betriebswirte wie Psychologen, Männer wie Frauen, Deutsche wie internationale Köpfe. Für jede Qualifikation ist etwas dabei. Allerdings: Einfach mal so bei einem Unternehmen bewerben, das einen Design-Arbeitsplatz bietet oder ein

15. Gehalt bezahlt, ist die falsche Strategie. Sie führt sicher zu einer Enttäuschung. Bevor Wechselwillige ihre Lebensläufe optimieren und die Bewerbungsmappen in die Post geben, lohnt sich eine persönliche Analyse mit den Fragen: In welchem Unternehmen könnte ich mich wohl fühlen? Welche Qualifikation ist gefragt? Was ist bei der Kontaktaufnahme mit dem Wunschunternehmen zu beachten? Wie gelingt die Bewerbung?

Das richtige Unternehmen finden

„Warum bewirbt sich diese Person bei uns?" Dieser Frage gehen Personalexperten beim Sichten der Bewerbungsmappen und -E-Mails nach. Die Qualifikation stimmt, das Foto wirkt sympathisch, die Zeugnisse sind top – aber die Leidenschaft fehlt. Glaubhaft wirkt nur das, wo Freude und wahres Interesse dahinter stecken. Es lohnt sich daher für einen Jobsuchenden aufzulisten, was er gut kann, gerne gemacht hat und sehr gerne einmal machen möchte – unabhängig von Unternehmensvorgaben oder Stellenprofilen. Zwei Beispiele: Der Berufseinsteiger, der beispielsweise Ästhetik schätzt und Trends aufmerksam verfolgt, bringt diese Eigenschaft bei einem Modemacher oder -händler glaubhaft rüber. Berufserfahrene, die Pioniere sein möchten und sich auch von Misserfolgen nicht von ihrem Ziel abbringen lassen, sind in der Entwicklungsabteilung von Pharmaunternehmen oder Hightech-Firmen perfekt aufgehoben. Natürlich gibt es Recruiting-Experten, die strikt nach Zeugnissen, Studiennoten und nachgewiesenen internationalen Berufserfahrungen auswählen. Viele aber suchen Menschen, denen sie am Montagmorgen gerne begegnen wollen – weil sie ihrer Arbeit mit Leidenschaft nachgehen und weil sie mit ihrer Begeisterung Kollegen mitreißen können. Die Karrierekommentare der jeweiligen Unternehmen im Teil „Die Gewinnerunternehmen" des Buches geben gute Hinweise darauf, wie die Personalabteilung denkt.

Eine zweite Überlegung bei der Wahl des richtigen Arbeitgebers ist zudem die Frage nach der Unternehmensgröße: Konzern oder überschaubare Einheit? Global agierender Mittelständler oder kleine Tochterfirma eines internationalen Großunternehmens? Jede Variante hat ihren Reiz. Der Wechselwillige muss wissen, wo er sich wohl fühlt. Beispiel: das gründergeführte Unternehmen. Hier sollte die Chemie zwischen Chef und Bewerber von Anfang an stimmen. Hat das Unternehmen etwa eine Größe von 100 bis 500 Mitarbeitern, kommt es zu häufigen Begegnungen mit dem Firmenlenker. Seine Wertvorstellungen prägen entscheidend das Unternehmen. Nur wenn sich der Bewerber damit identifizieren kann, macht eine Zusammenarbeit Sinn. Stimmt die Chemie zwischen Top-Management und Neuling, entsteht schnell ein Vertrauensverhältnis, das herausfordernde Aufgaben und viel Freiraum schafft. Interessante Hinweise darauf, wie Firmenbosse ticken, finden Leser in den jeweiligen Unternehmensporträts ebenfalls in dem folgenden Teil des Buches.

In einem großen Unternehmen mit mehreren tausend Mitarbeitern ist weniger eine einzelne Person dominant. Entscheidend ist, wie der Neuling mit seinem Vorgesetzten, seinen Kollegen und seinen Mitarbeitern auskommt. Einerseits müssen neue Ideen und tolle Einfälle im Konzern erst einmal einige Hürden überspringen, bis sie schließlich umgesetzt werden. Diplomatisches Geschick und Zähigkeit sind in diesem Fall Erfolg versprechende Eigenschaften. Andererseits haben die Mitarbeiter in größeren Unternehmen die Möglichkeit, mit sehr unterschiedlichen Menschen und somit auch mit vielen unterschiedlichen Talenten zusammenzuarbeiten. Der Wechsel in neue Unternehmensbereiche ist in großen Einheiten nicht nur möglich, sondern oft sogar erwünscht. Letztendlich macht das Für und Wider klar: Einen allgemein gültigen Rat kann es nicht geben, nur eine individuelle Lösung für jeden Bewerber.

Das Qualifikationsprofil überprüfen

Bei vielen der 50 Gewinnerunternehmen wird dem Jobsuchenden anhand des Unternehmensporträts und der -fakten schnell klar, welches Know-how im Unternehmen gesucht wird. Firmen, die beispielsweise mit Konsumgütern handeln – von Schuhen über Kleidung bis zu Hygieneprodukten –, brauchen in erster Linie Vertriebs-, Marketing- und Logistikspezialisten. Berufs- oder Praktikumserfahrung auf diesen Gebieten schätzen Personalexperten bei diesen Unternehmen natürlich sehr – ein Muss ist es aber nicht immer. Unternehmen mit Forschungs- und Entwicklungsschwerpunkten freuen sich über exzellente Naturwissenschaftler, Mediziner, Ingenieure und Informatiker. Hier sind die Anforderungen sehr strikt an die Qualifikation gebunden: sehr guter Studienabschluss, eventuell sogar Promotion und gegebenenfalls einschlägige Erfahrung in der Forschung.

Für Bewerber gilt darum der Tipp: Sie sollten ihren Lebenslauf genau unter die Lupe nehmen. Auch hier lohnt es sich eine Liste zu erstellen. Neben der Auflistung „Was mache ich gerne" sollte die Aufzählung „Was kann ich sehr gut" stehen. Folgende fünf Fragen sind dabei hilfreich: Welche Fachkenntnisse kann ich anbieten? Welche Berufserfahrungen in verschiedenen Branchen oder Unternehmensbereichen habe ich? Was habe ich während meines beruflichen Werdegangs und meines Studiums besonders gut gemeistert? Welche Erfolge als Projektmanager oder Führungskraft kann ich verzeichnen – materielle wie immaterielle? Und vor allem: Welche Dinge kann und möchte ich eventuell noch dazulernen: zum Beispiel Sprachen, Computerkenntnisse oder Managementmethoden?

Vor allem die letzte Überlegung wird immer wichtiger für Stellensuchende und Wechselwillige. Es gibt jede Menge Unternehmen – auch unter den Preisträgern –, die sehr offen sind für Quereinsteiger. Darum lohnt es sich besonders für Berufserfahrene, ihren Lebenslauf dahingehend zu sichten, wie häufig oder wie gut sie sich auf Neues eingestellt und gelernt haben. Gerade bei sehr beratungsintensiven Produkten oder Dienstleistungen, beispielsweise in der IT-Branche, sehen die Personalentscheider dem Bewerber mangelnde Detailkenntnisse zu Beginn nach. Viel wichtiger ist die Fähigkeit, sich in die Wünsche der Kunden hineinzuversetzten.

Zwei wichtige Punkte gibt es schließlich beim Erstellen des persönlichen und fachlichen Qualifikationsprofils noch zu beachten: Ehrlichkeit gegenüber sich selbst und Gründlichkeit. Fünf oder zehn Jahre Berufserfahrung in einer halben Stunde abzuarbeiten, ist die falsche Herangehensweise. Jobsuchende, die sich für ihr Profil Zeit nehmen, finden oft „verborgene Schätze", Talente, die im Berufsalltag untergingen. Warum nicht Freunde und Familienangehörige fragen, welche Fähigkeiten sie beobachtet haben oder besonders schätzen.

Den Kontakt zum Unternehmen suchen

Mit den klaren Vorstellungen von Wünschen und Können im Kopf und auf Papier kann die Stellensuche beginnen. Die erste sinnvolle Anlaufstelle ist die Internetseite des Wunscharbeitgebers. In dem folgenden Teil des Buchs – jeweils in der Rubrik Unternehmensfakten – finden Interessierte die Adresse der Homepage, teilweise sogar den Link zur Karriere-Rubrik der jeweiligen Firma. Hier entdecken Bewerber zum einen vakante Positionen und zum anderen Hinweise auf die Einsteigerprogramme für Hochschulabsolventen, Auszubildende und Berufsakademiestudenten.

Stellensuchende, die etwas Passendes im Internet gefunden haben, greifen zum Telefonhörer. Ein Gespräch mit dem verantwortlichen Recruiting-Experten schafft Klarheit: zum Beispiel, ob ein Trainee-Programm für Einsteiger zu einem bestimmten Zeitpunkt im Jahr beginnt, ob die freie Stelle tatsächlich noch nicht besetzt ist und wie gut die Chancen stehen, dass die Bewerbung wohlwollend geprüft wird und nicht postwendend wieder zurück kommt. Eine weitere wichtige Funktion des Telefonats ist es, mehr über die konkreten Aufgaben der ausgeschriebenen Position zu erfahren. Diese Information ist ungemein wertvoll, um ein gutes Anschreiben sowie einen passenden Lebenslauf zu formulieren. Zudem verschafft es dem Bewerber Sicherheit, dass die angebotene Stelle tatsächlich mit seinen Vorstellungen übereinstimmt.

Findet der Interessierte auf den Job- oder Karriereseiten im Web keine vakante Position, sondern lediglich den Hinweis, dass gerne Initiativbewerbungen angenommen werden, sollte er auch in diesem Fall zuerst den Kontakt mit dem Unternehmen suchen. Denn wer nach der Lektüre dieses Buchs und der Recherche in den Medien und auf der Unternehmens-Homepage das Gefühl hat, er könnte seinem „Wunschunternehmen" einen Mehrwert an Talent und Arbeitskraft bieten, kann das am Telefon mit einem Personalexperten in Ruhe erörtern. Ein Versuch lohnt immer: Denn wer weiß, vielleicht hat vor ein paar Tagen ein Kollege gekündigt oder die Elternzeit angetreten. Manche Chefs versuchen für besonders interessante Kandidaten eine Stelle zu schaffen, oder sie melden sich, wenn ein neuer Bedarf entsteht. Signalisiert der Unternehmensvertreter Interesse, dann vereinbaren die Gesprächspartner, in welcher Form und wie ausführlich die Bewerbung gewünscht wird.

Gekonnt bewerben

Online-Bewerbung oder klassische Mappe – das ist eine wichtige Frage, die Jobwechsler oder Einsteiger klären müssen. Zwar steht auf fast allen Internetseiten von „Deutschlands Beste Arbeitgeber", dass Online-Bewerbungen möglich sind – erwünscht sind sie deshalb noch lange nicht. Als Faustregel gilt: In der IT-Branche sind E-Mail-Anfragen üblich, der Umgang damit gehört für die Personalentscheider zur Normalität. In klassischen Branchen wie der Finanzdienstleitung oder in mittelständischen Traditionshäusern ist die Mappe mit ansprechendem Bewerbungsfoto, unterschriebenem Lebenslauf und sämtlichen Zeugnissen gern gesehen.

Wechselwillige, die sich schließlich für eine Bewerbung entscheiden, sollten sich mit einer großen Portion Engagement in diesen Prozess stürzen. Gerade die in diesem Buch vorgestellten Unternehmen bieten viel, um für ihre Mitarbeiter attraktive Arbeitsbedingungen zu schaffen. Deshalb erwarten Recruiting-Spezialisten und potenzielle Chefs auch reichlich Tatendrang von angehenden Kollegen in puncto aussagekräftiger Bewerbung. Glück hat, wem das Formulieren von Anschreiben und das Gestalten von Lebensläufen locker flockig von der Hand gehen. Die Regel ist das sicher nicht! Bei der Gestaltung der Bewerbung hilft folgende Überlegung: Genauso viel Mühe, wie sich der Kandidat gibt für eine wichtige Präsentation im beruflichen Umfeld oder eine wesentliche Entscheidung im Privatleben, genauso viel Sorgfalt sollte er auch in den „Verkauf" seiner Fähigkeiten stecken. Wer lange keine Mappe mehr zusammengestellt hat, sollte sich Hilfe holen, zum Beispiel in Form von Ratgebern, Bewerbungs-Coaches oder kritischen Freunden.

Den Empfängern im Unternehmen sollte nach der Lektüre der Mappe oder der E-Mail folgende Punkte deutlich werden: Die Qualifikation passt genau oder annähernd, Veränderungswille und Lernbereitschaft sind vorhanden, Spaß und Leidenschaft für die Arbeit sind für den Bewerber kein Fremdwort – und sein Interesse am Unternehmen ist aufrichtig. Gerade dieser letzte Punkt kann in Zeiten mit einem Überangebot an geeigneten Kandidaten den entscheidenden Pluspunkt im Auswahlprozess bedeuten. Gegen das Bauchgefühl kann sich auch ein Personalprofi nicht wehren.

Viel Arbeit – das mag sich jetzt so mancher Leser denken. Aber für einen wirklich guten Arbeitgeber, einen tollen Kollegenkreis, interessante Aufgaben und vor allem für die Chance auf Verwirklichung von eigenen Lebensplänen im Joballtag lohnt sich die Mühe allemal. Die Informationen in diesem Buch können Einsteigern wie Aufsteigern auf dem Weg zu ihrem besten Arbeitgeber hilfreich sein und sie motivieren, mit Spaß an der Bewerbung zu arbeiten.

Teil II

Die Gewinnerunternehmen

Ein Blick hinter die Kulissen

Das Feld der Sieger des Wettbewerbs „Deutschlands Beste Arbeitgeber" ist bunt gemischt: Neben bekannten Unternehmen wie Microsoft, Hexal, Hugo Boss und Deichmann finden sich relativ unbekannten Firmen wie Skytec und Burster Präzisionsmesstechnik. So unterschiedlich die Gewinner auch sein mögen, eines haben sie gemeinsam: Unternehmenslenker und Mitarbeiter jammern nicht, sie packen die Herausforderungen gemeinsam an. Sie glauben an ihre Produkte und Dienstleistungen, bringen Leistung und haben Freude an der Arbeit.

Gerade für Bewerber – ob Berufseinsteiger oder erfahrene Führungskraft – ist es besonders spannend zu erfahren, was die besten 50 Arbeitgeber Deutschlands auszeichnet. Fragen, die für Außenstehende im Normalfall verschlossen bleiben, werden hier beantwortet. Beispiele: Wie glaubwürdig führen die Chefs? Wie wird Leistung belohnt? Auf welche Weise werden neue Mitarbeiter in ihr Team integriert? Und welche Karrierechancen gibt es im Unternehmen? Die Informationen sind in vier Teilen gegliedert: Porträt, ausgewertete Wettbewerbskriterien, Unternehmensfakten und Karrierekommentar der Unternehmen. Jeder Leser hat so die Chance, sein „Lieblingsunternehmen" zu finden.

1.) Das Porträt nimmt den Leser mit hinter die Kulissen. Es beschreibt Stimmungen, Erlebnisse und Persönlichkeiten. Hier kommen Vorstände, Gründer, Geschäftsführer und Personaldirektoren zu Wort. Sie geben Einblick in ihre Welt: wie sie führen, was ihnen am Herzen liegt, wann sie loben und wie sie Leistung beurteilen. Harte Fakten zur wirtschaftlichen Lage und zum Geschäft des Unternehmens runden das Bild ab.

2.) Die Wettbewerbskriterien zeigen die ausgewerteten Ergebnisse in den folgenden fünf Dimensionen des Great Place to Work® Konzeptes:

Glaubwürdigkeit

- Offene und uneingeschränkte Kommunikation durch das Management
- Kompetente Organisation personeller und materieller Ressourcen
- Integrität und Konsistenz bei der Umsetzung von Zielsetzungen

Respekt

- Unterstützung der beruflichen Entwicklung und Anerkennung von Leistungen durch das Management
- Zusammenarbeit mit den Mitarbeitern bei relevanten Entscheidungen
- Berücksichtigung der individuellen, persönlichen Lebenssituation der Mitarbeiter

Fairness

- Ausgewogene Behandlung aller Mitarbeiter im Hinblick auf Vergütung und Anerkennung
- Keine Bevorzugungen Einzelner im Rahmen von Einstellung und Beförderung
- Keine Diskriminierung und die Möglichkeiten zur Beschwerde

Stolz

- Auf seine persönliche Arbeit und seinen individuellen Beitrag
- Auf die Arbeit seines Teams oder seiner Arbeitsgruppe
- Auf die Produkte und Dienstleistungen der Organisation sowie deren Stellung in der Gesellschaft

Teamorientierung

- Möglichkeit, man selbst zu sein
- Freundliche und einladende soziale Atmosphäre im Unternehmen
- Teamgeist, „Familiensinn"

Jede Dimension enthält ausgewählte Ergebnisse des Wettbewerbs. Es handelt sich um eine Kombination aus statistischen Werten, Kommentaren der Mitarbeiter sowie Konzepten und Maßnahmen, die charakteristisch sind für jedes Unternehmen. Punkte verdeutlichen die Gesamtbewertung der jeweiligen Dimension: Acht Punkte sind maximal erreichbar. Dieser Wert symbolisiert ein ausgezeichnetes Ergebnis. Drei Punkte verdeutlichen eine gute Leistung. Diese Wertung markiert zugleich das Minimum, um in den Kreis der 50 Sieger aufgenommen zu werden.

3.) Karrierekommentar der Unternehmen. Hier sind die Talente und Fähigkeiten aufgelistet, die Bewerber mitbringen sollten.

4.) Die Unternehmensfakten helfen besonders den Wechselwilligen. Sie bekommen auf einen Blick alle wichtigen Informationen wie Standort, gefragte berufliche Qualifikationen und die Internetadresse, um bei Interesse selbst mehr über das Wunschunternehmen zu recherchieren. Für Hochschulabsolventen sind zudem die Einstiegsgehälter der jeweiligen Arbeitgeber eine nützliche Information.

Rang 1

Microsoft Deutschland

GROSSES SCHAFFEN

Der amerikanische IT-Riese Microsoft steht auf Grund seiner Monopolstellung im Softwarebereich oft in der öffentlichen Kritik. Die Mitarbeiter jedoch sind ihrem Arbeitgeber sehr verbunden. Sie nennen sich „Microsoftis" und schätzen das Weiterbildungsangebot.

Willkommen bei einem Teil eines der mächtigsten Konzerne der Welt. Wer die Zentrale von Microsoft Deutschland GmbH in Unterschleißheim bei München betritt, landet nicht bei armen Leuten. Die riesige Eingangshalle imponiert, der durchgestylte Besucherbereich für Kunden beeindruckt. Zum gemütlichen Verweilen lädt auf den ersten Blick nicht viel ein. Doch dann kommen Menschen ins Spiel. Auf den Seitenfluren wandelt sich das Bild: Hier hängen Fotos von lachenden Mitarbeitern an den Flurwänden – mal mit Kindern, mal mit Lieblingspferd. Jeder duzt hier jeden, und lockere Klamotten wie beispielsweise Jeans und T-Shirt gehören zum Berufs-Outfit, sofern kein Kundentermin ansteht.

Die private Bildergalerie in den Räumen des Arbeitgebers ist kein Zufall: „Hier zu arbeiten ist kein Job, sondern eine Einstellung", so ein Mitarbeiter. „Ich liebe diese Firma", sagt ein anderer. Das hat sicher auch mit dem Erfolg zu tun: Mit Software wie Windows-XP- und Office-2003-Paketen sowie Xbox-Spielen und Konsolen errang der Konzern weltweit rund 8,6 Milliarden US-Dollar Umsatz bis zum Ende des Geschäftsjahres im März 2004. Bei der deutschen Tochter arbeiten 1555 Angestellte an sechs Standorten. Neben München gibt es deutschlandweit sechs weitere Microsoft-Niederlassungen. Überall sind die Mitarbeiter zufrieden. Sie bescheinigen im Wettbewerb „Deutschlands Beste Arbeitgeber" ihrem Management einen glaubwürdigen Führungsstil, der von Respekt und Fairness geprägt ist. Dazu kommt ein sehr guter Teamgeist. Kein Wunder, dass bei so viel Wohlgefühl im Unternehmen auch der Stolz auf den Arbeitgeber und die eigene Leistung gut abschneidet.

Für Jürgen Gallmann, Geschäftsführer Microsoft Deutschland, ist das Befragungsergebnis eine „Sensation": „Wir haben den Mitarbeitern im vergangenen Jahr viel zugemutet." In nur zwei Monaten hat die Führungsmannschaft die Organisationsform des Unternehmens komplett umgekrempelt – viele Aufgabenstellungen wurden verändert. Manche Mitarbeiter mussten sich gar um neue Posten bewerben. Inzwischen ist der Prozess abgeschlossen, und die neuen Teams haben sich gefunden.

Neues bewältigen – das sind die „Microsoftis" gewohnt. Es gehört zur Führungsmaxime des Unternehmens, dass jeder Aufgaben bekommt, die eine Nummer zu groß für ihn sind. „Dafür erhält der Mitarbeiter aber auch die nötige Unterstützung", sagt Gallmann. So bekommt er einen Kollegen vermittelt, der bereits eine ähnliche Aufgabe in einem anderen Unternehmensbereich gemeistert hat. Daneben geizt das IT-Unternehmen auch keineswegs mit Weiterbildung. Jedes „Familienmitglied" kann unter Hunderten Seminaren das passende für sich im Intranet auswählen. Im Durchschnitt erhält jeder zwischen 20 und 30 Arbeitstage pro Jahr für fachliche Weiterbildung, Produktschulungen und Persönlichkeitstrainings. „Microsoft ist vielfältig. Deshalb wollen wir, dass die Mitarbeiter über ihren Aufgabenbereich hinaus nach links und rechts schauen", sagt Gallmann.

Die top trainierte Mannschaft genießt ein weiteres Privileg: Ob Mini-PC, Smartphone oder die neueste Software – die ITler bekommen alle Microsoft-Produkte für den Job und zum Eigengebrauch. Das begeistert: 93 Prozent der Befragten sagen, dass sie alle notwendigen Mittel erhalten, um die Arbeit gut auszuführen. Gallmann lebt es vor: Aus seinem Büro sind Papier und Bleistift längst verschwunden. In Meetings schreibt er seine Notizen in den elektronischen Notizblock. Und für Kollegen mit Freude an Computerspielen lädt vor der Cafeteria eine Spielekonsole zum Daddeln ein. „Ich wüsste nicht wo ich lieber arbeiten würde", so ein Mitarbeiter.

Great Place to Work Kriterien

(7-8 Punkte: ausgezeichnet, 5-6 Punkte: sehr gut, 3-4 Punkte: gut.)

Glaubwürdigkeit

„Developing People!" ist als Führungsgrundsatz verbindlich festgelegt und wird im Alltag konsequent umgesetzt. Dabei wird in besonderer Weise auf das Prinzip der Eigenverantwortlichkeit und auf flache Hierarchien gesetzt. Zahlreiche Kommentare heben die gelebte *Open Door Policy* hervor. „Jeder Mitarbeiter kann ohne Termin den Abteilungsleiter, wenn er im Moment nicht beschäftigt ist, unbürokratisch aufsuchen." Das Vertrauen, das in sie gesetzt wird, ist für die Mitarbeiter von zentraler Bedeutung. 93 Prozent der Befragten bestätigen, ab dem ersten Tag im Unternehmen viel Verantwortung zu erhalten und übernehmen zu können. Einmal im Jahr trifft sich die gesamte Belegschaft für zwei Tage zum *Company Meeting*, um an der strategischen Ausrichtung ihres Arbeitgebers mitzuwirken.

Respekt

Beim diesjährigen Preisträger im Bereich „Lebenslanges Lernen" kommt eine große Anzahl gut aufeinander abgestimmter und innovativer Maßnahmen zum Einsatz, die auch in qualitativer Hinsicht überzeugen. Hierzu zählen unter anderem das *New Hire Mentor Program* und das *Key People Program*, die zusammen Neueinsteigern beziehungsweise Potenzialträgern die berufliche Weiterentwicklung erleichtern. Über *Performance-Improvement-Pläne* werden den Mitarbeitern aller hierarchischen Stufen fortlaufend maßgeschneiderte Trainingsprogramme angeboten, die sie darin unterstützen, ihr volles Potenzial auszuschöpfen. Selbstgesteuerte *Learning Networks* fördern abteilungsübergreifende Zusammenarbeit und gegenseitige Unterstützung.

Fairness

Diversity ist bei Microsoft mehr als nur ein Schlagwort der Human-Resources-Strategen. Vielfalt von Menschen, Ideen und Ansichten wird als Stärke des Unternehmens verstanden. 90 Prozent geben in der Untersuchung an, unabhängig von ihrer Position als vollwertiges Mitglied des Unternehmens behandelt zu werden. Der Frauenanteil bei Neueinstellungen und internen Förderprogrammen wird kontinuierlich angehoben. Frauen die bereits in Führungspositionen arbeiten, steht die Möglichkeit offen, mit einem Coach ihrer Wahl spezielle Aspekte hinsichtlich ihrer Persönlichkeitsentwicklung zu verbessern. Jobwechsel in andere nationale Niederlassungen werden unterstützt, ausländische Mitarbeiter in Deutschland sehr gut integriert. Das belegen herausragende 100 Prozent in der Befragung, die bekunden, dass sie unabhängig von ihrer ethnischen Herkunft oder Religion fair behandelt werden.

Stolz

Für die Microsoft-Mitarbeiter ist ihr Unternehmen *„The Place to be"*, Alternativen zum derzeitigen Arbeitgeber ziehen sie kaum in Betracht. Die außergewöhnlich hohe Identifikation erstreckt sich über das Unternehmen als Ganzes, seine Produkte, vor allem aber die eigene Tätigkeit: 95 Prozent aller befragten Microsoft-Mitarbeiter antworten, dass ihre Arbeit eine besondere Bedeutung für sie hat und nicht einfach nur „ein Job" ist. Microsoft kommt seiner sozialen Verantwortung in besonderer Weise nach. So unterstützt das Unternehmen beispielsweise die Stiftung Hochbegabtenförderung e.V., die die bundesweite Förderung von hochbegabten Kindern und Jugendlichen aller sozialen Schichten zum Ziel hat.

Teamorientierung

Mit dem Gefühl, einer einzigartigen Familie anzugehören, umschreiben die Mitarbeiter ihr Verhältnis zu den Kollegen. 82 Prozent der Befragten stimmen demgemäß der Aussage zu, dass ein guter Teamgeist herrscht. Microsoft-Mitarbeiter verbringen auch im privaten Kontext viel Zeit miteinander. Neue Mitarbeiter werden von einem Mentor begleitet. Aufwändige Events, die im jährlichen Rhythmus stattfinden, erhöhen den Spaßfaktor und stärken den Teamspirit: 95 Prozent geben an, dass es ihnen Freude macht, bei Microsoft zu arbeiten.

Karriere

Talente, die bei uns einsteigen wollen, sollten folgende Eigenschaften mitbringen:

Sie sind kreativ, engagiert, haben Spaß an der Arbeit und nehmen neue Herausforderungen gerne an. Außerdem arbeiten Sie gerne im Team und können auf Kundenwünsche eingehen. Sie sagen, was Sie denken, und haben auch ein offenes Ohr für das, was andere Ihnen sagen. Wenn es mal heiß hergeht, bleiben Sie cool und sehen in jeder Veränderung eine neue Chance.

Fakten

Branche	Informationstechnologie
Zahl der Mitarbeiter in 2003	1555
Adresse	Hauptsitz Microsoft Deutschland, Konrad-Zuse-Str. 1, 85716 Unterschleißheim
Niederlassungen	Hamburg; Berlin; Bad Homburg; Neuss; Böblingen; European Microsoft Innovation Center: Aachen
Homepage	www.microsoft.de
Beschäftigte Berufsgruppen	diverse
Anfangsgehalt für Hochschulabsolventen	keine Angaben
Bewerberinformationen	http://www.microsoft.com/germany/jobs
Weiterbildungsstunden pro Jahr für größte Berufsgruppe pro Mitarbeiter	Die Anzahl der Weiterbildungstage ist relativ unabhängig von Berufsgruppe und beträgt circa 20 Tage inklusive der lokalen Trainings und internationaler Briefings und Training der Soft Skills. Inhabern technischer Jobs stehen noch bis zu zehn weitere Trainingstage (insgesamt 240 Stunden) zur Verfügung.
Anteil der Mitarbeiter unter 35 Jahren	32 Prozent
Frauenanteil	28 Prozent

Rang 2
Skytec

KOMPROMISSLOS VERTRAUEN

Das IT-Consulting-Unternehmen Skytec berät Firmen und Verwaltungen beim Aufbau von Internetanwendungen und IT-Netzwerken. Zur den wichtigsten Firmengrundsätzen gehört, dass die Führungskräfte ihren Mitarbeitern absolut vertrauen.

Die Partys bei der Münchner IT-Beratung Skytec sind wie die ganze Firma: Anders. Catering-Service: Von wegen! Schicke Kleidung: Eher selten! Und gediegene Stimmung: Nie! Ob Sommerfest oder Weihnachtsfeier, die IT-Experten organisieren alles selbst – vom Essen über die Bestuhlung bis zur Musik. Dekoriert wird gemäß dem Motto, das sich selbstverständlich auch die Belegschaft ausdenkt. Mittendrin wuselt Vorstand Thomas Geyer, er rückt Stühle und hilft beim Zeltaufbau. Eingeladen ist, wer Lust hat zu kommen: Kunden, Kinder, Lebenspartner und Freunde. „Wir sind die Firma für die Mitarbeiter" – so das Credo des Unternehmens in Oberhaching bei München. Konventionen bei Firmenpartys oder im Berufsalltag sind nichts für Geyer: „Das müssen manche Mitarbeiter erst lernen."

Rang 2 : Skytec | 35

Vor sieben Jahren gründete der Informatiker zusammen mit dem ehemaligen Siemensianer Christian Veitl die IT-Beratung. Inzwischen hat die Skytec AG 100 Mitarbeiter und ein Rekordjahr hinter sich. Sie erwirtschafteten rund 8,5 Millionen Umsatz im Jahr 2003 beispielsweise mit der Beratung und Implementierung von kundenspezifischen Intra- und Internetlösungen. Zu den Kunden gehören Firmen wie Bosch, BMW oder der Flughafen München. Die wichtigste Führungsmaxime des Duos gilt damals wie heute: „Wir bringen jedem Mitarbeiter vom ersten Tag an 100 Prozent Vertrauen entgegen. Dafür verlangen wir 100 Prozent Verantwortung."

Dieses Vertrauensverhältnis funktioniert. In der Kategorie Glaubwürdigkeit des Managements ist Skytec top. Alle Mitarbeiter stimmten in der Befragung zum Wettbewerb „Deutschlands Beste Arbeitgeber" der Aussage zu: „Das Management vertraut auf die gute Arbeit der Mitarbeiter, ohne sie ständig zu kontrollieren." Ein Rekordwert! Für Projektleiter bedeutet das, dass sie beim Kunden vor Ort mit ihrem Team eigenverantwortlich über Budget, Personalbedarf oder Abwicklung des Auftrags entscheiden. Wer sich unsicher ist, kann die beiden Vorstände jederzeit anrufen oder bei ihnen ins Büro spazieren. „Unsere Mitarbeiter sind fachlich top. Wenn sie zu uns kommen, wollen viele einfach nur ihre Ideen mit uns reflektieren", so Geyer. Das Prinzip der „offenen Tür" funktioniert: 92 Prozent der Befragten sagen, dass sie sich mit jeder Frage an das Management wenden können und eine angemessene Antwort erhalten.

„Hier muss jeder seinen Kopf einschalten und unternehmerisch denken", sagt Geyer. Umgekehrt akzeptiert der Berater auch die Meinung der Gruppenmehrheit. So wollten die Geschäftsbereichsleiter einen zentralen Vertrieb einführen. Geyer und Veitl waren dagegen. „Als Führungskraft muss man sich auch mal zurücknehmen", sagt Geyer. Sie einigten sich auf einen halbjährigen Versuch.

Die beiden Vorstände werfen auch in wirtschaftlich schwierigen Situationen ihre Grundsätze nicht über Bord, das bewiesen sie Mitte 2003. Nur ein Teil der Berater hatte Mandate bei Kunden, Kündigungen drohten. Gemeinsam beschloss die Belegschaft einen Gehaltsverzicht von 20 Prozent für Führungskräfte und von bis zu zehn Prozent für den Rest der Belegschaft. Dank einer sehr guten Auftragslage am Jahresende bezahlte das Management die Einbußen in Form von Sonderprämien zurück. „Das Geld steht den Mitarbeitern zu", sagt Geyer. „Es ist die überzeugend praktizierte Firmenphilosophie, die es möglich macht, sich mit dem Unternehmen zu identifizieren", so ein Mitarbeiter-Kommentar.

Great Place to Work Kriterien
7-8 Punkte: ausgezeichnet, 5-6 Punkte: sehr gut, 3-4 Punkte: gut.

Glaubwürdigkeit ■ ■ ■ ■ ■ ■ ■ ■

„Wir sind die Firma für die Mitarbeiter" ist der Kernsatz der Unternehmensphilosophie. Die Firma definiert sich als Dienstleister für die Mitarbeiter, um diese in die Lage zu versetzen, ihre Kundenaufträge optimal zu erfüllen. Die gewährten Freiräume und das Vertrauen, das seitens des Managements in die Kompetenz der Mitarbeiter gelegt wird, zieht sich wie ein roter Faden durch das Unternehmen. Den Mitarbeitern wird viel Verantwortung übertragen, bestätigen 95 Prozent aller Befragten. Herausragende 100 Prozent erleben, dass ihr Management auf die gute Arbeit der Mitarbeiter vertraut, ohne sie ständig zu kontrollieren. Wichtigstes Element der Kommunikation sind persönliche Gespräche. Es gilt die Devise: Jeder, Führungskräfte und Vorstand im Besonderen, ist für jeden zumindest telefonisch erreichbar. Die Mitarbeiter wissen den guten Kontakt zum Management zu schätzen und loben außerdem dessen Verlässlichkeit. 92 Prozent bestätigen, dass das Management seinen Worten Taten folgen lässt.

Respekt ■ ■ ■ ■ ■ ■ ■ ■

Selbst wesentliche Entscheidungen, die die interne Unternehmensorganisation betreffen, werden durch demokratische Abstimmung im Team legitimiert und umgesetzt. Die Mitwirkungsmöglichkeiten der Belegschaft beruhen nicht zuletzt auf deren hohen fachlichen Qualifikationen, daher werden sehr gute Fortbildungsmöglichkeiten angeboten. Auch hier setzt das Management auf das Prinzip Geben und Nehmen: An den Wochenenden geben einzelne Mitarbeiter Schulungen in ihrem Spezialgebiet und ermöglichen es so allen Kollegen, sich ein breites Spektrum an Know-how anzueignen. Bei einer vereinbarten Gesamtjahresarbeitszeit ist unter Berücksichtigung der Kundenbedürfnisse seitens der Mitarbeiter eine komplett freie Arbeitszeiteinteilung möglich.

Fairness ■ ■ ■ ■ ■ ■ ■ ▫

Werte wie Neutralität und Gerechtigkeit genießen bei Skytec eine hohe Verbindlichkeit, auch unangenehme Maßnahmen werden gemeinsam getragen. Vergütungsbasis ist ein erfolgsabhängiges Gehaltssystem mit Beteiligung am Unternehmensgewinn. Zudem können die Mitarbeiter über den Erwerb von Aktien zum Miteigentümer werden. Daneben gibt es eine Reihe von Lohnnebenleistungen wie günstige Versicherungen, Einkaufsrabatte und eine kostenlose Rechts-, Finanz- und Versicherungsberatung durch die Partner von Skytec.

Stolz

Skytec-Mitarbeiter identifizieren sich stark mit der ungewöhnlichen Kultur des Unternehmens: 91 Prozent der Belegschaft sind stolz auf das, was sie gemeinsam leisten. Die Mitarbeiter schätzen die ihnen gewährten Freiräume und danken es ihrem Arbeitgeber mit herausragender Loyalität: 91 Prozent kommen gerne zur Arbeit, 96 Prozent bekunden, dass sie auch bereit sind, einen zusätzlichen Einsatz zu leisten, um Arbeiten fertig zu stellen.

Teamorientierung

Laut der Aussage eines Mitarbeiters macht es „einfach Spaß, für Skytec zu arbeiten". Neun von zehn befragten Mitarbeitern stimmen der Aussage zu „Wir sind hier wie eine Familie". Dieser außerordentlich gute Zusammenhalt wird durch Aktivitäten wie Fußball, Volleyball oder regelmäßige Kneipen-Touren gefördert. Bei den jährlichen Mottopartys à la Baywatch zeigen sich Kreativität und Teamgeist der Belegschaft in gleicher Weise.

Karriere

Talente, die bei uns einsteigen wollen, sollten folgende Eigenschaften mitbringen:

Wir erwarten von unseren Mitarbeitern neben fachlicher vor allem soziale Kompetenz sowie die Annahme und Multiplikation unserer einzigartigen Unternehmenskultur innerhalb und außerhalb des Unternehmens. Hohe Motivation, Kreativität und eine hervorragende Dienstleistungsorientierung sind die Grundpfeiler unserer Arbeit.

Fakten

Branche	Informationstechnologie
Zahl der Mitarbeiter in 2003	100
Adresse	Keltenring 11, 82041 Oberhaching
Homepage	www.skytecag.com
Beschäftigte Berufsgruppen	keine Angaben
Anfangsgehalt für Hochschulabsolventen	35 000 bis 40 000 Euro pro Jahr
Bewerberinformationen	www.skytecag.com
Weiterbildungsstunden pro Jahr für größte Berufsgruppe pro Mitarbeiter	beliebig, je nach persönlichem Engagement.
Anteil der Mitarbeiter unter 35 Jahren	66 Prozent
Frauenanteil	11 Prozent

Rang 3

Diageo Deutschland

ERFOLGE FEIERN

Der Spirituosenhersteller Diageo hat mit Smirnoff Ice ein Kultgetränk lanciert. Die Mitarbeiter leben im Unternehmen, was sie nach außen verkaufen: Spaß zu haben, ist wichtig. Ihr Teamgeist funktioniert außerordentlich gut.

Ob Event-Manager oder Außendienstler – bei dem Guinness- und Baileys-Hersteller Diageo Deutschland GmbH freuen sich die Mitarbeiter auf die Präsentation der Umsatz- und Erlöszahlen. Sie wissen: Der Geschäftsführer, Uwe Schneider, langweilt seine Leute nicht mit Grafiken und Overhead-Projektor. Im vergangenen Jahr ließ er das Raumschiff Enterprise im firmeneigenen Bistro aufbauen. Das Management präsentierte etwa als Captain Kirk, Spock oder Scotty verkleidet Unternehmensergebnisse und Visionen.

Bei der deutschen Tochter des weltweit größten Spirituosenherstellers Diageo sind Spaß und Leistung kein Widerspruch. So erwirtschafteten die 163 Mitarbeiter in Rüdesheim im Geschäftsjahr 2002/2003 ein 48-prozentiges Umsatzplus auf 351,2 Millionen Euro. Verkaufsschlager war dabei das Mixgetränk Smirnoff Ice. Zum Produktportfolio des Unternehmens, das 1997 aus einer Fusion des Bierbrauers Guinness und des Lebensmittelherstellers Grand Met hervorging, gehören heute Getränke wie Baileys, Johnny Walker Whisky und Guinness-Bier. „Die Arbeitbelastung ist extrem hoch", sagt

Schneider. "Aber bei Erfolg wird auch gefeiert." Das fördert die gute Stimmung in den Teams. 97 Prozent der Mitarbeiter sagen, dass es ihnen "Freude macht, hier zu arbeiten" – so ein Ergebnis aus der Befragung des Wettbewerbs "Deutschlands Beste Arbeitgeber".

Besonders viel Wert legt das Unternehmen auf die umfangreiche Beurteilung der Mitarbeiter: Berufliche Leistung wie persönlicher Umgang werden bei allen in einem 360-Grad-Feedback einmal jährlich unter die Lupe genommen. Kollegen und Vorgesetzte sagen anonym ihre Meinung und erzählen, wie gut sie miteinander arbeiten können. Ein externes Personalberatungsunternehmen hilft dabei. Als oberster Grundsatz der Beurteilung gilt: Kein Mitarbeiter darf persönlich verletzt werden. "In einem Training lernen die Manager, wie sie negative und positive Punkte richtig und ausgewogen formulieren", so der Geschäftsführer.

Zur Diageo-Kultur gehört auch, dass die Unternehmensstrategie nicht auf dem Chefschreibtisch liegen bleibt, sondern jeder einzelne Mitarbeiter eingebunden wird. "Ob Außendienst oder Empfangsdame, alle sind die Botschafter für unsere Marken", so Schneider. "Jeder weiß, wie er seinen Teil der Strategie umsetzt." Flexibilität ist dabei Trumpf. Neue Ideen sollen bei Diageo schnell umgesetzt werden. So steht der Mitarbeiter in der Pflicht nachzufragen, wenn er seine Aufgaben nicht verstanden hat, beispielsweise wenn neue Produkte oder weitere Distributionswege eingeführt werden.

Damit die Motivation nicht nachlässt, überrascht Schneider seine Leute im Innen- und Außendienst ab und zu mit einem besonderen Event. So gab es im vergangenen Jahr ein Jazz- und ein Popkonzert im Firmenbistro. Jeder Mitarbeiter kann zu solchen Feiern den Lebenspartner, Kinder und ein paar Freunde mitbringen. "Das finde ich gigantisch und nicht selbstverständlich, zumal in der heutigen Zeit", so ein Mitarbeiter-Kommentar. Der Teamgeist stimmt bei den Rüdesheimern: Fast 93 Prozent loben ihn sehr.

Great Place to Work Kriterien
7-8 Punkte: ausgezeichnet, 5-6 Punkte: sehr gut, 3-4 Punkte: gut.

Glaubwürdigkeit ■ ■ ■ ■ ■ ■

Die Mitarbeiter loben die *"kurzen Wege zum Management, alle Türen stehen allen Mitarbeitern offen"*. Die Transparenz und Klarheit der Kommunikation wird besonders hoch bewertet: 90 Prozent der Mitarbeiter bescheinigen dem Management, dass es seine Erwartungen klar und deutlich formuliert.

Rang 3 : Diageo Deutschland | 41

Die Geschäftsführung legt großen Wert darauf, bei Entscheidungen die Ansichten der Mitarbeiter einzuholen: Die Mitglieder des Management-Teams sind in verschiedenen Projekt-Teams involviert und gewährleisten einen ausgiebigen Informationsaustausch. Regelmäßig finden strukturierte abteilungsübergreifende Workshops und Meetings statt.

Respekt

Nach eigener Aussage werden die Mitarbeiter bei Diageo *„gefordert und gefördert"*. Im Rahmen des „People Performance Managements" bekommen die Mitarbeiter aufeinander abgestimmte Trainings und Coaching-Maßnahmen. Im Modul „Build Diageo Talent" werden systematisch soziale Kompetenzen wie Kritikfähigkeit eingeübt, um die offene Feedback-Kultur im Hause zu fördern. Nicht-berufsbezogene Fortbildungen wie Sprachkurse werden durch Zuschüsse und die Gewährung von Freistunden unterstützt. Das Unternehmen hält seine Mitarbeiter explizit an, zu experimentieren und neue Wege zu gehen. Ein „Recht auf Fehler" wird dabei allen Mitarbeitern eingeräumt. 94 Prozent der befragten Mitarbeiter bestätigen, dass das Management anerkennt, dass bei der Arbeit auch Fehler passieren können.

Fairness

Die ausgewogene Behandlung aller Beschäftigten ist eine der Stärken des Unternehmens: 95 Prozent der befragten Mitarbeiter bestätigen, unabhängig von ihrer Position als vollwertiges Mitglied des Unternehmens behandelt zu werden. Lob und Anerkennung werden gerecht verteilt: *„Wenn wir gut sind, dann sind es alle, alle erhalten die Anerkennung"*, so ein Mitarbeiter. Projekt-Teams sind bei Diageo stets international besetzt. Der Anteil weiblicher Mitarbeiter liegt zurzeit bei etwa 40 Prozent. Viele Mitarbeiterinnen arbeiten in leitenden Positionen, etwa als Marketing Manager oder in den Abteilungen Human Resources und Finance.

Stolz

„Wir sind stolz auf das, was wir tun", heißt es in den Leitlinien des Unternehmens. Diageo-Mitarbeiter identifizieren sich stark mit dem, was sie gemeinsam leisten und erreichen: *„Ich bin stolz, bei dieser Firma zu arbeiten, und kann mir fast nicht vorstellen, dass es noch besser geht!"*, beschreibt ein Mitarbeiter. Solche Aussagen beruhen neben der hohen Entscheidungsfreiheit und Eigenverantwortlichkeit auf dem sozialen Engagement des Unternehmens. Im Rahmen zahlreicher sozialer Projekte, etwa in Kooperation mit der AIDS-Hilfe Frankfurt, engagieren sich Mitarbeiter für das Gemeinwesen.

Teamorientierung

Bei Diageo nimmt man sich Zeit, Erfolge zu feiern: „Celebrate Success" ist als zentraler Grundsatz in der Unternehmenskultur verankert. Die gemeinsamen Firmenreisen nach Irland oder Italien sind bei den Mitarbeitern sehr beliebt. Laut Mitarbeiterbefragung wird bei Diageo *„feste gearbeitet und feste gefeiert"*. Jährlich stattfindende Tagungen – zu denen auch der Lebenspartner eingeladen wird – stärken den Teamgedanken und das Zusammengehörigkeitsgefühl. Das „Diageo Bistro" wird für gemeinsame Betriebsfeiern gern genutzt. Die Atmosphäre im Unternehmen ist sehr gut: *„Es wird sehr viel gelacht. Die Geschäftsleitung strebt immer an, eine angenehme und lockere Atmosphäre zu schaffen"*, so ein Mitarbeiter.

Karriere

Talente, die bei uns einsteigen wollen, sollten folgende Eigenschaften mitbringen:

Wir suchen Mitarbeiter, die sich mit unseren Werten identifizieren: „passionate about consumers", „freedom to succeed", „proud of what we do", „be the best".

Fakten

Branche	Nahrungs- und Genussmittel
Zahl der Mitarbeiter in 2003	179
Adresse	Europastraße 10, 65385 Rüdesheim am Rhein
Homepage	www.diageo.de
Beschäftigte Berufsgruppen	keine Angaben
Anfangsgehalt für Hochschulabsolventen	keine Angaben

Rang 3 : Diageo Deutschland

Bewerberinformationen	keine Angaben
Weiterbildungsstunden pro Jahr für größte Berufsgruppe pro Mitarbeiter	acht Tage
Anteil der Mitarbeiter unter 35 Jahren	35 Prozent
Frauenanteil	35 Prozent

Rang 4
Hexal

TRANSPARENT FÜHREN

Der Generikaproduzent Hexal meldete in den vergangenen Jahren eine Rekordzahl nach der anderen. Kein Wunder, kommen hier die Mitarbeiter doch besonders gern zur Arbeit. Das hat nicht nur mit der offenen Kommunikation und dem freundlichen Umgang untereinander zu tun.

„Unsere Doctores", so nennt die Belegschaft die Doppelvorstandsspitze von Hexal: den Betriebswirt Dr. Thomas Strüngmann und den Mediziner Dr. Andreas Strüngmann. Die vertrauliche Anrede der beiden Unternehmenslenker zeigt am besten, wie das Unternehmen vor den Toren Münchens tickt: Standesdünkel gibt es nicht. Von Vorstandsetagen, -casinos, -limousinen und sonstigen Chefextravaganzen halten die Gründerzwillinge nichts.

Dabei könnten sich die beiden die Chefsessel vergolden lassen. Der Mittelständler mit fast 1200 Mitarbeitern erwirtschaftete an den beiden Standorten Holzkirchen bei München und Magdeburg in 2003 rund 1,2 Milliarden Euro mit Generika. Das sind nachgeahmte Medikamente, deren Patent abgelaufen ist. Sie gehen zu einem günstigen Preis über die Apothekertheke.

Rang 4 : Hexal

Der unternehmerische Erfolg der 1986 gegründeten Hexal AG und die große Bekanntheit der Marke in der Öffentlichkeit sind nur zwei Gründe, warum die Mitarbeiter in der Befragung zum Wettbewerb „Deutschlands Beste Arbeitgeber" besonders in der Kategorie Stolz aufgefallen sind. Aber auch auf die offene Kommunikation wird viel Wert gelegt.

Transparenz ist ein Hexal-Motto, das wörtlich genommen wird. Im Bürogebäude in der Zentrale sind alle Türen aus Glas – auch die der Vorstandszimmer. Daneben sind wichtige Informationen für alle da. „Im Zwei-Wochen-Rhythmus trifft sich ein 20-köpfiges Führungsgremium, um alle anstehenden Aufgaben zu diskutieren", sagt Thomas Strüngmann. Das Protokoll der Sitzung erhalten danach alle Mitarbeiter per E-Mail – egal ob Pharmazeut oder Mitarbeiter in der Medikamentenproduktion.

Auch beim Kontakt mit den Außendienstmitarbeitern setzt Hexal auf Schnelligkeit: Zwischenhierarchien gibt es nicht. Anregungen und Wünsche werden direkt mit den Produktmanagern oder den Doctores in Holzkirchen besprochen. Ein Mitarbeiter-Kommentar bestätigt das: „Man kann mit allen Problemen zum Vorstand gehen oder auch zu unseren beiden Chefs." Das unverkrampfte Miteinander überzeugt: „Wir haben viele erfolgreiche Frauen von anderen Firmen abgeworben, die das Macho-Gehabe von Gebietsleitern satt hatten", sagt Strüngmann. Das Familienunternehmen hat bereits viele Kolleginnen angelockt: Die Quote der Vertriebsexpertinnen, Entwicklerinnen und Produktionsmitarbeiterinnen liegt bei fast 68 Prozent.

Ob Mann oder Frau: Fast 94 Prozent der Hexal-Mitarbeiter kommen gerne zur Arbeit, so die Befragung. Und fast 96 Prozent sagen, dass sie stolz sind, anderen von ihrem Unternehmen zu erzählen. „Viele neue Kollegen sind zu Beginn über den freundlichen Umgang miteinander erstaunt", so Strüngmann. Im Hexal-Wertekatalog finden die Neulinge auch einen Grund dafür: „Kollegen sind auch Kunden." „Die beste Firma, die man sich vorstellen kann", lobt ein Mitarbeiter.

Der Stolz auf das Unternehmen hat noch einen weiteren Hintergrund: Die Angestellten schätzen das soziale Engagement der beiden Gründer. So tourt die Augsburger Puppenkiste finanziert mit Hexal-Stiftungsgeld durch 20 deutsche Kinderklinikstationen. Einmal im Jahr machen die Puppen im Gewerbegebiet von Holzkirchen Station und bringen die Sprösslinge der Belegschaft in der firmeneigenen Kinderkrippe Hexennest zum Lachen.

Great Place to Work Kriterien
7-8 Punkte: ausgezeichnet, 5-6 Punkte: sehr gut, 3-4 Punkte: gut.

Glaubwürdigkeit

„Unsere Türen sind offen", dies legt das Leitbild fest, das unter der Mitwirkung der Hexal-Belegschaft erstellt wurde. Die Offenheit der Kommunikation wird dadurch bestätigt, dass in der Praxis allen Mitarbeitern beispielsweise die Protokolle der Meetings von Vorstand und Führungskräften zukommt. Zudem informiert der Vorstand die Mitarbeiter einmal im Quartal persönlich über neue Entwicklungen im Unternehmen und steht „Rede und Antwort". Offenheit fördert Vertrauen: Die Mitarbeiter loben ihre Freiräume bei der Arbeit. So geben 94 Prozent an, dass das Management auf die gute Arbeit der Mitarbeiter vertraut, ohne sie ständig zu kontrollieren. Weitere 98 Prozent der Hexal-Mitarbeiter sind von der Kompetenz ihres Managements überzeugt.

Respekt

„Kompetenz vor Hierarchie" – als weiterer Leitsatz – ist die Grundlage der Zusammenarbeit im Unternehmen. Mitarbeiter werden in wichtige Entwicklungen eingebunden – auch hier zeigt sich der Nutzen transparenter Informationspolitik. 84 Prozent der Befragten bejahen die Aussage, dass das Management Vorschläge und Ideen der Mitarbeiter in ernsthafter Weise sucht und beantwortet. Kleine Aufmerksamkeiten, Prämien und Boni vermitteln Wertschätzung. Besonders positiv wird durch die Mitarbeiter das gesamte Arbeitsumfeld bewertet – hoch gelobt wird die Kantine. Gleitzeit, das Sponsoring einer Kinderkrippe und ein firmeneigenes Fitnessstudio unterstützen eine gute Verbindung von Berufs- und Privatleben.

Fairness

„Freie Entfaltung der eigenen Persönlichkeit und so angenommen werden, wie man ist", ist nach Aussage der Mitarbeiter eine Stärke von Hexal. 93 Prozent der Mitarbeiter erleben, dass sie unabhängig von ihrer beruflichen Position als vollwertiges Mitglied des Unternehmens anerkannt werden. Weitere 83 Prozent – das sind 13 Prozent mehr als im Durchschnitt aller Top-50-Wettbewerbsteilnehmer – fühlen sich ernst genommen, wenn sie gegen ungerechte Behandlung protestieren. Die von 77 Prozent der Befragten als angemessen empfundene Vergütungsbasis und eine Reihe von Zusatzleistungen bedienen die materiellen Ansprüche.

Stolz

Mit einer sehr erfolgreichen Gründergeschichte im Hintergrund liegt der Stolz der Mitarbeiter auf das gemeinsam Geleistete im Spitzenbereich. 94 Prozent bejahen in der Befragung die Aussage „Ich bin stolz auf das, was wir gemeinsam leisten". Neben dem wirtschaftlichen Erfolg fördert auch das umfangreiche soziale Engagement insbesondere im Bereich der Kindermedizin die Identifikation der Mitarbeiter. 94 Prozent der befragten Mitarbeiter äußern Zufriedenheit über die Art und Weise, in der sie bei Hexal gemeinsam einen Beitrag für die Gesellschaft leisten.

Teamorientierung

Hexal gelingt es trotz seiner Größe, eine Kultur mit familiärem Charakter zu bewahren. Dies belegen Mitarbeiterkommentare wie der folgende: „Der Geschäftsführung ist es im besondere Maße gelungen, ungeachtet des enormen Wachstums der vergangenen Jahre jedem einzelnen Mitarbeiter das Gefühl zu vermitteln, zu einer großen, erfolgreichen Familie zu gehören." Gerade neuen Mitarbeitern fällt die Integration leicht, und die Etablierten erleben eine hohe Kooperationsbereitschaft. 95 Prozent der Befragten bestätigen, dass man sich als neuer Mitarbeiter im Unternehmen willkommen fühlt. Die regelmäßig stattfindenden Großveranstaltungen wie Betriebsausflüge und die exklusiven Weihnachtsfeiern sind für alle Hexal-Mitarbeiter Highlights des Jahres. 99 Prozent der Beschäftigten bekunden, dass sie in einem freundlichen Unternehmen arbeiten.

Karriere

Talente, die bei uns einsteigen wollen, sollten folgende Eigenschaften mitbringen:

Als Arzneimittelhersteller sind wir uns unserer hohen Verantwortung bewusst und stellen hohe Anforderungen an uns und unsere Produkte. Wir suchen deshalb engagierte Mitarbeiter, die sich mit den Zielen von Hexal identifizieren und sich bei uns einbringen wollen. Besonderen Wert legen wir auf überdurchschnittliche Motivation, Eigeninitiative, Freude am Schaffen und Flexibilität.

Fakten

Branche	Pharma
Zahl der Mitarbeiter in 2003	1300
Adresse	Industriestraße 25, 83607 Holzkirchen
Homepage	www.hexal.de
Beschäftigte Berufsgruppen	Pharmazeuten, Chemiker, Ärzte, Betriebswirte, chemisch-technische Assistenten, pharmazeutisch-technische Assistenten, Laboranten, Bürokaufleute
Anfangsgehalt für Hochschulabsolventen	Verhandlungsbasis
Bewerberinformationen	www.jobs.hexal.de
Weiterbildungsstunden pro Jahr für größte Berufsgruppe pro Mitarbeiter	drei bis fünf Tage (Schätzwert des Unternehmens)
Anteil der Mitarbeiter unter 35 Jahren	33 Prozent
Frauenanteil	68 Prozent

Rang 5
Endress + Hauser Wetzer

INNOVATIV BELOHNEN

Endress + Hauser Wetzer gehört zu den weltweit führenden Anbietern von Temperaturmesstechnik. Das Familienunternehmen fördert die eigenverantwortliche Teamarbeit und den Ausgleich zwischen Berufs- und Privatleben.

„Arbeiten, wo andere Urlaub machen", so kommentiert ein Mitarbeiter sein Unternehmen. Kein Wunder, liegt doch der Firmensitz des Messtechnikproduzenten Endress + Hauser Wetzer GmbH & Co. KG am Rande der Alpen im idyllischen Nesselwang. Wer hier arbeitet, hat Glück: In der Mittagspause Ski fahren oder an einem sonnigen Tag nur vier Stunden arbeiten, das ist bei dem Allgäuer Unternehmen durchaus möglich. Jeder Mitarbeiter bestimmt seine Arbeitszeit selbst, lediglich vier Arbeitsstunden am Tag sind Pflicht. „Die Anwesenheit wird nicht kontrolliert. Wir sind noch nie betrogen worden", sagt Geschäftsführer Wilfried Meissner.

Das Konzept der langen Leine funktioniert: Im vergangenen Jahr schaffte die Allgäuer Tochterfirma des Schweizer Familienunternehmens Endress + Hauser erneut zehn Prozent Umsatzwachstum auf 30 Millionen Euro und fünf Prozent Ertragszuwachs. Die Produkte des Messtechnikspezialisten aus Nesselwang überwachen rund um die Welt die Temperaturen in Industrieanlagen wie etwa in Braukesseln, in Molkereien und Stahlwerken. Produziert und entwickelt werden die Mess- und Überwachungsgeräte in Nesselwang, der Vertrieb erfolgt über Partner rund um den Globus. Seinen Erfolg verdankt das Unternehmen ständig neu entwickelten Produkten – und seinen 230 motivierten Mitarbeitern. Vor allem das Thema Respekt vor Mensch und Leistung spielt im Unternehmen eine besondere Rolle.

Die Organisation der Arbeit etwa überlässt der Geschäftsführer den einzelnen Teams: „Jeder weiß, was er zu tun hat." Ziele und Aufgaben besprechen die Führungskräfte jeweils zu Jahresanfang mit ihren Mitarbeitern. Alle wichtigen Zahlen wie Auftragseingänge, Erträge und Neuigkeiten aus der Zentrale in der Schweiz hängen für jeden einsehbar an den Team-Pinnwänden. Meissners Devise lautet „Vertrauen, nicht Misstrauen." Geraten Entwicklungsprojekte einmal ins Stocken, sind bei den Messtechnikspezialisten nicht blinder Aktionismus oder Schuldzuweisungen angesagt. Der verantwortliche Mitarbeiter bespricht mit seiner Führungskraft in aller Ruhe, wie das Problem gelöst werden kann. „Unter den Teppich kehren gibt es bei uns nicht", sagt Meissner.

Besondere Einfälle der Mitarbeiter belohnt die Nesselwanger Firma auch auf besondere Weise: Unter allen Ideen, die in einem Monat eingehen, wird ein Smart Roaster verlost. Das Auto kann der Gewinner vier Wochen lang kostenlos nutzen – Benzinkosten inklusive. Auch eine Geldprämie ist drin, wenn der Einfall zu nennenswerten Kostenersparnissen führt. Entsprechend gaben bei der Befragung im Wettbewerb „Deutschlands Beste Arbeitgeber" 79 Prozent der Teilnehmer an, dass das Management in ernsthafter Weise Vorschläge und Ideen der Mitarbeiter sucht – egal, ob von der angelernten Kraft in der Produktion oder von einem erfahrenen Ingenieur. An Kreativität gibt es in Nesselwang keinen Mangel: Von 230 Mitarbeitern kamen im vergangenen Jahr 320 Verbesserungsvorschläge!

Dass Meissner Leistung und Erfolg wichtig ist, daran gibt es keinen Zweifel. Und dennoch sieht er auch den Privatmenschen in seinen Kollegen. Endress + Hauser Wetzer-Mitarbeiter, die sich sozial engagieren, etwa beim Technischen Hilfswerk oder in kirchlichen Projekten, werden freigestellt. Das kommt an: Fast 83 Prozent der Mitarbeiter sind mit dem Ausgleich zwischen Berufs- und Privatleben zufrieden – da kommt kein Unternehmen im Wettbewerb ran.

Great Place to Work Kriterien
7-8 Punkte: ausgezeichnet, 5-6 Punkte: sehr gut, 3-4 Punkte: gut.

Glaubwürdigkeit

„Aus zufriedenen Mitarbeitern begeisterte machen" – so bringt die Unternehmensstrategie von Endress + Hauser Wetzer ein ehrgeiziges Ziel zum Ausdruck. Vision, Mission und Strategie sind über alle Hierarchiestufen hinweg im Zielhandbuch transparent dargelegt. Beteiligung der Mitarbeiter am Strategiefindungsprozess und umkomplizierte Erreichbarkeit des Managements durch eine Politik der offenen Tür sorgen für einen regen Informationsaustausch. Die Befragten schätzen die „regelmäßige und umfassende Information an die Mitarbeiter". Die Mitarbeiter erhalten viel Freiraum: 94 Prozent der Befragten geben an, dass das Management auf ihre gute Arbeit vertraut, ohne sie ständig zu kontrollieren.

Respekt

Individuell erstellte *Skill-Matrizen* sichern bedarfsgerechte Weiterbildung. „English-speaking Days" unterstreichen die internationale Orientierung des Unternehmens und fördern den individuellen Erfolg beim Lernen der Sprache. Mitarbeiter erhalten die Möglichkeit, berufsbegleitend einen MBA zu erwerben. Die Balance zwischen Beruf und Privatleben stimmt: Vor allem die flexiblen Arbeitszeitregelungen werden von den Mitarbeitern hervorgehoben und besonders geschätzt. Originelle Sachprämien fördern die Bereitschaft der Mitarbeiter, sich ins Innovationsmanagement einzubringen.

Fairness

Monetäre Individualprämien wurden 2001 abgeschafft. Stattdessen wurde durch eine am Umsatz orientierte Prämie, die an alle Mitarbeiter in gleicher Höhe ausbezahlt wird, die Ausgewogenheit der Entlohnung erhöht. Das Unternehmen fördert die Gleichstellung aller Mitarbeitergruppen: Mitarbeiterinnen wird eine gezielte Weiterbildung und Förderung angeboten, ausländische Mitarbeiter werden unter anderem durch bezahlte Sprachkurse unterstützt. Ältere Mitarbeiter über 55 Jahren werden gezielt angesprochen und ermutigt, sich zu bewerben. 88 Prozent der Belegschaft bekunden, unabhängig von ihrer Position als vollwertiges Mitglied des Unternehmens behandelt zu werden.

Stolz ■ ■ ■ ■ ■ ■ ■

Endress + Hauser Wetzer stellt die Bedeutung jedes Mitarbeiters in Bezug auf den Unternehmenserfolg deutlich heraus. Besondere Anlässe – wie erfolgreich abgeschlossene Projekte – werden gefeiert und fördern die Verbundenheit mit dem Unternehmen. Die Ergebnisse der Mitarbeiterbefragung belegen die hohe Identifikation: 92 Prozent der Mitarbeiter stimmen der Aussage zu, darauf stolz zu sein, bei Endress + Hauser Wetzer zu arbeiten.

Teamorientierung ■ ■ ■ ■ ■ ■ ■

Ein attraktives Arbeitsumfeld, das die Entwicklung reichhaltiger sozialer Beziehungen fördert, sowie betriebsübergreifende Feiern und Sportveranstaltungen für alle Beschäftigten sorgen dafür, dass sich die Mitarbeiter wohl fühlen. *„Was dieses Unternehmen deutlich von anderen hervorhebt, ist die Teamkultur und Mitarbeiterbeteiligung"*, so beschreibt ein Beschäftigter die Atmosphäre im Unternehmen. 96 Prozent aller befragten Endress + Hauser-Mitarbeiter geben an, in einem freundlichen Unternehmen zu arbeiten.

Karriere

Talente, die bei uns einsteigen wollen, sollten folgende Eigenschaften mitbringen:

Wir suchen Mitarbeiter, die gerne im Team arbeiten und kommunikativ sind. Sie sind begeisterungsfähig und zeichnen sich durch hohe Kundenorientierung aus. Eine gute fachliche Eignung setzen wir voraus.

Fakten

Branche	Mess- und Automatisierungstechnik für die industrielle Verfahrenstechnik
Zahl der Mitarbeiter in 2003	218

Rang 5 : Endress + Hauser Wetzer

Adresse	Obere Wank 1, 87484 Nesselwang
Homepage	www.wetzer.endress.com, www.endress.com
Beschäftigte Berufsgruppen	Fach- und Führungskräfte aus allen Disziplinen
Anfangsgehalt für Hochschulabsolventen	Nach Vereinbarung, abhängig von Funktion und Qualifikation.
Bewerberinformationen	Homepage, Personalmanagement Norbert Christlbauer Tel.: 08361 308-351
Weiterbildungsstunden pro Jahr für größte Berufsgruppe pro Mitarbeiter	acht Stunden (Schätzwert des Unternehmens), nach Bedarf
Anteil der Mitarbeiter unter 35 Jahren	43 Prozent
Frauenanteil	35 Prozent

Rang 6

Kraft Foods Deutschland

VERÄNDERUNG WAGEN

Der Lebensmittelhersteller ist für seine Schokoriegel und -herzen bekannt. Auch die Arbeitsbedingungen scheinen den Mitarbeitern bei dem Bremer Unternehmen zu schmecken. Sie sorgen mit Eigeninitiative für ein gutes Betriebsklima.

Kann sich eine Unternehmenskultur in nur fünf Jahren komplett wandeln? Der Nahrungsmittelhersteller Kraft Foods GmbH & Co. KG zeigt, dass es geht. 1998 fühlten sich viele Mitarbeiter unwohl: „67 Prozent äußerten in einer Befragung, dass sie bei Fehlern Angst vor Konsequenzen fürchteten", sagt Personalchef Reinhard Lüllmann. Hierarchiedenken lähmte teilweise die Leistungsfähigkeit. Die Unzufriedenheit gab Anlass zum Umdenken. Lüllmann schuf gemeinsam mit den Mitarbeitern und dem Management die Wende in der Personalpolitik: Er etablierte eine offene Diskussions- und Konfliktkultur. Die Veränderung ist gelungen: In der Befragung zum Wettbewerb „Deutschlands Beste Arbeitgeber" loben die Mitarbeiter ihre Führungsmannschaft, und sie schätzen den guten Teamgeist im Unternehmen. „Wohlfühl-Unternehmen", nennt ein Mitarbeiter seinen Brötchengeber.

Rang 6 : Kraft Foods Deutschland

Der Schokolade- und Kaffee-Hersteller gehört zur amerikanischen Gruppe Kraft Foods Inc. und hat seinen deutschen Hauptsitz in Bremen. 1516 Beschäftigte produzieren, vermarkten und entwickeln Produkte wie Jacobs Kaffee, Milka Schokolade, Mirácoli Nudeln und Miracel Whip Majonnaise. Weltweit schaffte der Lebensmittelhersteller 31 Milliarden US-Dollar in 2003. Der Belegschaft der Weltkonzerns stehen in nächster Zeit einige Veränderungen ins Haus: Die Produktpalette soll gesünder werden. Zudem wird weltweit über vereinzelte Werksschließungen nachgedacht. Der Stimmung zum Trotz können die Kraft-Foods-Mitarbeiter in Deutschland ihrem Arbeitgeber weiter vertrauen. Darauf deuten die durchweg sehr guten Werte im Wettbewerb hin in puncto Führung, Teamgeist und Stolz auf das Unternehmen und die Leistung.

Was steckt hinter der Zufriedenheit – in Produktionshallen, Marketingteams und in der Finanzabteilung? „Die Mitarbeiter organisieren heute ihre Arbeitsbedingungen selbst", sagt Lüllmann. Ein freiwilliger Mitarbeiter-Rat sammelt Verbesserungsvorschläge der Angestellten, trägt die Kostenvorteile beim Management vor und setzt sie nach Zustimmung eigenverantwortlich um. So organisierten die Angestellten etwa ihre Arbeitszeit ohne Kernarbeit oder gründeten die Kinderkrippe Kraft Kids.

Der neue Unternehmenschef Joachim Krawczyk bestätigt die hohe Motivation der Belegschaft: „Ich habe eine leistungsfähige und leistungsbereite Organisation vorgefunden." Das Engagement lohnt sich für die Mitarbeiter in jedem Fall. 84 Prozent der Befragten sind der Meinung, dass sie angemessen bezahlt werden – ein Wert, der weit über dem Durchschnitt aller Siegerunternehmen liegt. Das Gehalt bei Kraft Foods besteht aus einem fixen Teil und einem Bonuselement. Letzteres soll besondere Leistung honorieren. Dazu kommen die Sozialleistungen, die von 94 Prozent der Angestellten gelobt werden. Die Liste ist lang: Die besonders gelobte betriebliche Altersvorsorge gehört ebenso dazu wie ein Zuschuss zu den Fahrtkosten, Extrageld für Brillen, Kinderbetreuung und eine gestaffelte Zuzahlung im Krankheitsfall.

Doch Geld allein erklärt noch nicht die Zufriedenheit der Belegschaft, das zeigt ein weiterer Mitarbeiterkommentar: „Die gute Stimmung wird durch gemeinsame Freizeitaktivitäten noch verstärkt". So treffen sich viele Kollegen nach Feierabend zum Sport. Der Wunsch nach Balance zwischen Arbeit und Freizeit wird vom Unternehmen getragen und finanziell unterstützt.

Die Führungsspitze berücksichtigt zudem, dass jeder Einzelne auch bei Schwierigkeiten und in Notfällen Hilfe finden kann. „Die Mitarbeiterin der Sozialvertretung ist zum Superstar geworden", sagt der Personalchef. Daran war Lüllmann nicht unbeteiligt: Während einer Betriebsversammlung stellte er sich auf die Bühne und erzählte, wie die Beraterin ihm in einer schwierigen Situation kompetent helfen konnte. Seitdem trauen sich auch seine Führungskräfte-Kollegen in die Sprechstunde des Sozialdienstes.

Great Place to Work Kriterien
7-8 Punkte: ausgezeichnet, 5-6 Punkte: sehr gut, 3-4 Punkte: gut.

Glaubwürdigkeit ■ ■ ■ ■ ■ ■ ■ ▫

Bei Kraft Foods herrscht eine prägnante Diskussions- und Mitbestimmungskultur, und die *Open Door Policy* ist gelebter Bestandteil des betrieblichen Miteinanders. 84 Prozent der Befragten bescheinigen dem Management, dass es auf die gute Arbeit der Mitarbeiter vertraut, ohne sie ständig zu kontrollieren. Durch Veranstaltungen wie den *Info-Club* werden die Mitarbeiter themenspezifisch und bedarfsabhängig informiert. Frühstücke mit dem gesamten Arbeitsteam oder gemeinsames Kochen im Rahmen der Initiative „Geschäftsführung zum Anfassen" sind weitere Angebote, die den direkten Dialog mit den Leitungskräften möglich machen.

Respekt ■ ■ ■ ■ ■ ■ ■ ▫

Den Mitarbeitergruppen aller Hierarchiestufen werden Weiterbildungsmaßnahmen nach individuellem Zuschnitt angeboten. Bereits Praktikanten erhalten einen *Development Pass*, der sie während ihrer intensiven Lernerfahrung begleitet. Prämien, Boni und Awards sichern, dass die Leistungen der Mitarbeiter anerkannt und gebührend entlohnt werden. Mittels Workshops, regelmäßiger Mitarbeiterbefragungen und Führungs-Feedback demonstriert das Management sein Interesse an den Meinungen und Ideen der Belegschaft. Alle Mitarbeiter arbeiten mit einem hohen Maß an Eigenverantwortung und sind aufgefordert, sich in die Entwicklungen und Prozesse des Unternehmens einzubringen, um zu seiner kontinuierlichen Verbesserung beizutragen. Der Betriebsrat wird in alle wichtigen Entscheidungen und Projekte weit über das gesetzliche Maß hinaus mit einbezogen.

Fairness ■ ■ ■ ■ ■ ■ ■ ▫

Neben der als angemessen empfundenen Bezahlung begeistern umfangreiche Sozialleistungen die Mitarbeiter. 84 Prozent geben an, dass sie für ihre Arbeit angemessen bezahlt werden – ein Wert, der fast um 25 Prozent über dem Durchschnitt des gesamten Wettbewerberfeldes liegt. Der *Diver-*

sity-Council steuert zahlreiche Aktivitäten, die die Gleichbehandlung aller Mitarbeiter gewährleistet. Das Unternehmen stellt jedes Jahr mindestens einen schwerbehinderten Auszubildenden ein. *Round-Table*-Veranstaltungen für Mitarbeiter in Elternzeit helfen beim Wiedereinstieg und fördern den ständigen Dialog. Mit der betriebsnahen Kinderkrippe *Kraft Kids* zeigt sich Kraft Foods als besonders familienfreundliches Unternehmen.

Stolz

Die Verbundenheit der Mitarbeiter mit Kraft Foods und seinen Marken ist sehr ausgeprägt. 95 Prozent der Befragten stimmen der Aussage zu, dass ihre Arbeit eine besondere Bedeutung für sie habe und nicht einfach nur ein „Job" sei. 94 Prozent sind stolz darauf, anderen erzählen zu können, dass sie bei Kraft Foods arbeiten. Dazu trägt auch *Kraft Cares* bei. Unter diesem Motto werden weltweit zahlreiche gemeinnützige Initiativen gebündelt, mit denen Kraft Foods seiner gesellschaftlichen Verantwortung nachkommt. Beispielsweise wurden im Rahmen einer Aktion in den vergangenen Jahren tausende Weihnachtspakete an Kinderkrankenhäuser und Sozialstationen verteilt.

Teamorientierung

93 Prozent der Kraft Foods Mitarbeiter bekunden, in einem freundlichen Unternehmen zu arbeiten. Die vorherrschende gute Stimmung in den Teams wird durch gemeinsame Freizeitaktivitäten – etwa die regional sehr beliebten Kohl- und Pinkel-Fahrten oder Sport – zusätzlich gefördert. Spezifische Stärken zeigt Kraft Foods nach Aussage der Mitarbeiter darüberhinaus bei der Integration neuer Mitarbeiter, die unter anderem mit einer „kleinen Überraschung" am Arbeitsplatz begrüßt werden: 95 Prozent stimmen der Aussage zu, dass man sich als neuer Mitarbeiter im Unternehmen willkommen fühlt.

Karriere

Talente, die bei uns einsteigen wollen, sollten folgende Eigenschaften mitbringen:

Wir suchen Mitarbeiter, die sowohl fachlich als auch persönlich eine hohe Lernfähigkeit mitbringen. Ihre Arbeitsweise ist von Zielorientierung geprägt und strahlt dabei Integrität und Vertrauen aus. Ihr Verhalten anderen gegenüber sollte von Humor und zwischenmenschlichem Geschick bestimmt sein.

Fakten

Branche	Nahrungs- und Genussmittel
Zahl der Mitarbeiter in 2003	1516
Adresse	Langemarckstraße 4-20, 28199 Bremen
Homepage	www.kraftfoods.de
Beschäftigte Berufsgruppen	keine Angaben
Anfangsgehalt für Hochschulabsolventen	keine Angaben
Bewerberinformationen	www.kraftfoods.de (Karriereteil)
Weiterbildungsstunden pro Jahr für größte Berufsgruppe pro Mitarbeiter	sechs Tage = 48 Stunden
Anteil der Mitarbeiter unter 35 Jahren	27 Prozent
Frauenanteil	41 Prozent

Rang 7
J. Schmalz

LEIDENSCHAFTLICH TÜFTELN

Das Unternehmen für Vakuumtechnik, Schmalz, wächst seit Jahren stetig beim Umsatz und bei der Belegschaft – dank der Kundenorientierung und der Kreativität der Mitarbeiter. Sie fühlen sich in ihrer modernen und ökologisch fortschrittlichen Arbeitswelt sehr wohl.

Wenn die Schiffsglocke durch die Büroräume schallt, kommt bei den 261 Mitarbeitern des Vakuumspezialisten J. Schmalz GmbH Freude auf. Erstens erfahren alle Kollegen, dass ein größerer Auftrag eingegangen ist und damit die Umsatzkasse klingelt. Und zweitens gibt es ab und zu eine Belohnung von der Geschäftsführung. Sie spendiert beispielsweise Schokolade oder Freibadkarten für alle. „Das ist eine kleine Aufmerksamkeit", sagt Kurt Schmalz. Der Ingenieur und Betriebswirt leitet gemeinsam mit seinem Bruder Wolfgang Schmalz das Familienunternehmen in dritter Generation.

Bei Umsatzzahlen ist man in Glatten im Schwarzwald eher diskret. Nur so viel verrät Firmenlenker Kurt Schmalz: „Alle zwei bis drei Tage läutet die Glocke." Von zehn Mitarbeiten vor 20 Jahren wuchs der Mittelständler auf inzwischen 261 Leute. In der Vakuumhandhabungstechnik nehmen die Schwaben weltweit eine führende Position ein. Die Vakuumhebesysteme des Familienunternehmens finden in der Industrie wie in Handwerksbetrieben Anwendung. Sie heben beispielsweise schwere Autoteile oder Holzplatten in Produktionsprozessen von A nach B. Die Schmalz-Mannschaft arbeitet sehr engagiert am Erfolg des Unternehmens. Dafür zollt das Management den Mitarbeitern Respekt, wie die sehr guten Ergebnisse in der Befragung im Wettbewerb „Deutschlands Beste Arbeitgeber" zeigen.

Neben den Produkten ist auch die Arbeitswelt von Schmalz modern. Abteilungen und Einzelbüros sind abgeschafft. Die Arbeit wird in Prozesse eingeteilt – im Fokus stehen dabei die Kundenwünsche. „Ein Teamleiter sucht sich eine interdisziplinäre Gruppe aus Entwicklungsingenieuren, Verkaufs-, Fertigung- und Marketingspezialisten zusammen und arbeitet an einem neuen Produkt", erklärt Schmalz. „Das bedeutet für alle viel Verantwortung, aber auch viel Gestaltungsspielraum." Wichtig bei dem Teammodell: „Mit dem Wissen und den Talenten aller Gruppenmitglieder kann dem Kunden optimal weitergeholfen werden", sagt Schmalz. Um das zu gewährleisten, investiert der Vakuummaschinenhersteller in die Weiterbildung der Belegschaft. In der hauseigenen Akademie können Interessierte etwa Softwareschulungen oder Sprachkurse besuchen.

Die Schmalz-Brüder – beide sind leidenschaftliche Tüftler – betrachten ihr Unternehmen als Sammelbecken für Ideen. Entsprechend zählt die Meinung der Belegschaft. So diskutiert und entscheidet ein Mitarbeiterbeirat in den regelmäßig stattfindenden Strategiesitzungen des Managements mit. Nach den Treffen tragen die Teamvertreter wiederum die Beschlüsse in ihrer Gruppe vor. „Unser Erfolg beruht darauf, dass wir die Mitarbeiter sehr gut informieren und sie an Entscheidungen beteiligen", erklärt Schmalz. „Unsere Führungsphilosophie lautet: Überzeugen statt bestimmen."

Überzeugt sind die Brüder auch von ihrer Verpflichtung gegenüber der Gesellschaft, der Umwelt und ihrer Allgäuer Heimat. Ein Engagement, das die Mitarbeiter täglich erleben können: Der Strom für Produktionsmaschinen und Bürolampen kommt zum großen Teil aus regenerativen Quellen, zum Beispiel von zwei firmeneigenen Windkraftanlagen, einer Solaranlage und einer Biomasseheizung. Das Wasser in den Toilettenräumen ist gesammeltes Regenwasser. Doch damit nicht genug: Auch neuen Sporttrends gegenüber sind die Brüder Schmalz aufgeschlossen: Der derzeitige Favorit bei der Belegschaft ist das Beach-Volleyball-Feld auf dem eigenen Firmengrundstück.

Great Place to Work Kriterien
7-8 Punkte: ausgezeichnet, 5-6 Punkte: sehr gut, 3-4 Punkte: gut.

Glaubwürdigkeit

„Mitarbeiter als Mitunternehmer" – dieses Konzept liegt der Personalpolitik der J. Schmalz GmbH zu Grunde. Es gilt das Führungsmotto „Überzeugen statt bestimmen". Ein definierter Informationsfluss über Geschäftsprozessleiter- und Teamsitzungen sorgt für Transparenz. Die Mitarbeiter schätzen den *„sehr offenen Umgang mit Betriebskennzahlen und Zielwerten gegenüber allen Mitarbeitern"*. Diese werden als Grundlage eigenständiger Entscheidungen allen Mitarbeitern beispielsweise über die monatliche Mitarbeiterzeitung zugänglich gemacht.

Respekt

Besondere Stärken des Unternehmens liegen im Bereich Ausbildung und Qualifizierung: Schmalz bietet Ausbildungsberufe und neben Studiengängen der Berufsakademie ein umfangreiches Weiterbildungsprogramm aus technischen und kaufmännischen Fachseminaren, Persönlichkeitsentwicklung, Qualitätsmanagement und vielem mehr. Mitarbeiter können sich ohne Rücksprache mit ihrem Vorgesetzten für die Seminare anmelden. Über den gewählten Mitarbeiterbeirat ist die Belegschaft bei allen wirtschaftlichen, strategischen, personellen und sozialen Entscheidungen mit einbezogen. Die flexiblen Arbeitszeitmodelle bieten persönliche Freiräume bei der Vereinbarung von Beruf und Familie, sie werden von den Mitarbeitern besonders geschätzt: *„Das Arbeitszeitmodell ist vorbildlich und sollte von viel mehr Unternehmen in Deutschland angewandt werden"*, äußert sich ein Beschäftigter.

Fairness

Durch das 2003 eingeführte Mitarbeiterbeteiligungsmodell erhalten alle Mitarbeiter einen festen Anteil des Unternehmensgewinns und profitieren somit unmittelbar vom eigenen Engagement im Unternehmen. Der anfallende Betrag wird auf ein Mitarbeiterkonto eingezahlt, dort verzinst und nach fünf Jahren ausbezahlt. Wer in seine Gesundheit investiert, wird zusätzlich durch „Nichtkrankheitsbonus" und „Nichtraucherbonus" monetär belohnt. Lohnnebenleistungen wie vermögenswirksame Leistungen, ein großzügig gewährtes Fahrgeld, ein Essenszuschuss und freie Getränke für alle Mitarbeiter ergänzen die ausgewogene Bezahlung aller Beschäftigten.

Stolz

Ökonomischer Erfolg in Einklang mit ökologischer Weitsicht bildet den Kern der Unternehmensphilosophie. Mehrfache Auszeichnungen für das Engagement im Bereich regenerativer Energien und betrieblichen Umweltschutzes unterstützt das weit über die Regionsgrenzen wahrgenommene positive Image des Unternehmens. 82 Prozent der befragten Mitarbeiter sind zufrieden mit der Art und Weise, in der sie einen Beitrag für die Gesellschaft leisten.

Teamorientierung

J. Schmalz bietet *„für seine Größe den Mitarbeitern enorm viele Möglichkeiten, sich auch außerhalb der Geschäftszeiten zu treffen und gemeinsame Dinge zu unternehmen"*, stellt ein Mitarbeiter fest. Regelmäßig wird in der Mittagspause Tischtennis gespielt, abends treffen sich die Mitarbeiter zum Beach-Volleyball. Zusätzlich werden Skatturniere, Kegelabende, Fußballturniere und Badmintonspiele ausgetragen. Der firmeninterne Schmalz-Megathlon ist das jährliche Highlight: Beschäftigte treten in ausgelosten Teams in fünf Disziplinen gegeneinander an und feiern anschließend gemeinsam die Siegerehrung. Besondere Anlässe werden gerne gefeiert, das bestätigen 91 Prozent der Befragten.

Karriere

Talente, die bei uns einsteigen wollen, sollten folgende Eigenschaften mitbringen:

Bei Fremdsprachen sollten Sie nicht verstummen. Sie sollten außerdem eigenverantwortlich handeln, unkonventionelle Ideen entwickeln, Teamgeist, Entscheidungsfreude und ganzheitliches Denken zeigen.

Fakten

Branche	Förder- und Handhabungstechnik
Zahl der Mitarbeiter in 2003	261

Rang 7 : J. Schmalz

Adresse	Aacher Straße 29, 72293 Glatten
Homepage	www.schmalz.de
Beschäftigte Berufsgruppen	hauptsächlich Ingenieure und Betriebswirte
Anfangsgehalt für Hochschulabsolventen	abhängig vom Potenzial des Bewerbers
Bewerberinformationen	Martin Helbling (Personalleiter) Tel.: 07443 2403-240 E-Mail: personal@schmalz.de Internet: http://www.vacuworld.com
Weiterbildungsstunden pro Jahr für größte Berufsgruppe pro Mitarbeiter	intern in der Schmalz Academy: rund zwölf Stunden pro Mitarbeiter; extern nach Bedarf
Anteil der Mitarbeiter unter 35 Jahren	50 Prozent
Frauenanteil	23 Prozent

Rang 8
Sick

KONTINUIERLICH LERNEN

Vom Breisgau in die ganze Welt – so lautet das Motto von Sick, dem Spezialisten für Sensortechnologie. Die Mitarbeiter bei Sick verdienen an Innovationen, haben Spaß am Lernen und vertrauen auf die Führungsleitlinien des Managements.

Angehende Führungskräfte bei der Sick AG müssen erst mal die Schulbank drücken, bevor sie Teams, Abteilungen oder Bereiche führen dürfen. In zwei- bis dreitägigen Seminaren trainieren die Manager, wie sie Leistung bewerten, Mitarbeitergespräche führen und mit Konflikten im Kollegenkreis umgehen. Übrigens: Auch erfahrene Chefs, die neu ins Unternehmen kommen, nehmen an den Seminaren teil. „Wir wollen Kontinuität in der Führung", sagt Rudolf Kast, Leiter des Personalbereichs und Mitglied der Geschäftsführung. „Die Führungskräfte haben hier viel Freiraum. Damit müssen sie verantwortungsvoll umgehen." Das wichtigste Prinzip dabei lautet: „Leitende und Mitarbeiter begegnen sich auf gleicher Augenhöhe." Das Konzept überzeugt: 89 Prozent der Mitarbeiter sagen in der Befragung zum Wettbewerb „Deutschlands Beste Arbeitgeber", dass das Management das Unternehmen kompetent führt.

Rang 8 : Sick | 65

Die Aktiengesellschaft mit Hauptsitz in Waldkirch bei Freiburg hat Laserscanner, Barcode-Lesegeräte und Analysetechnikgeräte für Kraftwerke, Logistikanwendungen und Industrieanlagen im Produktportfolio. Sensoren von Sick überwachen beispielsweise Produktions- und Fertigungsmaschinen, um Arbeitsunfälle zu vermeiden. Die Geschäfte laufen gut: In 2003 setzte das weltweit tätige Unternehmen damit rund 490 Millionen Euro um. An neun deutschen Standorten entwickeln, vermarkten und vertreiben über 1700 Mitarbeiter die Automationstechnik-Produkte – und zwar mit großer Zufriedenheit. Ob glaubwürdiger Führungsstil des Managements oder respektvoller Umgang miteinander, das Votum der Sensorikspezialisten fällt in fast allen Kategorien des Wettbewerbs sehr gut aus. „Man merkt, dass hier jeder gerne arbeitet", lautet das Votum eines Mitarbeiters in der Befragung.

Ein Grund dafür sind die guten Entwicklungsmöglichkeiten – vom Auszubildenden bis zur Nachwuchsführungskraft. Sick setzt dafür auf die Weiterbildung der Mitarbeiter in der eigenen Akademie. Vom Projektmanagement-Seminar über IT-Schulungen bis zu Sprachkursen wird hier alles für die berufliche wie für die persönliche Weiterentwicklung angeboten. Der Mitarbeiter verabredet mit seiner Führungskraft, welches Training er besuchen möchte. „Zudem kann jeder Mitarbeiter gegen einen kleinen Betrag Sprach- und IT-Kurse besuchen, die seiner eigenen Fortbildung dienen", erklärt Kast. Das ist unabhängig davon, ob er die Weiterbildung für die Arbeit tatsächlich braucht. Für die Auszubildenden hat Kast noch ein besonderes Bonbon: „Sie dürfen an Managementseminaren teilnehmen, wenn ein Teilnehmer ausfällt." Das Angebot kommt an: 82 Prozent der Befragten loben die Möglichkeiten der beruflichen Weiterbildung.

Flott im Kopf und auf den Füßen – so lautet eine Devise der AG. Denn auch für die sportlichen Hobbys der Belegschaft stellt Sick ein Finanzbudget bereit. So rücken beispielsweise tanzfreudige Mitarbeiter einmal im Monat Tische und Stühle in der Kantine beiseite und proben Walzer und Samba. Und Kollegen mit Skilehrerausbildung bringen den Wintersportfans in den Sick-Teams das Wedeln bei. Insgesamt gibt es 17 Betriebssportgruppen. „Neue Mitarbeiter finden beim gemeinsamen Sport schnell Anschluss, und die langjährigen Kollegen bilden Netzwerke über ihre eigene Abteilung hinaus", sagt Kast.

Zudem bemüht sich die Geschäftsleitung, mit flexiblen Arbeitszeiten auf die Bedürfnisse der Mitarbeiter einzugehen. So können beispielsweise Alleinerziehende ihre Arbeitsstunden in Absprache mit ihrem Team vereinbaren. Junge Eltern arbeiten von zu Hause aus. Selbst der Ausstieg für mehrere Monate ist nach ein paar Berufsjahren möglich. „Es gibt ein Lebensarbeitszeitkonto, auf das jeder Mitarbeiter bis zu 90 Tage im Jahr buchen kann", erklärt der Personalleiter. „Die angesparte Zeit wird in Geld umgewandelt und in einen Fonds eingezahlt." Durch dieses Zeitwertpapier können Sick-Mitarbeiter beispielsweise früher in Rente gehen, Angehörige pflegen oder eine Weltreise machen.

Great Place to Work Kriterien

7-8 Punkte: ausgezeichnet, 5-6 Punkte: sehr gut, 3-4 Punkte: gut.

Glaubwürdigkeit

An ihre Führungskräften stellt die Sick AG hohe Ansprüche: Vorbild sein und vertrauen können, Ziele gemeinsam vereinbaren, rechtzeitig und umfassend informieren und dabei klare und verbindliche Entscheidungen treffen. Zahlreiche Schulungen und das hohe Vertrauen, das von Beginn an in sie gesetzt wird, unterstützen die Führungskräfte dabei, die dazu benötigten sozialen Kompetenzen auszubilden. Das Management wird den hohen Ansprüchen gerecht: 88 Prozent der Mitarbeiter erleben, dass man ihrer guten Arbeit vertraut, ohne sie dabei ständig zu kontrollieren.

Respekt

Bei der Sick AG ist jeder gefordert, lebenslang zu lernen und sich persönlich einzubringen. Der Unternehmensgrundsatz lautet, Freiräume für Selbstständigkeit, Kreativität und Eigenverantwortlichkeit zu schaffen und ständig neue Möglichkeiten zur individuellen Weiterentwicklung zu eröffnen. Chancen ergeben sich ungeachtet der Hierarchieebene für den Auszubildenden wie für den erfahrenen Mitarbeiter in gleicher Weise, wie die Befragungsergebnisse bestätigen: 82 Prozent der Befragten bestätigen, dass ihnen Maßnahmen zu ihrer beruflichen Weiterbildung und Entwicklung angeboten werden.

Fairness

Flexible Arbeitszeitsysteme sind kein Privileg der Angestellten, sondern gelten auch im Produktionsbereich. Berufliche Weiterentwicklung während der Elternzeit, Home-Office und Telearbeit setzen Zeichen in puncto Chancengleichheit. Bei der Personalbeschaffung setzt man auf ältere Mitarbeiter: In den Stellenanzeigen des Unternehmens werden diese gezielt angesprochen. Gegen Mobbing und Diskriminierung gehen bei der Sick AG Geschäftsleitung, Betriebsrat und Mitarbeiter gemeinsam vor. Klare Verfahrensweisen zu Verstößen sind schriftlich fixiert. In schweren Fällen droht die fristlose Kündigung.

Stolz

Wer den hohen Anforderungen beim Firmeneintritt entsprechen kann, hat bereits allen Grund, stolz auf sich zu sein. Innovative Produkte und das positive Image des weltweit tätigen Unternehmens mit außergewöhnlichen Wachstumsraten bieten den Mitarbeitern ein hohes Identifikationspotenzial: 92 Prozent äußern sich stolz über die gemeinsam erbrachte Leistung. Auf die Auszubildenden des Unternehmens, die regelmäßig nationale und internationale Wettbewerbe gewinnen, ist die gesamte Belegschaft stolz.

Teamorientierung

Eine freundliche Stimmung und ein offenes Betriebsklima konnte sich die Sick AG auch mit 3500 Mitarbeitern erhalten: Es herrscht eine *„extrem angenehme, kollegiale und freundliche Arbeitsatmosphäre"*, wie ein Mitarbeiter bekräftigt. Durch Einführungsseminare und ein Paten-System fühlen sich neue Mitarbeiter im Unternehmen willkommen, das bestätigen 94 Prozent aller Befragten. Um den Teamgeist zu fördern, investiert Sick in die soziale Kompetenz seiner Mitarbeiter. Persönlichkeitstrainings stehen bereits im ersten Lehrjahr auf dem Stundenplan.

Karriere

Talente, die bei uns einsteigen wollen, sollten folgende Eigenschaften mitbringen:

Wir erwarten: hervorragende Ausbildung, soziale Kompetenz, Freude an interdisziplinären Projekten, Internationalität und Begeisterungsfähigkeit.

Fakten

Branche	Sensorik (Elektronikindustrie)
Zahl der Mitarbeiter in 2003	1702

Adresse	Sebastian-Kneipp-Straße 1 79183 Waldkirch Tel.: 07681 202-0
Homepage	www.sick.com
Beschäftigte Berufsgruppen	wichtigste Zielgruppen: Ingenieure Elektrotechnik, Elektronik, Engineering, Feinwerktechnik, Maschinenbau, Mechatronik, Betriebswirte Internationales Marketing, Informatiker, Wirtschaftsinformatiker, Wirtschaftsingenieure
Anfangsgehalt für Hochschulabsolventen	35 000 bis 40 000 Euro pro Jahr
Bewerberinformationen	www.sick.com / Human Resources / Jobs & Karriere
Weiterbildungsstunden pro Jahr für größte Berufsgruppe pro Mitarbeiter	30 Stunden pro Mitarbeiter
Anteil der Mitarbeiter unter 35 Jahren	30 Prozent
Frauenanteil	38 Prozent

Rang 9
Guidant Medizintechnik

GEMEINSAM HELFEN

Der Medizintechnikhersteller Guidant bietet Geräte zur Behandlung von Gefäß- und Herzerkrankungen an. Auf Grund der Gesundheitsreform müssen sich die Mitarbeiter auf Veränderungen einstellen. Doch sie vertrauen ihrer Führung und sind stolz auf das Unternehmen.

Außendienst und Teamgeist – diese zwei Wörter passen in der normalen Arbeitswelt nur selten zusammen. Beim Kampf um Provisionen und Anerkennung hört bei Vertriebsleuten normalerweise der Spaß auf. Bei dem Medizintechnikhersteller Guidant läuft es anders. Obwohl weit über die Hälfte der rund 200 Mitarbeiter im Außendienst arbeiten, sagen in der Befragung des Wettbewerbs „Deutschlands Beste Arbeitgeber" 88 Prozent: „Wir sind hier eine Familie". Ein Mitarbeiter ergänzt: „Zuverlässigkeit und Hilfsbereitschaft sind hier selbstverständlich". Das hat mit der Arbeitsweise des Unternehmens zu tun: Die Außendienstmitarbeiter sind teilweise bei der Vorbereitung von Operationen dabei, manchmal auch während des Eingriffs. Die Termine für die Eingriffe sind geplant. „Kommt aber ein Notfall, wird der Kollege eingesetzt, der Zeit hat. Auch wenn er nicht für diese Klinik in diesem Gebiet zuständig ist", sagt Geschäftsführer Peter Heldt.

Wer geregelte Arbeitszeiten will, sollte sich besser einen anderen Arbeitgeber suchen. Denn die Produkte von Guidant GmbH & Co. Medizintechnik KG werden Tag und Nacht gebraucht und rund um die Uhr geliefert. Die deutsche Tochter der amerikanischen Aktiengesellschaft vertreibt Geräte für Behandlungen von Herzrhythmusstörungen und Gefäßerkrankungen. Dazu gehören beispielsweise Herzgefäßstützen, Herzschrittmacher und Defibrillatoren. Der Konzernumsatz betrug in 2003 rund 3,7 Milliarden US-Dollar. Auch das Deutschland-Geschäft hat mit einem Umsatz von 117 Millionen Euro ein gutes Jahr hinter sich. Der Erfolg macht stolz. Und auch in puncto Führung und Fairness sind die Kardiotechniker, Ingenieure und Medizinisch-Technischen-Assistenten an den zwei deutschen Standorten Giessen und Isernhagen zufrieden.

Das Management von Guidant möchte in Sachen Teamarbeit Vorbild sein: Ihm ist es außerordentlich wichtig, Dinge gemeinsam zu entscheiden und voranzutreiben: „Einmal im Monat trifft sich die Geschäftsführung, um alle anstehenden geschäftlichen und strategischen Themen zu besprechen. Wir entscheiden immer als Gruppe", erklärt Massimo Chiarin, ein weiteres Mitglied der Geschäftsführung bei dem Medizintechnikspezialisten. Diese Idee des Miteinander reicht durch alle Führungsebenen: „Der Kopf eines Teams soll sich wie ein gleichberechtigtes Teammitglied integrieren" erklärt Heldt den wichtigsten Führungsgrundsatz im Haus. Allein herrschende Alpha-Tiere sind nicht erwünscht.

Ein Kollege bestätigt: „Gute Kollegialität und Kommunikation unter den Mitarbeitern." Das hat auch mit der Offenheit zu tun, wie mit Veränderungen bei Guidant umgegangen wird. „Wir informieren die Mitarbeiter zu Beginn von großen Projekten und beziehen sie in die Prozesse mit ein", erklärt Chiarin. Etwa als Experten eines externen Beratungsunternehmens ins Haus kamen, um für die neuen Bedingungen im Gesundheitsbereich eine Strategie zu entwickeln. „Bei jedem wichtigen neuen Projektschritt setzten sich die betroffenen Kollegen und die Geschäftsführung zusammen und diskutieren das bisherige Ergebnis", so Chiarin.

Bei Guidant erwarten die Führungskräfte von ihren Teams überdurchschnittliches Engagement im Berufsalltag. Allerdings belohnt sie auch die Leistung. Der Innendienst wie der Außendienst ist am Unternehmenserfolg beteiligt. Aber auch Lob und kleine Aufmerksamkeiten freuen die Medizintechnikspezialisten. So können sie einmal im Jahr Culture Awards an Kollegen vergeben. Die Auszeichnung soll jene Mitarbeiter belohnen, die sich besonders im Sinne der Unternehmenskultur engagiert haben. Eine amerikanische Kollegin, die für zwei Monate in Berlin arbeitete, schlug etwa einen IT-Experten vor. Er half ihr geduldig bei jedem EDV-Problem – auch zu später Stunde. Damit wurde er Sieger in den Kategorien „Bestleistung zeigen" und „Die Anforderungen der Kunden kennen".

Rang 9 : Guidant Medizintechnik | 71

Hilfsbereitschaft und Freundlichkeit sind bei Guidant, auch ohne besondere Auszeichnung, an der Tagesordnung. Die Personalleiterin Ursula Mieller-Mellein bringt auf den Punkt, wie sie den Arbeitsalltag in Giessen erlebt: „Respektvoll miteinander umgehen und sich der Sorgen anderer annehmen." Dann wundert auch dieser Mitarbeiter-Kommentar nicht: „Das erste Unternehmen, bei dem ich mir vorstellen kann, bis zur Rente zu bleiben."

Great Place to Work Kriterien
7-8 Punkte: ausgezeichnet, 5-6 Punkte: sehr gut, 3-4 Punkte: gut.

Glaubwürdigkeit ■ ■ ■ ■ ■ ■ ■ ■

Bei Guidant ist man überzeugt, dass die Firmenkultur einen großen Einfluss auf die Mitarbeiterzufriedenheit hat. Das Management fördert die konstante Reflektion der Unternehmenswerte und deren praktische Umsetzung in die betriebliche Praxis. So erhält beispielsweise jeder neue Mitarbeiter zu Beginn seiner Tätigkeit den *Code of Business Conduct* und absolviert dazu ein Online-Training. Das Management lebt integres Verhalten im Alltag vor. 91 Prozent der befragten Mitarbeiter bestätigten, dass die Geschäftspraktiken des Managements ehrlich und ethisch vertretbar sind.

Respekt ■ ■ ■ ■ ■ ■ ■ ■

„Jeden Mitarbeiter respektieren" ist ein zentraler Wert des Unternehmens. Die Mitarbeiterorientierung zeigt sich unter anderem im praktizierten kooperativen Führungsstil. Anregungen und Verbesserungsvorschläge der Mitarbeiter werden ernst genommen und zeitnah umgesetzt. 83 Prozent der Befragten geben an, dass das Management Anerkennung für gute Arbeitsleistungen und besonderen Einsatz zeigt. Führungskräfte werden in kooperativen Leitungstechniken wie etwa dem *Coaching* geschult. Mitglieder des Leitungsteams, die einen besonders guten Führungsstil pflegen, können von den Mitarbeitern für die Aufnahme in den *Circle of Champions* nominiert werden.

Fairness ■ ■ ■ ■ ■ ■ ■ ■

Das Unternehmen bietet umfangreiche Sozialleistungen. Besonders hervorzuheben sind dabei die für alle Mitarbeiter angebotenen Aktienprogramme, zum Beispiel Aktienoptionen und Aktienkaufplan, die für jeden Mitarbeiter abgeschlossene Risikolebensversicherung und die großzügige Gehaltsfortzahlung im Krankheitsfall. Bonusprogramme sind so gestaltet, dass auch Innendienstmitarbeiter am Erfolg der Vertriebsabteilung teilhaben. Mitarbeiterinnen bei Guidant werden durch das GROW (Guidant Reaches out to Woman)-Programm gezielt darin unterstützt, sich fortzubilden und weiterzuentwickeln. Den Erfolg bei der Sicherstellung von Neutralität und Gerechtigkeit quittieren die Mitarbeiter in der Befragung: 92 Prozent der Befragten geben an, unabhängig von ihrer Position als vollwertiges Mitglied des Unternehmens behandelt zu werden.

Stolz

Der Ownership-Gedanke ist Kernpunkt der Firmenphilosophie und zeigt sich in den überdurchschnittlich hohen Werten, die das Unternehmen in puncto Stolz und Identifikation erreicht. Die Mitarbeiter stehen voll hinter ihrer Tätigkeit, die nach der Aussage eines Befragten *„die Ansprüche interessant, anspruchsvoll und ethisch positive Wirkung für die Gesellschaft"* kombiniert. 93 Prozent sind stolz darauf, anderen erzählen zu können, dass sie bei Guidant arbeiten. Weitere 94 Prozent äußern sich zufrieden über die Art und Weise, in der Guidant einen positiven Beitrag zum Gemeinwesen leistet.

Teamorientierung

Ein gutes Verhältnis zu den Kollegen gilt bei Guidant als Schlüssel zum Erfolg. Dem Unternehmen ist sehr daran gelegen, eine vertrauensbasierte Kooperation unter den Kollegen zu fördern. So werden zum *Welcome Day* unter anderem Einführungsschulungen und ein Vorstellungsrundgang durchgeführt. Außerdem richtet das Unternehmen zahlreiche Veranstaltungen aus, damit Innen- und Außendienstmitarbeiter zusammenkommen. Die Mitarbeiter fühlen sich wohl im Unternehmen: 91 Prozent von ihnen geben an, dass es ihnen Freude macht, bei Guidant zu arbeiten.

Karriere

Talente, die bei uns einsteigen wollen, sollten folgende Eigenschaften mitbringen:

Wir suchen engagierte Mitarbeiter, die Freude daran haben, mit anderen zu kommunizieren und zusammenzuarbeiten. Eine selbstständige Arbeitsweise und Aufgeschlossenheit für Neues sind dabei besonders wichtig. Bewerber,

Rang 9 : Guidant Medizintechnik | 73

die sich für eine Tätigkeit im Außendienst interessieren, sollten Spaß am Umgang mit Menschen und am Verkaufen haben. Der Servicegedanke ist ebenso erforderlich wie ein hohes Maß an Anpassungsfähigkeit und Flexibilität.

Fakten

Branche	Medizintechnik
Zahl der Mitarbeiter in 2003	202
Adresse	Wingertshecke 6, 35392 Giessen
Homepage	www.guidant.de
Beschäftigte Berufsgruppen	Ingenieure, zum Beispiel als Klinik- und Produktspezialisten, Vertriebsmitarbeiter, Naturwissenschaftler, Study Nurses zum Beispiel als Monitore, Studienkoordinatoren, Mitarbeiter mit kaufmännischer Ausbildung als Sachbearbeiter in der Buchhaltung, Marketing, Sekretariat, Customer Service, Betriebswirte als Finanzspezialisten
Anfangsgehalt für Hochschulabsolventen	Nach Vereinbarung
Bewerberinformationen	Kontaktpersonen: Ursula Mieller-Mellein, Gloria Monar hrger@guidant.com
Weiterbildungsstunden pro Jahr für größte Berufsgruppe pro Mitarbeiter	15 Tage
Anteil der Mitarbeiter unter 35 Jahren	38 Prozent
Frauenanteil	39 Prozent

Rang 10
Federal Express Europe

FAIRNESS GARANTIEREN

Das Transportunternehmen Federal Express Europe (Fedex) verdient an der Übernachtzustellung von Paketen und Dokumenten. Die Serviceleistung der Mitarbeiter ist dabei von größter Bedeutung. Auf gute Leute warten interessante Karrierechancen.

Die Sprache der Fedex-Mitarbeiter fällt auf: Sie ist ein wenig militärisch, sehr zackig und fast immer englisch. So arbeitet der Paketzusteller in der „Front Line", zu deutsch „Kampflinie", der Ent- und Beladebereich wird knapp „Rampe" genannt, und das höchste Lob für hervorragende Leistung im Unternehmen heißt „5-Star Award", ähnlich einem hohen militärischen Rang eines US-Soldaten. Das Geschäft des Transportdienstleisters ist die Schnelligkeit. Da ist es kein Wunder, dass sich die Fedex-Truppe mit knappen Worten verständigen muss. Übrigens tauchen auch sympathische Begriffe im Firmenvokabular auf: So heißt die Belegschaft „Family".

Die Fedex-Familie ist weltweit das größte Express-Transportunternehmen mit dem Fokus auf Übernachtzustellung von Paketen und Dokumenten in mehr als 215 Ländern. Der Service wird mit über 643 eigenen Flugzeugen, 43 000 Fahrzeugen und 56 Call-Centern am Laufen gehalten. Der Umsatz des amerikanischen Konzerns Fedex Corp. betrug im Geschäftsjahr 2003 rund 16,35 Milliarden US-Dollar. In Gravenbruch bei Frankfurt hat Federal Express Europe

Rang 10 : Federal Express Europe

die Hauptverwaltung für Zentral- und Osteuropa. Rund 1160 Mitarbeiter beliefern und betreuen hier zu Lande die Kunden. Ob Zulieferer, Call-Center-Angestellter oder Manager, die „Family" ist außerordentlich stolz auf ihr Unternehmen und ihre Leistung. „Die Leute arbeiten hier gern, und das spürt man", so ein Mitarbeiterkommentar in der Befragung zum Wettbewerb „Deutschlands Beste Arbeitgeber". „Das Arbeitsklima ist toll", sagt ein anderer.

„People, Service, Profit" – so lautet die Unternehmensleitlinie des Weltkonzerns. „Der Mensch steht bewusst an erster Stelle", sagt Bernhard Schloemer, Geschäftsführer von Federal Express in Deutschland. „Nur ein zufriedener und engagierter Mitarbeiter kann für einen guten Service beim Kunden sorgen. Das wiederum ist die Grundlage für den Erfolg unseres Unternehmens." Der Umgang mit den Kollegen ist daher alles andere als willkürlich. „Unsere Führungskräfte sollen ein faires und motivierendes Umfeld schaffen", so Schloemer. „Für eine gute Leistung eines Mitarbeiters sprechen sie beispielsweise ein ‚Bravo-Zulu' aus." Das bedeutet, dass der Vorgesetzte ihn vor seinen Kollegen lobt und ihm eine Urkunde sowie eine kleine Geldprämie überreicht.

Neben Lob legt das Unternehmen auch auf faire Umgangsformen Wert. Um beispielsweise emotionale Kurzschlussreaktionen von Vorgesetzten, wie eine ungerechtfertigte Beschimpfung oder gar eine Abmahnung, zu verhindern, hat jeder Fedex-Mitarbeiter das Recht, sich zu beschweren. Dazu reicht er schriftlich sein Anliegen beim Chef seines direkten Vorgesetzten ein. Der wiederum sucht gemeinsam mit einem Kollegen der Personalabteilung eine Lösung für den Fall. Beispiel: Der Unbeherrschte entschuldigt sich beim Attackierten.

Die Mitarbeiter werden hier ernst genommen. 91 Prozent der Befragten sagen, dass sie als vollwertiges Mitglied des Unternehmens behandelt werden, unabhängig von ihrer Position. Diese sehr gute Bewertung hat auch damit zu tun, dass einmal im Jahr erfragt wird, wie es tatsächlich um die gute Zusammenarbeit in den Teams steht. Alle Mitarbeiter beurteilen ihren direkten Vorgesetzten, dessen Chef, das Top-Management und das Unternehmen anhand von 30 Fragen. Jede Arbeitsgruppe erhält dann ihre Ergebnisse, diskutiert sie und überlegt sich, was sie künftig noch besser machen kann. „Für eine Führungskraft wirken sich gute oder schlechte Werte direkt auf den Geldbeutel und auf seine Reputation aus", so Schloemer.

Richtig dicke Luft dürfte es im Unternehmen allerdings eher selten geben. Dafür spricht, dass die Mitarbeiter ihr Management als sehr glaubwürdig beurteilen. Ein Grund dafür: „90 Prozent des deutschen Managements haben sich ihre Position innerhalb des Unternehmens erarbeitet", erklärt der Geschäftsführer. Die Karrierechancen für engagierte Kollegen sind sehr gut: Vom Zusteller zum Senior Manager – alles ist möglich. Diesen Weg unterstützt der Logistikkonzern mit internen, aber auch externen Weiterbildungen. So bekommt jeder Festangestellte die Kosten für ein nebenberufliches Studium oder Kurse der Industrie-

und Handelskammer mit bis zu 3000 US-Dollar erstattet, sofern er alle Prüfungen besteht. Auch Sprachtrainings fördert das Unternehmen – damit nicht babylonisches Sprachgewirr die pünktliche Zustellung verhindert.

Great Place to Work Kriterien
7-8 Punkte: ausgezeichnet, 5-6 Punkte: sehr gut, 3-4 Punkte: gut.

Glaubwürdigkeit

Die Fedex-Unternehmensphilosophie „People – Service – Profit" lässt dem Mitarbeiter eine herausgehobene Stellung zukommen. Eine klare Stärke zeigt das Management, nach dem Urteil der Mitarbeiter, in der konsequenten Vermittlung der Unternehmensstrategie: 90 Prozent aller befragten Mitarbeiter sind der Meinung, dass das Management klare Vorstellungen von den Zielen des Unternehmens und davon, wie diese erreicht werden können, hat. Zur internen Kommunikation setzt Fedex eine Vielzahl von Instrumenten ein: E-Mails zu aktuellen Themen, interne Veröffentlichungen, firmeneigenes Fernsehen und regelmäßige Mitarbeiterversammlungen sorgen für eine hohe Transparenz. Offene Türen ermöglichen den direkten Kontakt zu den Führungskräften: *„Ich habe die Möglichkeit, jederzeit ohne Anmeldung das höhere Management zu sprechen"*, bestätigt ein Mitarbeiter.

Respekt

Beschäftigte aller Funktionsbereiche werden durch Abteilungs- oder Arbeitsgruppenbesprechungen und Projektarbeit in die Entscheidungs- und Verbesserungsprozesse eingebunden. Der persönliche Entwicklungsplan berücksichtigt neben dem internen Weiterbildungsangebot auch nicht-berufsbezogene Kurse und Fortbildungen. Der „Tuition Refund" stellt jedem Mitarbeiter 3000 Dollar im Jahr für externe Weiterbildung zur Verfügung. Durch die erklärte Absicht, freie Stellen möglichst intern zu besetzen, bieten sich Fedex-Mitarbeitern *„sehr gute Chancen, sich intern hochzuarbeiten, um ins Management zu kommen"*, so ein Mitarbeiter.

Fairness

Die gleichberechtigte Zusammenarbeit aller Mitarbeiter wird in der Befragung besonders häufig als positiver Aspekt genannt. *„Ich finde es gut, dass alle, vom Kurier bis zum Manager, gleich behandelt werden"*, so ein Mitar-

Rang 10 : Federal Express Europe

beiter. Solche Aussagen sind Ergebnis der konsequenten Umsetzung personalpolitischer Entscheidungen: Das *Guaranteed-Fair-Treatment*-Verfahren legt das Recht eines Mitarbeiters fest, problematische Angelegenheiten systematisch durch stufenweise höhere Managementebenen überprüfen zu lassen. Das Verfahren wird von den Mitarbeitern geschätzt: Überdurchschnittliche 80 Prozent sind überzeugt, dass ihr Anliegen ernst genommen wird, wenn sie gegen eine ungerechte Behandlung protestieren.

Stolz

Die Mitarbeiter identifizieren sich stark mit dem Renommee ihres Unternehmens: „Sehr guter Ruf der Firma, nicht nur in der Branche, sondern in der Wirtschaft allgemein", lautet ein Mitarbeiterkommentar hierzu. Zum Stolz der Mitarbeiter trägt außerdem die starke Medienpräsenz von Fedex bei, die nicht zuletzt die Mitarbeiterorientierung des Unternehmens hervorhebt. 87 Prozent der Befragten stimmen der Aussage zu: „Ich bin stolz, anderen erzählen zu können, dass ich hier arbeite."

Teamorientierung

Ein ganz besonderer Teamgeist verbindet alle Mitarbeiter, die tragende Farbe Lila des *Corporate Design* scheint bereits in Fleisch und Blut übergegangen zu sein: „Wer von uns angesteckt wurde nennt sich purple blooded – will sagen, wir fühlen uns wie eine globale Familie". 93 Prozent der Mitarbeiter geben in der Befragung an, in einem freundlichen Unternehmen zu arbeiten: „Die Leute arbeiten gerne hier, und das spürt man!", ergänzt einer der Beschäftigten. Das Unternehmen unterstützt durch Feiern, Überraschungspartys und gemeinsame Grillabende das Miteinander. Zu den so genannten „Formula-1-Station-Events" werden Mitarbeiter und deren Familien eingeladen und unterstützen gemeinsam die von Fedex gesponserten Rennteams.

Karriere

Talente, die bei uns einsteigen wollen, sollten folgende Eigenschaften mitbringen:

Teamwork spielt eine große Rolle – alle arbeiten eng zusammen, daher ist Teamgeist eine wichtige Eigenschaft. Wir erwarten von all unseren Mitarbeitern, dass sie unseren Kunden das Gefühl vollen Vertrauens in Fedex vermitteln. Zuverlässigkeit, Verantwortungsbereitschaft, Engagement und Respekt wird bei uns groß geschrieben.

Fakten

Branche	Internationaler Expressdienstleister
Zahl der Mitarbeiter in 2003	1166
Adresse	Langer Kornweg 34k, 65451 Kelsterbach
Homepage	www.fedex.com/de
Beschäftigte Berufsgruppen	Kuriere, Import-Export-Spezialisten, Mitarbeiter in den Bereichen Versand und Logistik, Vertriebsrepräsentanten, Mitarbeiter in den Verwaltungsbereichen Finanzwesen & Human Resources, Marketing- & Informationstechnologie-Spezialisten sowie Planning & Engineering-Mitarbeiter
Anfangsgehalt für Hochschulabsolventen	keine Angaben
Bewerberinformationen	Personalabteilung der Federal Express Europe, Inc. Am Forsthaus Gravenbruch 9–11 63263 Neu-Isenburg Tel.: 06102 883-227 Fax: 06102 883-407
Weiterbildungsstunden pro Jahr für größte Berufsgruppe pro Mitarbeiter	32 Stunden
Anteil der Mitarbeiter unter 35 Jahren	42 Prozent
Frauenanteil	29 Prozent

Rang 11

Consol Software

ERFOLG TEILEN

Das IT-Beratungs- und Serviceunternehmen Consol hat den Niedergang des Dotcom-Hype unbeschadet überstanden. Die Mitarbeiter sind in dem gründergeführten Haus stolz auf ihre Arbeit und auf den Erfolg, von dem sie alle profitieren.

Während andere IT-Häuser Mitarbeiter entlassen, erweitert die Consol Software GmbH kontinuierlich ihre Mannschaft. Doch die Jobs gibt es nicht geschenkt. Bewerber müssen sich bei dem Münchner Unternehmen auf einiges gefasst machen: Ein Vorgesetzter und zwei potenzielle Kollegen interviewen den Bewerber rund zwei Stunden lang. „Der Schwerpunkt des Gesprächs liegt auf technischen Fragen. Wer davon 20 bis 30 Prozent beantworten kann, hat gute Chancen auf einen Vertrag", sagt Bernd Wiserner, Geschäftsführer Ressourcen. Er stellt klar: „Hier arbeiten Leute, die Technik lieben." Übersteht der Bewerber das Auswahlverfahren, wartet ein sehr attraktiver Arbeitsplatz im Herzen Münchens auf den Neuling.

Das 1984 gegründete Unternehmen hat in den Boom-Jahren der Verlockung des Börsengangs widerstanden und auf solides, eigen finanziertes Wachstum gesetzt. 106 Mitarbeiter in Deutschland und zwei kleinere Tochterfirmen in den USA und Polen sorgten im abgeschlossenen Geschäftsjahr 2002/2003 für 11,5 Millionen Euro Umsatz. Das Unternehmen betreut überwiegend

Großkunden wie beispielsweise BMW oder Siemens. Es konzipiert und entwickelt Software, die etwa das Beschwerdemanagement oder die Lagerverwaltung unterstützt. Daneben verdient Consol mit Aufbau und Wartung von Rechenzentren und mit IT-Service-Hotlines sein Geld. Die Arbeit stellt die Mannschaft sehr zufrieden. Sie sind außerordentlich stolz auf ihr Unternehmen. Das zeigen die guten Ergebnisse im Wettbewerb „Deutschlands Beste Arbeitgeber".

„Hier gibt es ein Arbeitsumfeld in dem man sich wohl und geborgen fühlt", so ein Mitarbeiter. Die Gründe dafür sind schnell erkannt: Die Hierarchien sind sehr flach, die Freiräume für die selbstständige Arbeit sind groß. „Lieber diskutiere ich eine halbe Stunde mit dem Mitarbeiter und überzeuge ihn von einer Idee, anstatt ihm eine Anweisung zu geben", erklärt Wiserner das Miteinander im Kollegenkreis. Bei Consol mischen die Geschäftsführer bei der täglichen Arbeit mit – intensive Fachgespräche gehören zum Alltag. Ein Punkt, den die Mitarbeiter sehr schätzen: 91 Prozent sagen, dass sie sich mit jeder Frage an die Führungskräfte wenden können und eine angemessene Antwort bekommen.

Bei den Münchnern wird nicht nur miteinander geredet, sondern miteinander entschieden. Mitarbeiter, die Wünsche und Anregungen für Verbesserungen haben, wenden sich an die 15 Kollegen im Direktorium. Das setzt sich aus Nichtführungskräften der unterschiedlichen Teams zusammen. Einmal im Monat diskutiert diese Gruppe mit der Geschäftsführung über strategische Fragen, aber auch über alltägliche Dinge wie die Ausstattung der Arbeitsplätze. Die gefällten Entscheidungen am Ende der Sitzung tragen die 15 Mitglieder dann wiederum in ihren Gruppen vor.

Eine weitere Besonderheit bei dem IT-Unternehmen ist die Gewinnbeteiligung der Mitarbeiter. Der Gründer und Haupteigentümer Ulrich Schwanengel gibt 50 Prozent des Gewinns an die Belegschaft ab. Alle drei Jahre entscheiden die Führungskräfte neu über die Höhe der Erfolgsbeteiligung der jeweiligen Mitarbeiter. Nach Abschluss eines jedes Geschäftsjahres wird die Summe dann verteilt. Das Belohnungssystem sorgt für Motivation und für Zufriedenheit: 86 Prozent der Befragten sagen, dass gute Arbeitsleistung und besonderer Einsatz belohnt werden.

Geld ist nicht alles. Das wissen auch die Führungskräfte. Sie zeigen ab und an mit kleinen Gesten ihre Wertschätzung für die Mannschaft. So besorgte Wiserner spontan in der Sommerhitze ein Planschbecken und eine Dusche für die Dachterrasse. Außerdem lädt das Unternehmen regelmäßig zu Festen ein, etwa zur Kuchenparty auf der Terrasse. Mit dabei sind neben den Kollegen auch immer Lebenspartner und Kinder. „Die Leute müssen hier viel arbeiten und auch mal Überstunden machen. Wir wollen damit auch etwas für die Familien tun", erklärt Andrea Stellwag, Geschäftsführerin Finanzen. Übrigens: Babys und Kinder von Mitarbeitern sind nicht nur zu Festen gern gesehen. „Die können auch ab und zu ins Büro mitgebracht werden", sagt Stellwag.

Great Place to Work Kriterien
7-8 Punkte: ausgezeichnet, 5-6 Punkte: sehr gut, 3-4 Punkte: gut.

Glaubwürdigkeit

Kurze Reaktionszeiten auf Mitteilungen und Anregungen der Mitarbeiter kennzeichnen das Management. Die Geschäftsführung ist permanent telefonisch und per E-Mail erreichbar, teilweise sogar im Urlaub. Regelmäßige Rundgänge der Geschäftsleitung bieten Gelegenheit, auf Probleme hinzuweisen und gemeinsam Lösungen einzuleiten. Die Bereitschaft, Wissen weiterzugeben, ist hoch: *„Es gibt kein Information Hiding, und wenn man Fragen oder Probleme hat, wird jeder einem weiterhelfen. That's cool"*, so ein Mitarbeiter. Beim monatlichen „All-Meeting" werden alle Mitarbeiter über die neuesten Entwicklungen im Unternehmen informiert. 87 Prozent der Befragten bescheinigen dem Management, dass es seine Versprechen einhält.

Respekt

Die Zusammenarbeit von Mitarbeitern und Management folgt dem Wahlspruch „Argumente statt Anweisungen". Demokratische Mitbestimmungsstrukturen gewährleisten die Einbeziehung der Mitarbeiter: Ein Gremium, das sich aus Mitarbeitern aller Unternehmensbereiche und Hierarchieebenen zusammensetzt, dient als „Senat" (Ältestenrat) und kann wichtige strategische Entscheidungen mitdiskutieren und überwiegend mitentscheiden. „Jeder lehrt jeden" ist die Grundlage der Weiterbildung. Die Consol-Akademie leistet nach Aussage eines Mitarbeiters *„unbürokratische, aber kompetente Weiterbildung der Mitarbeiter untereinander"* durch gegenseitige interne Schulungen.

Fairness

Wer länger als ein halbes Jahr fest angestellt ist, kommt in den Genuss des Mitarbeiterbeteiligungsmodells, das Consol zur Förderung des Mitarbeiter-Unternehmertums unterhält. Mehr als 50 Prozent des Gewinns werden jährlich an die Mitarbeiter ausgeschüttet. Fairness ist eine feste Größe der Kultur bei Consol: Das belegen die 90 Prozent der Befragten, die überzeugt sind, dass ihr Anliegen ernst genommen wird, wenn sie gegen eine von ihnen als ungerecht wahrgenommene Behandlung protestieren. Vietnamesische und türkische Auszubildende, südeuropäische Sekretärinnen, ein griechischer Support-Spezialist und polnische Software-Entwickler sind Beispiele für den multikulturellen Charakter der Belegschaft, die zusammen in einem globalen Umfeld agiert.

Stolz ■ ■ ■ ■ ■ ■ ■

Besondere Verdienste der Mitarbeiter werden öffentlich gewürdigt, auch in überregionalen Medien, die häufig bei dem mit vielen nationalen und internationalen Preisen ausgezeichneten Erfolgsunternehmen vorstellig werden. Auszeichnungen und Ehrungen werden als Erfolg aller Mitarbeiter verstanden und kommuniziert. Lob von Kunden macht intern schnell die Runde. Herausragende 94 Prozent der Befragten stimmen der Aussage zu, dass Mitarbeiter bereit sind, einen zusätzlichen Einsatz zu leisten, um Arbeiten fertig zu stellen.

Teamorientierung ■ ■ ■ ■ ■ ■ ■

Die fürsorgliche und familiäre Atmosphäre und der Teamgeist innerhalb der Belegschaft sind für die Consol-Mitarbeiter von zentraler Bedeutung. Sie loben das *„sehr gute Klima"* und das *„unkomplizierte Miteinander"*. In der Befragung geben 88 Prozent der Mitarbeiter an, gemeinsam durch dick und dünn zu gehen. Die Mitarbeiter kümmern sich bei Consol gegenseitig umeinander, das bestätigten 92 Prozent. Die Geschäftsleitung kennt jeden Mitarbeiter persönlich. Bei Firmenveranstaltungen werden auch Partner und Kinder der Mitarbeiter eingeladen.

Karriere

Talente, die bei uns einsteigen wollen, sollten folgende Eigenschaften mitbringen:

Consol arbeitet auf einem fachlich hohen Niveau, dafür sind wir bei unseren Kunden und Partnern bekannt. Daher suchen wir in erster Linie ausgewiesene IT-Profis mit mehreren Jahren Berufserfahrung.

Fakten

Branche	Informationstechnologie
Zahl der Mitarbeiter in 2003	106
Adresse	Franziskanerstraße 38, 81669 München
Homepage	http://www.consol.de
Beschäftigte Berufsgruppen	Diplom-Informatiker, Fachinformatiker und Quereinsteiger mit entsprechendem Know-how
Anfangsgehalt für Hochschulabsolventen	abhängig von der Qualifikation
Bewerberinformationen	http://www.consol.de/jobs
Weiterbildungsstunden pro Jahr für größte Berufsgruppe pro Mitarbeiter	30 Stunden
Anteil der Mitarbeiter unter 35 Jahren	57 Prozent
Frauenanteil	13 Prozent

Rang 12
Johnson Wax

INTERNATIONALITÄT SCHNUPPERN

Johnson Wax steht mit seinen Raumdüften, Putzmitteln und Insektensprays seit Jahren wirtschaftlich gut da. Daran partizipiert auch die Belegschaft in Form von sehr guten Sozialleistungen. Offenheit ist bei dem Markenhersteller keine hohle Floskel.

Das Firmengebäude der Johnson Wax GmbH im Industriegebiet von Haan bei Düsseldorf wird nie einen Architekturpreis gewinnen. Der Bau gehört eher in die Kategorie zweckmäßig. Aber bereits im Empfangsbereich bekommt die Firmenzentrale des Spezialisten für Reinigungsmittel doch ein individuelles Gesicht: Besucher können erschnuppern, wohin sie geraten sind. Es riecht nach einem Raumduft der Marke Brise – ein Bestseller von Johnson Wax. Außerdem schweben in dem einen oder anderen Büro blaue Moskito-Luftballons. Sie gehören zu einer Marketingaktion der Autan-Produkte, die ebenfalls in das Markenportfolio des Traditionshauses gehören.

Ob Null-Null, Abflussfrei oder Stahl-Fix, die Marken des amerikanischen Familienunternehmens SC Johnson sind Klassiker im Kaufhausregal – und

Rang 12 : Johnson Wax

zwar rund um den Globus. Weltweit arbeiten für den Konsumgüterhersteller rund 10 000 Mitarbeiter in über 60 Ländern. Die deutsche Dependance Johnson Wax GmbH mit derzeit 105 Mitarbeitern gibt es bereits seit über 50 Jahren. Der Umsatz des Konzerns lag bei rund fünf Milliarden US-Dollar in 2003. Der Erfolg und die bekannten Markenprodukte sind aber nur zwei Gründe, warum die Mitarbeiter stolz auf ihr Unternehmen sind – sie glauben auch daran, dass ihre Meinung zählt und ihre Arbeit wichtig ist.

„Jeder Mitarbeiter, unabhängig von der Hierarchie, bekommt hier viel Verantwortung", sagt Hans Uster, Personaldirektor und Geschäftsführungsmitglied von Johnson Wax. Die Befragten im Wettbewerb „Deutschlands Beste Arbeitgeber" können das nur bestätigen: 95 Prozent sagen, dass sie einen wichtigen Beitrag im Unternehmen leisten können. Und 93 Prozent betonen, dass sie hier viel Verantwortung haben. Damit die nicht zur Last wird, legen die Führungskräfte von Johnson Wax Wert darauf, dass Informationen allen zugänglich sind. So hängen etwa die Plan- und Soll-Zahlen auf jedem Flur der Firma. Zudem gibt es zweimal im Jahr eine Mitarbeiterversammlung. Hier verkündet das Management die Ergebnisse, künftige Aufgaben und verteilt die Boni an die Mannschaft. Das Extrasalär kann bis zu einem Monatsgehalt betragen. Das Management und der Außendienst sind zudem an einem individuellen Prämiensystem beteiligt, bei dem die individuelle Zielerreichung zählt.

Geld allein schafft noch keine Loyalität. Darum interessiert sich das Unternehmen für die Meinung der Teams. Alle drei Jahre findet eine weltweite Mitarbeiterbefragung im Konzern statt. „Dort, wo die Ergebnisse nicht so gut ausfallen, müssen wir einen Aktionsplan erarbeiten", so der Personalleiter. Beispielsweise hat eine Umfrage ergeben, dass sich neue Kollegen nicht so leicht ins Unternehmen einleben. „Daraufhin haben wir ein Buddy-Programm eingeführt. Jeder Neue bekommt einen Kollegen an die Seite gestellt, an den er sich mit allen Fragen wenden kann", sagt Uster. Das Miteinander kommt an: „Großartiger Teamspirit", bescheinigt ein Mitarbeiter.

Obwohl die deutsche Tochter nur knapp über 100 Mitarbeiter hat, bleibt Einsteigern der Aufstieg nicht verschlossen. Zwei Schritte sind dafür Voraussetzung: „Der Nachwuchs soll unterschiedliche Bereiche im Unternehmen kennen lernen und internationale Erfahrung sammeln", sagt Uster. So wechselten beispielsweise Marketingexperten in den Vertrieb, Personalprofis in die Finanzabteilung, oder Kollegen verabschiedeten sich aus Haan und wechselten an einen Auslandsstandort. Egal wohin der Karriereschritt geht – Australien, China oder USA –, auf den gewohnten Duft muss kein Mitarbeiter verzichten.

Great Place to Work Kriterien

7-8 Punkte: ausgezeichnet, 5-6 Punkte: sehr gut, 3-4 Punkte: gut.

Glaubwürdigkeit

„Wir verpflichten uns zum Erhalt guter Beziehungen zwischen Mitarbeitern in aller Welt auf Grundlage eines Gefühls der Dazugehörigkeit, des gegenseitigen Respekts und des Bewusstseins gemeinsamer Zielsetzungen" heißt es in den Leitprinzipien von Johnson Wax. Grundlage der Zusammenarbeit ist die offene Kommunikation im Unternehmen: „Communication Meetings" zwischen Leitungsteams und Belegschaft demonstrieren, dass die Informationswege zwischen Leitungsteam und Belegschaft kurz und barrierefrei gestaltet sind. 87 Prozent der befragten Mitarbeiter heben die gute und unkomplizierte Erreichbarkeit des Managements hervor – ein Beleg für die hohe Übereinstimmung zwischen Unternehmensphilosophie und gelebter Praxis.

Respekt

Für alle Mitarbeiter werden auf Basis des Zielvereinbarungsprozesses individuelle Entwicklungspläne erstellt. Gut 70 Prozent des Trainingsbudgets werden auf Arbeitskräfte ohne Leitungsfunktion aufgewendet. Weitere „On the job"-Trainings schaffen die Grundlage für interne Wechsel und Aufstiege oder einen längeren Auslandsaufenthalt. *„Die Möglichkeit, direkten Einfluss zu nehmen, Dinge bewegen und verändern zu können"*, ist aus Sicht eines Mitarbeiters eine Stärke von Johnson Wax und belegt die starke Eingebundenheit der Belegschaft in die betrieblichen Entscheidungsprozesse. Mitarbeiter und Betriebsrat werden an Projekten, wie zum Beispiel der Ausarbeitung eines neuen Pensionsplans, beteiligt. Auch die Aktualisierung der deutschen Unternehmensstrategie erfolgte unter Einbeziehung der in mehreren Arbeitsgruppen organisierten Mitarbeiter.

Fairness

Die Basis des fairen Umgangs miteinander wird bei Johnson Wax bereits bei der Personalauswahl gelegt. In den Stellenanzeigen des Unternehmens werden Menschen aus unterschiedlichen Kulturen und Nationalitäten ermutigt, sich bei Johnson Wax zu bewerben. Internationalität, Respekt gegenüber anderen, Wertschätzung und Teamfähigkeit stehen ganz oben im Anforderungsprofil. Unterstützungsangebote zur Kinderbetreuung und Heimarbeitsplätze ermöglichen den Mitarbeitern, ihren Beruf trotz Familie weiter erfolgreich auszuüben. Frauen in Führungspositionen sind bei Johnson Wax keine Seltenheit. Der Anteil liegt beispielsweise in der mittleren Hierarchieebene bei 42 Prozent.

Stolz

Die Identifikation der Mitarbeiter mit ihrem Arbeitgeber liegt im Spitzenbereich. 95 Prozent der Befragten erfahren ihren Beitrag am Erfolg des Unternehmens und sind sich sicher, hierzu einen wichtigen Beitrag zu leisten. Überdurchschnittliche 96 Prozent der Mitarbeiter sagen über ihre Kollegen aus, dass sie bereit seien, einen zusätzlichen Einsatz zu leisten, um Arbeiten fertig zu stellen. Die starke Bindung vieler Mitarbeiter an das Unternehmen und die Kollegen bleibt auch nach dem Eintritt in das Rentenalter bestehen. In einem 20-Jahr-Club treffen sich über 60 langjährige Mitarbeiter und Pensionäre des Unternehmens und sorgen für den Fortbestand der sozialen Netzwerke.

Teamorientierung

Die Beschäftigten des Familienunternehmens verbindet ein starker Teamgeist. 91 Prozent der Befragten bekunden, dass sie in einem freundlichen Unternehmen arbeiten. Besondere Anlässe werden bei Johnson Wax gefeiert, das bestätigen 92 Prozent der Mitarbeiter. Einmal im Jahr findet außerdem eine von den Mitarbeitern organisierte gemeinsame Ski-Freizeit statt. „Jedes Jahr kommt ein großer Teil der Belegschaft zu einem gemeinsamen Skiwochenende zusammen. Das fördert den Teamgeist und den Zusammenhalt", erlebt ein Mitarbeiter die Veranstaltung.

Karriere

Talente, die bei uns einsteigen wollen, sollten folgende Eigenschaften mitbringen:

Für unser Team suchen wir hochmotivierte, offene Persönlichkeiten, die idealerweise über Auslandserfahrung und sehr gute Kenntnisse der englischen Sprache verfügen. Ein großes Maß an Teamfähigkeit, aber auch eine eigenständige Arbeitsweise sind für unsere Mitarbeiter unverzichtbare Eigenschaften.

Fakten

Branche	Konsumgüter
Zahl der Mitarbeiter in 2003	100
Adresse	Landstraße 27–29, 42781 Haan
Homepage	www.scjohnson.de
Beschäftigte Berufsgruppen	Mitarbeiter mit wirtschaftswissenschaftlicher Ausbildung in den Bereichen Marketing, Vertrieb, Finanz, Logistik und Personal.
Anfangsgehalt für Hochschulabsolventen	35 000 bis 41 000 Euro pro Jahr
Bewerberinformationen	Susanne Wilczek, Personalreferentin, Tel.: 02129 574-271 SWilczek@scj.com
Weiterbildungsstunden pro Jahr für größte Berufsgruppe pro Mitarbeiter	40
Anteil der Mitarbeiter unter 35 Jahren	25 Prozent
Frauenanteil	46 Prozent

Rang 13

Ruhrgas

NETZE SPANNEN

Die Erdgasgesellschaft Ruhrgas ist in ihrer Branche die Nummer eins in Deutschland und die Nummer fünf in Europa. Das Unternehmen befindet sich im Wandel, der von einer loyalen und stolzen Belegschaft getragen wird. Das „Wir-Gefühl" hat nicht nur mit den Betriebssportgruppen zu tun.

Sesselhocker oder sonstige Trantüten haben bei Ruhrgas augenscheinlich keine Chance. Die Belegschaft der Essener Gasgesellschaft ist extrem sportlich. Der Beweis: Von 2595 Mitarbeitern turnen, laufen und schwitzen 2042 Kollegen in einer Ruhrgas-Sportgemeinschaft. Von den Klassikern Fußball, Tennis und Radfahren bis hin zu exotischeren Varianten wie Eisstockschießen und Hufeisenwerfen gibt es für jeden Typ die passende Gruppe. Das Unternehmen unterstützt die sportlichen Aktivitäten mit einem finanziellen Zuschuss. Aus guten Grund: Der Spaß am Sport schweißt zusammen, und Kollegen aus den unterschiedlichsten Abteilungen lernen sich außerhalb des Joballtags kennen.

Dabei hat das Geschäft der Essener mit Sport nichts am Hut. Der Energiespezialist mit seiner 75-jährigen Geschichte bezieht aus dem In -und Ausland Erdgas und liefert es an Kraftwerke, Industriekunden und weiterverteilende Gasgesellschaften in Deutschland und im europäischen Ausland. Seit

2003 gehört die Ruhrgas AG zu 100 Prozent dem Düsseldorfer Energiekonzern E.ON, der das Jahr 2003 mit einem Umsatz von 46,4 Milliarden Euro abschloss. „Wir arbeiten zusammen an einer E.ON-Identity. Es wird eine neue, internationalere Kultur entstehen", sagt Ulrich Spie, Personaldirektor von Ruhrgas. Was die Mitarbeiter in jedem Fall in die Gemeinschaft einbringen können, ist Teamgeist und Stolz. Das belegt die Befragung zum Wettbewerb „Deutschlands Beste Arbeitgeber". Außerdem schätzen sie ihre Sozialleistungen und den guten Draht nach oben.

So bitten beispielsweise die sechs Vorstandsmitglieder sechs Mal im Jahr nach dem Zufallsprinzip ausgewählte Mitarbeiter zu einer lockeren Gesprächsrunde. „Da treffen der Handwerker aus Waidhaus und die Führungskraft aus der Essener Zentrale mit dem Vorstand zusammen", sagt Spie. Wer möchte, kann vorab Themen einreichen, die ihn bewegen. Genau so gern sind aber auch Kollegen gesehen, die spontan Ideen ins Gespräch einbringen. Damit Wünsche und Vorschläge nach der Gesprächsrunde nicht in Vergessenheit geraten, geht ein Mitarbeiter der Personalabteilung den Anregungen der Eingeladenen nach. Die Rechercheergebnisse berichtet er wiederum an den Vorstand.

Auch ein gestörtes Klima in Abteilungsteams lässt das Unternehmen nicht kalt. So startete im vergangenen Jahr ein Pilotprojekt: Der Vorgesetzte bespricht mit seinem Team und einem Moderator in aller Ruhe, wie sie die Zusammenarbeit künftig verbessern wollen. „Das Gespräch endet mit festen Vereinbarungen, die Gruppe beschließt einen Aktionsplan", sagt Carl-Sylvius von Falkenhausen, verantwortlich für Personalkonzepte bei Ruhrgas.

Ein weiterer Motivationspunkt: 95 Prozent der Befragten sagen, dass sie „besondere und außergewöhnliche Sozialleistungen" erhalten. „Die sind gar nicht so besonders", meint Spie. Der Personaldirektor glaubt, dass vor allem die kleinen Gesten besonders wahrgenommen würden. Ein Beispiel: Vor einem Jahr verschwand ein Mitarbeiter und Familienvater spurlos. Ruhrgas hat dafür gesorgt, dass den Angehörigen zumindest die finanzielle Last abgenommen wurde. Ein Mitarbeiter-Kommentar belegt solche unbürokratische Hilfsangebote: „Bei Krankheit oder in Notsituationen wird jeder unterstützt, und es werden gemeinsam Lösungswege gefunden." „In persönlichen Notsituationen bieten wir ein Netz, das auffängt", sagt von Falkenhausen.

Great Place to Work Kriterien
7-8 Punkte: ausgezeichnet, 5-6 Punkte: sehr gut, 3-4 Punkte: gut.

Glaubwürdigkeit

Die Initiative „Mensch im Fokus" der Ruhrgas AG bündelt unter den Handlungsfeldern „Leben", „Können" und „Handeln" ein großes Maßnahmenpaket, das den Mitarbeiter in den Mittelpunkt der Bemühungen stellt. An der Kontinuität der Maßnahmen zeigt sich, dass Mitarbeiterorientierung seit langer Zeit das Leitmotiv der Personalarbeit liefert: Das monatliche Informationsgespräch zwischen Vorstand und zufällig ausgewählten Mitarbeitern aller Ebenen wird bereits seit 1977 veranstaltet. Maßnahmen wie diese tragen zum Vertrauen bei, das die Belegschaft dem Management entgegenbringt. Überdurchschnittliche 89 Prozent der Belegschaft stimmten der Aussage zu, dass das Management Kündigungen nur als letzten Ausweg wählt.

Respekt

Über ein intranetbasiertes Innovationsmanangement wird bei Ruhrgas den „Zündenden Ideen" der Mitarbeiter nachgespürt. Innovativ sind dabei auch die Belohungen für erfolgreiche Eingaben gestaltet, wie etwa der gemeinsame Besuch einer Bohrinsel. Neben diesen Formen der Anerkennung unterstreicht Unterstützung, die ihnen von Seiten des Unternehmens in besonderen Lebenssituationen zuteil wird, den Respekt, den das Unternehmen seinen Mitarbeitern entgegenbringt: *„Ob bei beruflichen oder privaten Problemen, das Management versucht bestmöglich zu helfen"*, kommentiert dies ein Mitarbeiter. Konkret zeigt sich diese Hilfe beispielsweise in der Gewährung von Vorauszahlungen bei Notfällen, wie dem Tod eines Angehörigen, und einem Härtefonds für Mitarbeiter, die in eine finanzielle Notlage geraten sind.

Fairness

90 Prozent der befragten Mitarbeiter – 23 Prozent mehr als der Durchschnitt der Top-50-Wettbewerbs-Unternehmen – stimmen der Aussage zu, für ihre Arbeit bei Ruhrgas angemessen bezahlt zu werden. In den Mitarbeiterkommentaren spielen die *„sehr guten zusätzliche Leistungen"* wie *„3-Sterne-Kantine"*, *„Förderung bei größeren finanziellen Anschaffungen zum Beispiel Immobilien"* und *„ Gesundheitsprävention"* eine zentrale Rolle. Auslandseinsätze und interkulturelle Trainings dienen der Förderung eines

toleranten und fairen Miteinanders. Dabei werden auch die Familien der Mitarbeiter mit einbezogen. Beispielsweise können die Kinder der Mitarbeiter an einem Austauschprogramm teilnehmen und einige Zeit in einer Familie eines Kollegen im Ausland leben.

Stolz

Das gewachsene Wertegerüst des Unternehmens lässt keinen Raum für das Entstehen einer „Hire and Fire"-Mentalität und vermittelt den Mitarbeitern Sicherheit. 89 Prozent der befragten Belegschaft ziehen es in Betracht, bis zu ihrem Ruhestand bei Ruhrgas zu arbeiten. Die volkswirtschaftliche Bedeutung des Unternehmens, die ein Mitarbeiter als *„Energierückgrat Deutschlands"* beschreibt, birgt ein weiteres bedeutendes Identifikationspotenzial. 89 Prozent der Beschäftigten stimmten der Aussage zu: „Meine Arbeit hat eine besondere Bedeutung für mich und ist nicht einfach nur ein Job".

Teamorientierung

Die Atmosphäre bei Ruhrgas stimmt: 87 Prozent der Befragten erleben, dass man sich als neuer Mitarbeiter im Unternehmen willkommen fühlt. Die jährliche zentrale Jubilarfeier mit Rahmenprogramm und die bereichsinternen Geburtstagsfeiern für alle Mitarbeiter, die in einem Monat Geburtstag haben, fördern das Zusammengehörigkeitsgefühl. Zahlreiche Abendveranstaltungen in ungezwungenem Rahmen runden dienstliche Termine ab. In den 27 Sparten der Ruhrgas-Sportgemeinschaft intensivieren die Mitarbeiter ihre freundschaftlich/kollegialen Beziehungen.

Karriere

Talente, die bei uns einsteigen wollen, sollten folgende Eigenschaften mitbringen:

Wir suchen Absolventen, die ihr Studium zügig und mit überdurchschnittlichen Leistungen absolviert haben. Neben ausgeprägten sozialen Kompetenzen sind uns Praktika, sehr gute Kenntnisse der englischen Sprache und außeruniversitäres Engagement sehr wichtig.

Fakten

Branche	Energiewirtschaft/Handel
Zahl der Mitarbeiter in 2003	2595; konzernweit circa 12 500
Adresse	Huttropstraße 60, 45138 Essen
Homepage	www.ruhrgas.de
Beschäftigte Berufsgruppen	Wirtschaftswissenschaftler, Juristen, Ingenieure, Informatiker
Anfangsgehalt für Hochschulabsolventen	individuelle Vereinbarungen
Bewerberinformationen	vollständige und aussagefähige Bewerbungsunterlagen per Post oder E-Mail (pdf-Dateianhänge) an: Ruhrgas AG Personalabteilung Huttropstraße 60 45138 Essen E-Mail: karriere@ruhrgas.com www.ruhrgas.de
Weiterbildungsstunden pro Jahr für größte Berufsgruppe pro Mitarbeiter	26 Stunden pro Jahr
Anteil der Mitarbeiter unter 35 Jahren	22 Prozent
Frauenanteil	23 Prozent

Rang 14

Office Depot International

RESPEKTVOLL HANDELN

Der Versandhändler Office Depot International verschaffte sich in Rekordzeit eine starke Marktstellung in Deutschland. Besonderes Merkmal des Büroartikelspezialisten: Jeder wird fair behandelt, auch beim Gehalt.

„Drum prüfe, wer sich ewig bindet." Dieser Spruch ist bei Office Depot International GmbH Programm. Bei einem Probearbeitstag können sich Bewerber und Kollegen des Versandhändlers für Büroartikel gegenseitig beschnuppern. „Dieses Angebot machen wir Kandidaten, die sich für eine Stelle im Call-Center oder eine Tätigkeit im Außendienst interessieren", sagt Hans-Eckhard Helm, Geschäftsführer von Office Depot Deutschland. Die Personalabteilung lädt all jene ein, die den ersten Auswahlprozess überstanden haben. „Ein Teamleiter oder Vertriebsleiter macht eine Führung durch die Abteilung und erklärt genau alle künftigen Aufgaben und Anforderungen", so Helm. Schnupper-Arbeiter, die sich am Ende des Tages vorstellen können, in diesem Bereich zu arbeiten, kommen in die zweite Bewerberrunde.

Wer nach dem Abschlussgespräch mit dem Arbeitsvertrag die Zusammenarbeit besiegelt, hat sich mit einem äußerst attraktiven Partner eingelassen.

Rang 14 : Office Depot International

Die amerikanische Office Depot International verkauft weltweit über die unterschiedlichsten Vertriebskanäle Kugelschreiber, Schreibblocks und Leuchtmarker an große und kleinere Unternehmen. Insgesamt erwirtschaftete das börsennotierte Unternehmen 12,4 Milliarden US-Dollar in 2003. In Deutschland ist der Händler mit über 1000 Mitarbeiter durch drei Marken bekannt: Viking Direkt, zuständig für den Versandhandel via Internet und Call-Center, Office Depot sowie Guilbert, beide zuständig für den Großkundenvertrieb via Außendienstmitarbeiter. Ein Mitarbeiterkommentar im Wettbewerb „Deutschlands Beste Arbeitgeber" beschreibt das Motto aller Unternehmenseinheiten: „Wir wollen die Besten sein."

„Die Zeit ist von Wachstum, Euphorie und Vollgas geprägt. Da kommt keine Langeweile oder Müdigkeit auf", so ein weiterer Mitarbeiter. Das gilt vor allem angesichts der großen Veränderungen, die das Unternehmen im vergangenen Jahr erlebte. Office Depot übernahm den Wettbewerber Guilbert in Europa und damit auch die Landesgesellschaften in Deutschland. „Es trafen zwei unterschiedliche Unternehmenskulturen aufeinander", sagt Helm. Beispielsweise sprechen sich bei Office Depot alle mit „Du" an, unabhängig von der Hierarchie. Zudem gibt es in den einzelnen Logistikzentren Frankfurt, München und Hamburg und in der Zentrale im niederländischen Venlo sehr geschätzte Extras wie Fitnessstudios, Freigetränke und gute Kantinen. „Wir wollen nach und nach die Sozialleistungen und Arbeitsbedingungen an die von Office Depot angleichen", so der Geschäftsführer.

Die wichtigsten Führungsgrundsätze allerdings haben bereits alle Chefs intus: Ob neuer Kollege von Guilbert oder Nachwuchsführungskraft – jeder muss das Seminar „Leadership Essentials" besuchen. Ein wesentlicher Trainingsinhalt beschäftigt sich mit dem respektvollen Umgang miteinander. „Das bedeutet, dass wir gute Leistung vor anderen loben und Kritik nur unter vier Augen aussprechen. Meinungen anhören und Diskriminierung verhindern", so Helm. So stellt beispielsweise ein jährlicher Gehaltsvergleich durch ein Beratungsunternehmen sicher, dass alle Mitarbeiter mit der gleichen Erfahrung und dem gleichen Knowhow auch gleich verdienen – unabhängig von Geschlecht oder Nationalität. Das sorgt für ein großes Lob in puncto Fairness seitens der Mitarbeiter.

Ein weiterer Zufriedenheitsfaktor ist die gute und unkomplizierte Erreichbarkeit des Managements. Das bestätigen 83 Prozent der Befragten im Wettbewerb. Dieser Wert könnte künftig noch zunehmen. Denn der Geschäftsführer Helm beginnt eine besondere Tournee von Standort zu Standort: Es wird künftig eine regelmäßige Gesprächsrunde zwischen Mitarbeitern und dem Top-Management geben. Wer Fragen hat, Verbesserungsvorschläge bringt oder Sorgen los werden will, kann sich dafür bei der Personalabteilung anmelden – Neulinge wie Erfahrene sind willkommen.

Great Place to Work Kriterien
7-8 Punkte: ausgezeichnet, 5-6 Punkte: sehr gut, 3-4 Punkte: gut.

Glaubwürdigkeit

Office Depot handelt konsequent nach der Überzeugung, dass „nur die Mitarbeiter ein Unternehmen erfolgreich machen". Überhaupt bringt das Unternehmen die Mitarbeiterorientierung deutlich zum Ausdruck. 87 Prozent der Befragten bescheinigen dem Management, dass es klare Vorstellungen von den Zielen des Unternehmens habe und davon, wie man diese erreichen könne. Die Kommunikation ist auf allen Ebenen offen gestaltet und der Umgang mit dem Führungspersonal unkompliziert. Alle Mitarbeiter sind unabhängig von der beruflichen Stellung „per Du", wie aus zahlreichen Kommentaren hervorgeht. Trotz umfangreicher Restrukturierungen vermittelt das Management seine Vertrauenswürdigkeit: 87 Prozent glauben, dass das Management Kündigungen nur als letzten Ausweg wählt.

Respekt

„Respekt vor dem Einzelnen" lautet ein Grundprinzip des Unternehmens. Dieser Respekt kommt in den Investitionen des Unternehmens in die Potenziale der Mitarbeiter zum Ausdruck. Die Fachkräfte werden durch externe Fachseminare oder anerkannte Ausbildungsgänge, zum Beispiel zum Fachkaufmann für Marketing, Personal oder dem Fachwirt „Einkauf und Disposition", auf einem aktuellen und bedarfsgerechten Stand gehalten. Auch formal geringer qualifizierte Mitarbeiter werden eingestellt und haben bei guter Leistung vielfältige Aufstiegschancen, wie ein Mitarbeiter anmerkt. In schwierigen Lebenssituationen können sich die Mitarbeiter auf Office Depot verlassen. So werden etwa für Pflege von hilfsbedürftigen Angehörigen mindestens 14 Tage bezahlter Sonderurlaub gewährt.

Fairness

Eine fairer Umgang miteinander ist Bestandteil der Unternehmenskultur von Office Depot. 82 Prozent der Beschäftigten stimmen der Aussage zu, unabhängig von ihrer Position als vollwertiges Mitglied des Unternehmens behandelt zu werden. Zudem liegen die Gehälter aller Beschäftigtengruppen je nach Standort 10 bis 21 Prozent über Tarif. Die Vielfalt in der Belegschaft, was Herkunft, Religion, Hautfarbe und Mentalität betrifft, wird bei Office Depot sehr geschätzt und Individualität begrüßt. Im Bedarfsfall bietet das Unternehmen Unterstützung und Hilfestellung durch Sprachkurse, Gebärdendolmetscher oder Hilfe bei Behördengängen an.

Rang 14 : Office Depot International | 97

Stolz

Durch die klare Mitarbeiterorientierung gelingt es dem Unternehmen, dass sich die Angestellten nicht als „Mittel zum Zweck, sondern als Mensch" und Teil des Unternehmens fühlen, so ein Mitarbeiter. 84 Prozent der Beschäftigten erleben, dass sie im Unternehmen einen wichtigen Beitrag leisten können. Die hohe Identifikation mit dem Unternehmen wird durch Maßnahmen, wie dem Pioneer-Dinner für alle Mitarbeiter, die von Anfang an im Unternehmen dabei waren, gezielt gefördert. Zusätzlich schafft das soziale Engagement, zum Beispiel bei der Hilfe von Erdbebenopfern in der Türkei, Möglichkeiten, sich über die eigene Tätigkeit hinaus mit dem Unternehmen zu identifizieren.

Teamorientierung

Der Umstand, dass die Geschenke der Kunden gesammelt und über eine Tombola allen Mitarbeiter zugänglich gemacht werden, unterstreicht, dass der Teamgedanke bei Office Depot einen festen Stellenwert hat. Von den Mitarbeitern organisierte abteilungsübergreifende Events, wie zum Beispiel das jährliche Fußballturnier, werden durch Spenden von Führungskräften finanziert. Besondere Anlässe werden gefeiert, das bestätigen 90 Prozent der Beschäftigten, und auch das Klima in den Arbeitsgruppen stimmt: 83 Prozent aller Mitarbeiter sind sich sicher, im Unternehmen „sie selbst sein" zu können und sich nicht verstellen zu müssen.

Karriere

Talente, die bei uns einsteigen wollen, sollten folgende Eigenschaften mitbringen:

Wir erwarten von unseren Mitarbeitern den ausgeprägten Willen und den zugehörigen Einsatz, unsere europäische Führungsposition weiter auszubauen und dafür zu sorgen, das Office Depot weiterhin für schnellstes Wachstum und höchste Profitabilität steht. Dies erreichen wir durch Respekt vor dem Einzelnen, enthusiastischen Kundenservice und exzellente Ausführung.

Fakten

Branche	Großhandel für Büroartikel
Zahl der Mitarbeiter in 2003	613
Adresse	IndustrieHandelsPark Nord, Babenhäuser Straße 50, 63762 Großostheim
Homepage	www.officedepot.de, www.viking.de, www.guilbert.de
Beschäftigte Berufsgruppen	gewerbliche Mitarbeiter (Lager), kaufmännische Mitarbeiter in allen Fachrichtungen (Marketing, Einkauf, Verkauf/Vertrieb, Disposition, Kataloggestaltung, Personal, Training)
Anfangsgehalt für Hochschulabsolventen	circa 30 000 bis 35 000 Euro pro Jahr, je nach Bereich
Bewerberinformationen	über unsere Hompage (zum Beispiel „Jobs bei Viking" beziehungsweise „Karriere")
Weiterbildungsstunden pro Jahr für größte Berufsgruppe pro Mitarbeiter	25 Stunden pro Mitarbeiter
Anteil der Mitarbeiter unter 35 Jahren	49 Prozent
Frauenanteil	52 Prozent

Rang 15

CA Computer Associates

LOYALITÄT WÜRDIGEN

Das IT-Unternehmen Computer Associates trotzt der Branchenkrise mit neuen Produkten und Kundenservice. Die Mitarbeiter loben den respektvollen Führungsstil des Managements, und sie nehmen das soziale Engagement des Unternehmens ernst.

Normalerweise beschäftigen sich die Softwareexperten von CA Computer Associates GmbH mit der virtuellen Welt: Sie arbeiten an Netzwerken und Firewalls. Doch einmal im Jahr nehmen die Kollegen am deutschen Hauptsitz in Darmstadt Pinsel, Säge und Bohrer in die Hand, um in der realen Welt zu helfen. Vergangenes Jahr beispielsweise renovierten 50 Mitarbeiter in eineinhalb Tagen das Albert-Schweitzer-Haus, ein Landschulheim in der Region Darmstadt. Sie strichen die Fassade, bauten eine Kinderküche auf und richteten einen Medienraum ein. Das soziale Engagement ist in der Firmenphilosophie verankert. Das bedeutet aber nicht, dass die Mitarbeiter nur die Geldbörse zücken. „Uns geht es darum, selbst anzupacken", sagt die Personalleiterin Stephanie Gölz. „Abgesehen davon macht es auch Spaß."

Die vergangenen Jahre liefen für das börsennotierte Unternehmen gut. Der Umsatz stieg selbst im Krisenjahr 2003 um 152 Millionen US-Dollar auf rund 3,1 Milliarden US-Dollar. Große Industrie- und Dienstleistungsunternehmen sowie öffentliche Auftraggeber nutzen die Software von CA Computer Associates, um die Effektivität von Servern zu erhöhen, Netzwerke zu optimieren und Datensicherheit zu gewähren. Hier zu Lande gehören beispielsweise DaimlerChrysler und Lufthansa Airplus zu den Kunden der CA Computer Associates GmbH. An den vier Standorten München, Darmstadt, Düsseldorf und Hamburg arbeiten rund 530 Mitarbeiter vorwiegend im Vertrieb, in der Kundenbetreuung und in der Entwicklung. Sie schätzen das gemeinsame Frühstück am Morgen und die gute Erreichbarkeit des Managements.

„Wenn nötig, kann ich jeden Mitarbeiter, auch Top-Manager, kontaktieren, ohne dabei alle Hierarchien durchlaufen zu müssen", so ein Kommentar in der Befragung des Wettbewerbs „Deutschlands Beste Arbeitgeber". „Management zum Anfassen", urteilt ein weiterer Kollege. „Wenn ich jemanden sprechen will, gehe ich zu ihm, nur zur Not nutze ich das Telefon oder sende eine E-Mail", sagt Peter Rasp, Geschäftsführer von Computer Associates in Deutschland und Österreich. „Umgekehrt steht meine Tür immer offen. Kein Vorzimmer hält Kollegen ab, zu mir zu kommen." Der kurze Dienstweg funktioniert: 81 Prozent sagen, dass das Management gut erreichbar und unkompliziert anzusprechen ist.

Nicht nur die Chefs sind einfach erreichbar, auch das Fachgespräch oder der Schwatz unter Kollegen wird von dem IT-Haus gefördert. Jeden Morgen gibt es für alle Computer-Associates-Mitarbeiter weltweit ein kostenloses Frühstück mit Joghurt, Obst, Brötchen und Getränken. „Das Essen kommt vom Caterer. Nur den Kaffee müssen wir selbst aufbrühen", sagt Gölz.

Bei dem Softwarespezialisten ist Teamarbeit die Regel. „Meist arbeiten bis zu fünf Leute zusammen an einem oder mehreren Projekten", erklärt Rasp. Ein Vertriebsexperte sitzt mit technischen IT-Spezialisten und einem Ansprechpartner für Qualität und Kundenzufriedenheit an einem Tisch. „Alle Aufträge werden regional von den einzelnen Standorten betreut", so Gölz. „So ist man nur selten mehrere Tage am Stück unterwegs." Daneben hat die deutsche Tochter auch zwei Entwicklungslabore, die eng mit den internationalen Kollegen zusammenarbeiten. „Jeder entwickelt seinen kleinen Teil, und in den USA laufen die Fäden zusammen", erklärt der Geschäftsführer. „Das funktioniert blendend, und ich lerne viel dadurch", so ein Mitarbeiter.

Dem Management ist es wichtig, dass die Belegschaft sich wohl fühlt – und vor allem dem Unternehmen die Treue hält. Nach fünf Jahren Firmenzugehörigkeit gibt es beispielsweise einen extra Urlaubstag, und nach zehn Jah-

Rang 15 : CA Computer Associates | 101

ren überreicht der Geschäftsführer den Treuen eine limitierte Rolex-Uhr mit Gravur. Das Engagement der Unternehmensführung zahlt sich aus: 89 Prozent der Befragten sagen, dass ihre Arbeit eine besondere Bedeutung für sie hat und nicht nur einfach ein „Job" ist.

Great Place to Work Kriterien
7-8 Punkte: ausgezeichnet, 5-6 Punkte: sehr gut, 3-4 Punkte: gut.

Glaubwürdigkeit

Um die Mitarbeiter möglichst umfassend mit Informationen zu versorgen, wird eine Vielzahl von Medien eingesetzt. Schon kurz nach dem Hochfahren des PCs erscheint ein Newsletter und bringt alle auf den aktuellen Stand. Die Geschäftsführung praktiziert Management by walking around und ist somit für die Mitarbeiter gut erreichbar und unkompliziert anzusprechen. Das sehen auch die Mitarbeiter so: In der Befragung stimmen vier von fünf Mitarbeitern der Aussage zu „Ich kann mich mit jeder vernünftigen Frage an das Management wenden und erhalte eine angemessene Antwort".

Respekt

Umfangreiche Fortbildungsmöglichkeiten im eigenen Haus ermöglichen eine kompetente Vorbereitung auf neue Aufgaben und schulen die Mitarbeiter für permanenten Wandel und sich verändernde Anforderungen. Kooperationen mit Fachverbänden wie Bitkom und der Industrie- und Handelskammer verbreitern das Angebot an Weiterbildungsmöglichkeiten. Großer Wert wird auf individuelle Karrieremöglichkeiten gelegt; die Mitarbeiter planen langfristig ihre Karrierewege mit Computer Associates. Besondere Leistung wird belohnt: Beispielsweise bietet der Compass Club für Vertriebsmitarbeiter, die ihre Vorgaben zu 100 Prozent erfüllt haben, eine Woche Extra-Urlaub zusammen mit dem Lebenspartner.

Fairness

Das Unternehmen gewährt Sozialleistungen, die über das allgemein Übliche hinausgehen: Alle Angestellten erhalten jeden Morgen ein kostenloses Frühstück. Bei entsprechender Betriebzugehörigkeit können die Mitarbeiter einen Anspruch auf bis zu 35 Tage bezahlten Jahresurlaub erwerben. Mitarbeiter mit einer Betriebszugehörigkeit von zehn Jahren erhalten attraktive Geld- und Sachprämien. Computer Associates verzichtet auf spezielle Frauenförderungsprogramme, Chancengleichheit wird im Unternehmen gelebt: Das Management ist mit zwei Frauen und drei Männern annähernd paritätisch besetzt. Überaus flexible Arbeitszeiten-Arrangements ermöglichen auch Müttern die Fortsetzung ihrer beruflichen Karriere.

Stolz

Der Marktführer für Unternehmenssoftware beliefert 99 Prozent der Fortune-500-Unternehmen und bietet über die hohe Anzahl an Top-Unternehmen seinen Mitarbeitern ein abwechslungsreiches und herausforderndes Arbeitsfeld. Zudem schaffte es Computer Associates als erstes Softwareunternehmen weltweit, seine Niederlassungen nach der ISO-Qualitätsnorm zu zertifizieren. Verbundenheit und Identifikation stiftet außerdem das soziale Engagement, das weit über rein monetäre Unterstützungen hinausgeht. Am „Sozialen Projekttag" leisten Mitarbeiter in vier Arbeitskreisen persönlichen Einsatz und renovieren beispielsweise eine Einrichtung für sozial benachteiligte Kinder.

Teamorientierung

Das Unternehmen agiert in dem Bewusstsein, dass ein Großteil der Mitarbeiter gerade deshalb sehr engagiert arbeitet, weil sie durch ihre Familien und Lebenspartner Rückhalt erfahren. Zu den von Computer Associates veranstalteten Feiern und Events sind deshalb oft auch Lebenspartner und Kinder eingeladen. Die Befragungsergebnisse belegen, dass der Teamgeist stimmt. Mitarbeiter, die innerhalb des Unternehmens ihre Tätigkeit oder ihren Arbeitsbereich wechseln, werden gut aufgenommen und integriert; 85 Prozent der Mitarbeiter stimmen dieser Aussage zu.

Karriere

Talente, die bei uns einsteigen wollen, sollten folgende Eigenschaften mitbringen:

Wir suchen engagierte Mitarbeiter, die gerne im Team arbeiten, Flexibilität sowie Verantwortungsbewusstsein mitbringen und sich mit den Zielen unseres Unternehmens identifizieren. Dabei stehen unsere Kunden im Mittelpunkt all unserer Aktivitäten.

Rang 15 : CA Computer Associates | 103

Fakten

Branche	Informationstechnologie und Kommunikation
Zahl der Mitarbeiter in 2003	532
Adresse	Marienburgstraße 35, 64297 Darmstadt
Homepage	www.ca.com/germany
Beschäftigte Berufsgruppen	kaufmännische Angestellte, Techniker, Informationstechnologie-Fachleute
Anfangsgehalt für Hochschulabsolventen	keine Angaben
Bewerberinformationen	hrgermany@ca.com
Weiterbildungsstunden pro Jahr für größte Berufsgruppe pro Mitarbeiter	circa fünf Tage (40 Stunden)
Anteil der Mitarbeiter unter 35 Jahren	22 Prozent
Frauenanteil	25 Prozent

Rang 16
Brose Fahrzeugteile

ERFAHRUNG SCHÄTZEN

Das Wachstum des Coburger Familienunternehmens Brose* ist nicht zu stoppen. Die Innovationsfreude bei den Produkten spiegelt sich auch in der Arbeitswelt des Automobilzulieferers wider. Hier tüfteln Alt und Jung in Teams an der Technik von morgen.

Selbst mit Jetlag in den Gliedern und mit müden Augen würde Michael Stoschek, Chef des Automobilzulieferers Brose, rund um den Globus seine 22 Fertigungsstandorte erkennen. Ob Südamerika, China oder Coburg, alle Brose-Gebäude sind im gleichen Stil gebaut, bis hin zu genormten Werkseingängen. „Durch das einheitliche Design wollen wir den Qualitätsanspruch der Zuliefermarke Brose festigen", so der Enkel des Firmengründers. Auch vergessene Unterlagen sind kein Problem, in jedem Werk kommt der Geschäftsführer mit ein und demselben Passwort an seine Dokumente.

---

* An dem Wettbewerb „Deutschlands Beste Arbeitgeber" hat die Teilgesellschaft Brose Fahrzeugteile GmbH & Co. KG, Coburg teilgenommen.

Rang 16 : Brose Fahrzeugteile | 105

Diese Vernetzung ist keineswegs ein Chefprivileg: Jeder Mitarbeiter verwaltet weltweit seine Dokumente auf einem zentralen Server. Die modernen Arbeitsbedingungen sind beliebt: 94 Prozent der Mitarbeiter loben in der Befragung zum Wettbewerb „Deutschlands Beste Arbeitgeber" Mittel und Ausstattung des Unternehmens, 95 Prozent finden Gebäude und Einrichtungen top.

„Erfolgsorientiert geführtes Unternehmen auf Weltklasseniveau", so beschreibt ein Mitarbeiter sein Unternehmen. Transparenz, Effizienz und Ökonomie sind die Firmenprinzipien. Damit schaffte es Stoschek, aus einer 1000-Mann-Firma mit Stammsitz Coburg ein Unternehmen mit weltweit 7500 Mitarbeitern und einem Umsatz von rund 1,9 Milliarden Euro in 2003 zu formen. In Autos der Marken Audi, Opel, Jaguar oder VW stecken Produkte „Made by Brose", beispielsweise Fensterheber, Schließsysteme und Sitzverstellungsmodule. Der Erfolg des Unternehmens und die gute Arbeitsausstattung kommen bei den Mitarbeitern hier zu Lande an. Sie bescheinigen dem Management gute Führungskompetenz und schätzen den Teamgeist im Unternehmen.

Neue Kollegen, die bei Brose einsteigen, dürfen Wettbewerb und Leistung nicht scheuen. „Jeder, der zu uns kommt, soll die durchschnittliche Qualifikation aller Mitarbeiter erhöhen", so Stoschek. Zudem gilt: „In jedem Monat vergleichen wir die Leistungsdaten unserer weltweiten Werke miteinander." Damit Führungs- wie Nachwuchskräfte ihre Aufgaben erfüllen können, bekommen sie allerlei Unterstützung. Die Werksleiter aller internationalen Standorte etwa treffen sich regelmäßig, um voneinander zu lernen, was sie noch besser machen können. Steht für einen Mitarbeiter eine neue Aufgabe an, so wird er in einem ausgeklügelten Qualifizierungsprogramm in einem Zeitraum von neun Monaten darauf vorbereitet – mit Training, aber auch mit einem erfahrenen Paten, der die Lernziele definiert und diese überprüft.

Gute Leitung zahlt sich bei Brose in barer Münze aus. Neben einer Basisvergütung können etwa Ingenieure, Marketingexperten und Contollingleiter eine Leistungszulage von bis zu 30 Prozent des Monatsgehalts bekommen. Die Zulage ist abhängig von qualitativen und quantitativen Zielen. Die legt der Mitarbeiter einmal jährlich mit seinem Vorgesetzten fest.

Erfahrung zählt bei Brose. Während in anderen deutschen Unternehmen ältere Mitarbeiter in den Vorruhestand geschickt werden, holt sich der Automobilzulieferer Erfahrung ins Haus. Im vergangenen Jahr wurden über 20 Mitarbeiter unter Vertrag genommen, die älter sind als 45 Jahre. „Durch das rasche Wachstum unseres Unternehmens haben wir in den vergangenen Jahren junge Menschen eingestellt. In manchen Abteilungen hatten wir nicht genügend erfahrene Mitarbeiter", so Stoschek. Gerade der Arbeit in Teams mit unterschiedlichem Know-how kommt bei Brose eine zentrale Bedeutung zu. Je nach Projekt finden sich Mitarbeiter aus den unterschiedlichsten Geschäftsbereichen zusammen, um an neuen Kundenwünschen zu arbeiten. Jedes Mitglied rollt dann am Morgen seinen Bürocontainer in den Raum, in dem seine Teamkollegen tagen. Denn eigene Schreibtische und Einzelzimmer sind bei Brose längst Vergangenheit. Flexibilität ist hier Trumpf.

Great Place to Work Kriterien

7-8 Punkte: ausgezeichnet, 5-6 Punkte: sehr gut, 3-4 Punkte: gut.

Glaubwürdigkeit

„Unsere Führungskräfte setzten sich und ihren Mitarbeitern hohe Standards und Ziele", heißt es in den Grundsätzen der Brose Gruppe. Konkrete Handlungsanweisungen zu Führung und Zusammenarbeit unterstützen die Umsetzung der allgemeinen Unternehmensgrundsätze im Arbeitsalltag. 93 Prozent der Befragten bescheinigen ihrem Management, dass es klare Vorstellungen von den Zielen des Unternehmens hat und davon, wie diese erreicht werden können. Ergebnisse von Mitarbeiterbefragungen werden offen kommuniziert, ernst genommen und in konkrete Maßnahmen umgewandelt. Die Kompetenz des Managements wird in der Befragung hoch eingeschätzt: 93 Prozent stimmen der Aussage zu: Das Management führt das Unternehmen kompetent.

Respekt

Die Bezahlung setzt sich aus diversen fixen und variablen Komponenten zusammen, die sicherstellen, dass individueller Einsatz honoriert wird. Teile des Jahresüberschusses werden direkt an die Mitarbeiter ausgeschüttet. 88 Prozent der Befragten bestätigen, bei Brose Coburg besondere und außergewöhnliche Sozialleistungen zu erhalten. Der jährliche Innovationspreis prämiert Spitzenleistungen von Mitarbeitern oder Teams. Spezialprogramme für Facharbeiter und Techniker eröffnen neben der Führungslaufbahn Fachkarrieren und eine Projektmanagement-Laufbahn.

Fairness

Bildungsurlaub und Zuschüsse für Weiterbildung werden allen Mitarbeitern eingeräumt. Aufstiegmöglichkeiten bestehen auf allen Unternehmensebenen, freie Stellen werden zu mindestens zwei Dritteln aus dem eigenen Mitarbeiterstamm besetzt. Das Personal-Recruitment des diesjährigen Sonderpreisträgers für die „Förderung älterer Mitarbeiter" setzt verstärkt auf die Zielgruppe 45 plus. Ältere Mitarbeiter geben ihre Fähigkeiten im Rahmen interner Coaching-Programme weiter oder sind nach Eintritt in die Rente als Berater weiter für das Unternehmen tätig.

Stolz

Der Erfolg, mit dem sich das Familienunternehmen Brose seit Jahren gegenüber den Megazulieferern der Branche durchsetzt, bietet für die Mitarbeiter aller Unternehmensbereiche ein großes Identifikationspotenzial. Die Umsetzung des Flexibilitätsgedankens im Rahmen der „Brose Arbeitswelt" hat branchenweit Vorbildfunktion. Die professionelle Arbeitskleidung im Produktionsbereich und das moderne Corporate Design der erstklassigen Büro- und Arbeitsstätten bringen die starke Verbundenheit zwischen dem Unternehmen und seinen Mitarbeitern zum Ausdruck. 88 Prozent der Mitarbeiter, die der Meinung sind, dass die Kollegen bereit seien, einen zusätzlichen Einsatz zu leisten, um Arbeiten fertig zu stellen, sprechen für eine hohe Verbundenheit.

Teamorientierung

Bei der Integration neuer Mitarbeiter helfen regelmäßige Feedbackgespräche von Seiten der Personalbetreuung. 85 Prozent der Befragten bestätigen, dass sich neue Mitarbeiter im Unternehmen willkommen fühlen. Der Arbeitsplatz des Abteilungsleiters ist gemäß den Leitlinien für die Gestaltung der „Brose Arbeitswelt" bei seinen Mitarbeitern im Team. Auf informeller Ebene fördern Betriebs- und Familienfeste, After Work Partys und Sportveranstaltungen wie zum Beispiel die „Brose-Fußballweltmeisterschaft" den Teamgeist. Gemeinsame freiwillige soziale Aktivitäten und Maßnahmen zum Gewässerschutz wie die „Aktion Saubere Itz" stärken zusätzlich den Zusammenhalt.

Karriere

Talente, die bei uns einsteigen wollen, sollten folgende Eigenschaften mitbringen:

Fach- und Problemlösungskompetenz, Praxiserfahrung idealerweise aus der Automobilindustrie, Technikbegeisterung, kommunikative Kompetenz, Leistungsbereitschaft und Flexibilität.

Fakten

Branche	Automobilzulieferer
Zahl der Mitarbeiter in 2003	2651
Adresse	Ketschendorfer Straße 38–50, 96450 Coburg
Homepage	www.brose.net
Beschäftigte Berufsgruppen	im wesentlichen Maschinenbau-, Elektrotechnik- und Wirtschaftsingenieure
Anfangsgehalt für Hochschulabsolventen	circa 40 000 Euro pro Jahr
Bewerberinformationen	Internet: www.karriere-bei-brose.net E-Mail: karriere@brose.net Kontakt: achim.oettinger@brose.net Tel.: 09561 21-2044
Weiterbildungsstunden pro Jahr für größte Berufsgruppe pro Mitarbeiter	Qualifizierungsumfang wird individuell festgelegt und mit Fachvorgesetzten und Personalentwicklung abgestimmt
Anteil der Mitarbeiter unter 35 Jahren	40 Prozent
Frauenanteil	19 Prozent

Rang 17

Soft Imagining System

NEULAND BETRETEN

Die Produkte des IT-Unternehmens Soft Imaging System (SIS) machen kleine Dinge groß. Pioniergeist und ein sehr menschliches Miteinander prägen den Joballtag des Softwarehauses. Die Belegschaft ist gespannt, was die anstehenden Veränderungen bringen.

Welche Vertriebsaktionen plant der Kollege in Japan? Welche neuen Kunden haben die Amerikaner an Land gezogen? Bei der Soft Imaging System GmbH, dem Spezialisten für die digitale Bildanalyse, wird Transparenz groß geschrieben: Jeder Mitarbeiter soll wissen, was der andere tut. Darum gibt es dreimal im Jahr drei Tage lang Informationsveranstaltungen und Workshops für alle SIS-Kollegen weltweit. Sie treffen sich dafür am Hauptsitz in Münster. „Die Kollegen stellen neue Produkte vor, besprechen Kommunikationsprobleme oder tragen künftige Marketingstrategien vor", erklärt Georg Stegemann, Mitglied der Geschäftsleitung und zuständig für Organisations- und Personalentwicklung bei dem Softwareunternehmen. Zurücklehnen und zuhören gibt es nicht: „Die Mitarbeiter, ob aus Münster oder aus dem Ausland, gestalten diese Tage selbst", sagt Stegemann. Den Fleiß belohnt die Geschäftsführung mit einer Fete am Abschlussabend.

Deutschlands Beste Arbeitgeber

Das 1987 gegründete Unternehmen hatte vor allem in den vergangenen Jahren oft Grund zum Feiern. „Die Wachstumsraten waren zweistellig", sagt Stegemann. Rund um den Globus verkauften die Münsteraner Software und Kameras zur Bildanalyse an Forschungseinrichtungen und an Industrieunternehmen. So werden beispielsweise mit Hilfe der SIS-Produkte Bremsbeläge auf winzig kleine Fehler hin analysiert, und Mediziner beobachten Veränderungen in Körperzellen. In nächster Zeit müssen sich die Mitarbeiter auf Neues einstellen: Der Unternehmensgründer und Geschäftsführer Vasant Desai verkaufte seine Firma Anfang 2004 an den Kamera- und Mikroskop-Hersteller Olympus Europa. Auch wenn sich künftig das eine oder andere im Joballtag ändern wird, bleibt zumindest in der Führungsmannschaft alles beim Alten – zur Freude der Belegschaft. In der Befragung zum Wettbewerb „Deutschlands Beste Arbeitgeber" lobten die rund 110 Mitarbeiter den glaubwürdigen und fairen Führungsstil ihrer Chefs.

So legen sie viel Wert darauf, dass neuen Mitarbeitern der Einstieg im Unternehmen leicht fallen soll. Dafür gibt es für jeden einen dreimonatigen Einarbeitungsplan. Er regelt, in welcher Abteilung der Neuling welche Inhalte lernt. Ein Pate erklärt die alltäglichen Dinge, etwa wo Büromaterial zu bekommen ist. Zusätzlich ist ein Tutor Ansprechpartner für alle fachlichen Fragen. Das System funktioniert: 94 Prozent der Befragten sagen, dass sich neue Mitarbeiter im Unternehmen willkommen fühlen. „So eine beispielhafte Firma hat man selten gesehen", sagt ein Mitarbeiter und ergänzt: „Mein Vorgesetzter ist immer für mich da, wenn es brennt."

Das Umfeld in dem Unternehmen ist bunt – allein 14 Nationalitäten bevölkern die Büros am Hauptsitz in Münster. Die Alltagssprache ist Englisch, der Umgang miteinander locker. „Die Kollegen sind hier sehr an den Menschen interessiert, mit dem sie zusammenarbeiten. Sie nehmen auch Anteil am Privatleben", sagt Sigrid Wolters, Personalreferentin bei Soft Imaging System. Gemeinsamer Sport oder abteilungsübergeifende Kneipenbesuche nach Feierabend gehören zur Unternehmenskultur.

In dem Unternehmen, das zum großen Teil promovierte Naturwissenschaftler beschäftigt, ist immer noch der Gründergeist zu spüren. Die Politik des Hause lautet heute wie vor 17 Jahren: „Wir lassen unsere Mitarbeiter an Grenzen stoßen und leiten sie an, darüber hinaus zu wachsen." So wagen sich die Mitarbeiter an immer neue Aufgaben, sowohl innerhalb als auch außerhalb ihres Fachgebiets: Aus einem Biologen wurde etwa ein Vertriebsprofi, und ein Germanist tüftelt Marketingstrategien aus. „Die Geschäftsleitung ermöglicht und fördert diejenigen Tätigkeiten, die dem Mitarbeiter am meisten liegen", so ein Mitarbeiter. Sicher ist, dass es der Soft-Imaging-System-Mannschaft auch unter dem Dach der Olympus-Gruppe nicht langweilig werden wird.

Great Place to Work Kriterien
7-8 Punkte: ausgezeichnet, 5-6 Punkte: sehr gut, 3-4 Punkte: gut.

Glaubwürdigkeit

Soft Imaging System setzt auf eine Reihe von Maßnahmen und Veranstaltungen, die den persönlichen Austausch zwischen Management und Mitarbeiterschaft ermöglichen: Neben Klassikern wie der jährlich stattfindenden Vollversammlung finden halbjährlich dreitägige „Worldwide Informational Exchanges" statt. Jeder Tag hat einen anderen Schwerpunkt: Am „Geschäftsleiter-Tag" stehen Themen im Vordergrund, die der Geschäftsleitung am Herzen liegen. Der „Satelliten-Tag" ist allen Mitarbeitern gewidmet, die nicht am Hauptsitz der Firma tätig sind. Dem Austausch mit der Zentrale dient schließlich der „Münster-Tag". Die umfangreichen Treffen zeigen Wirkung: In der Befragung loben die Mitarbeiter der Soft Imaging System GmbH, dass „Verbesserungen angepackt und umgesetzt werden".

Respekt

Die für die Mitarbeiter- und Organisationsentwicklung zuständige Abteilung wurde „Evolution" getauft, um den Stellenwert und die Haltung gegenüber ständiger Veränderung im und außerhalb des Unternehmen zu unterstreichen. Die Personalentwicklung folgt dem Prinzip, Mitarbeiter an ihre Grenzen heranzuführen und sie anzuleiten, darüber hinaus zu wachsen. Der Horizonterweiterung des Einzelnen dient auch die Möglichkeit zur Job Rotation. Ein Wechsel des Arbeitsplatzes innerhalb der Firma wird unterstützt. Zudem wird Loyalität belohnt: Ab zweijähriger Betriebszugehörigkeit können Sabbaticals von bis zu drei Monaten beantragt werden.

Fairness

Die Belegschaft von Soft Imaging System ist international: Erklärtes Ziel des Unternehmens ist es, alle Länder in der Belegschaft zu repräsentieren, mit denen Handel betrieben wird. Arbeitssuchende nach längerer Auszeit werden ebenso eingestellt wie Bewerber mit viel Erfahrung. Im Vergleich zur geringen Anzahl weiblicher Studierender in ingenieur- und naturwissenschaftlichen Fächern ist die Frauenquote bei Soft Imaging System hoch. Mit der Beförderungspraxis im Unternehmen zeigen sich die Mitarbeiter zufrieden: Zwei Drittel sind überzeugt, dass bei Soft Imaging System diejenigen Mitarbeiter befördert werden, die es am meisten verdienen – im Wettbewerb ein sehr gutes Ergebnis. Die Arbeitszeitregelungen sind flexibel und fair gestaltet. Selbst ein Teil der täglichen Anfahrt kann unter Umständen als Arbeitszeit vereinbart werden.

Stolz

Soft Imaging System ist weltweit Marktführer auf dem Gebiet der digitalen Bildanalyse. In der Befragung wird die Begeisterung deutlich, mit der die Mitarbeiter ihrer Arbeit nachgehen: *„Ich bin von Anfang bis Ende begeistert und freue mich auf die gemeinsame Zukunft in diesem innovativen und vor allem menschlichen Unternehmen"*, beschreibt es ein Mitarbeiter. Die Angestellten sind stolz auf die hervorragende Qualität der Produkte. In der Mitarbeiterzeitschrift „4US" ist eine Rubrik für Ehrungen reserviert, die den Mitarbeitern ihren Beitrag zum Unternehmenserfolg verdeutlicht.

Teamorientierung

Die Mitarbeiter fühlen sich wohl bei Soft Imaging System: 92 Prozent geben an, in einem freundlichen Unternehmen zu arbeiten. Im Detail loben die Beschäftigten „das gewisse Etwas", „ein sympathisches Funken", das zwischen den Mitarbeitern herrscht. Das Unternehmen bemüht sich um eine gute Atmosphäre und um den Teamgeist: Einmal im Jahr wird das Zusammentreffen aller Mitarbeiter weltweit anlässlich der Vollversammlung zu einer großen Wiedersehens-Party genutzt. Regionale Traditionen, wie das westfälische Grünkohlessen im Winter, werden im Unternehmen gepflegt und sind bei den Mitarbeitern beliebt.

Karriere

Talente, die bei uns einsteigen wollen, sollten folgende Eigenschaften mitbringen:

Ein hohes Maß mitbringen an Eigeninitiative, Kreativität, Energie und Hartnäckigkeit. Sie suchen die Möglichkeit, ständig Ihr Wissen zu erweitern. Ihr Beruf und Ihr Arbeitsplatz ist für Sie viel mehr als nur die Finanzquelle Ihres Privatlebens. Denn Sie haben Spaß an der Arbeit.

Fakten

Branche	Informationstechnologie
Zahl der Mitarbeiter in 2003	circa 110 in Deutschland; darüber hinaus weltweite Niederlassungen
Adresse	Hauptsitz Münster: Johann-Krane-Weg 39, 48149 Münster;
Homepage	www.soft-imaging.net
Beschäftigte Berufsgruppen	Die Mehrheit des Teams hat einen Hochschulabschluss im technisch-naturwissenschaftlichen Bereich. Dies ist jedoch keine Zugangsvoraussetzung.
Anfangsgehalt für Hochschulabsolventen	abhängig von Vorkenntnissen und Verantwortungsbereichen
Bewerberinformationen	www.soft-imaging.net/jobs
Weiterbildungsstunden pro Jahr für größte Berufsgruppe pro Mitarbeiter	circa 15 Stunden
Anteil der Mitarbeiter unter 35 Jahren	41 Prozent
Frauenanteil	24 Prozent

Rang 18
Boehringer Ingelheim Pharma

FAMILIÄR FORSCHEN

Boehringer Ingelheim Pharma forscht, entwickelt, produziert und vermarktet Medikamente für Mensch und Tier. Die Geschäftsführung nimmt die Fürsorgepflicht gegenüber ihren Mitarbeitern ernst – dazu gehören die gute Altersvorsorge und Kinderkrippenplätze.

Eheschließungen, Geburten und Neueinstellungen – so lauten die Rubriken in den Personalnotizen der Mitarbeiterzeitung des Pharmaherstellers Boehringer Ingelheim. Was verstaubt anmutet, birgt eine klare Botschaft: Trotz der beachtlichen Größe ist der Medikamentenhersteller nach wie vor ein Familienunternehmen. „Uns interessiert die ganze Persönlichkeit des Mitarbeiters, nicht nur seine berufliche Leistung", sagt Hans-Joachim Geppert, Geschäftsführer von Boehringer Ingelheim Pharma GmbH & Co. KG und zuständig für den Bereich Personal. Außerdem liegt den Firmenlenkern viel daran, ein angenehmes Arbeitsumfeld zu schaffen: So werden beispielsweise alte Gebäude durch attraktive Büro- und Forschungskomplexe ersetzt, Grünflächen für den kurzen Spaziergang in der Mittagspause angelegt und ständig in die Betriebsrestaurants investiert.

Das weltweit tätige Familienunternehmen mit Stammsitz in Ingelheim bei Mainz und einem weiteren deutschen Standort in Biberach bei Ulm ist mit

Rang 18 : Boehringer Ingelheim Pharma

seiner Strategie des fürsorglichen Umgangs mit seinen Mitarbeitern überaus erfolgreich: Rund 8400 Medikamentenforscher und Produktionsspezialisten arbeiten an Mitteln gegen Asthma und Hustenreiz. Vertriebs- und Marketingexperten tun das Ihrige, um Medikamente und Multivitaminpräparate optimal zu vermarkten. In 2003 erzielten die deutschen Gesellschaften von Boehringer Ingelheim Pharma Erlöse von 852 Millionen Euro. Die Leistung jedes Einzelnen für den Geschäftserfolg wird von der Geschäftsführung anerkannt. Das bescheinigt die sehr gute Beurteilung in der Kategorie „Respekt" in der Befragung des Wettbewerbs „Deutschlands Beste Arbeitgeber".

Vor allem mit den „außergewöhnlichen Sozialleistungen" sind über 90 Prozent der Angestellten zufrieden – der Wert liegt 40 Prozent über dem Durchschnitt der anderen Top-50-Unternehmen. „Die betriebliche Altersvorsorge ist die Nummer eins auf der Beliebtheitsskala", weiß Geppert aus regelmäßig stattfindenden Mitarbeiterbefragungen. Daneben finden die Bonuszahlungen Anklang, die bei den außertariflichen Angestellten zum einen vom Unternehmenserfolg, zum anderen vom Erreichen individueller Ziele abhängen. Zudem bietet das Pharmahaus für seine Mitarbeiter so genannte Firmendarlehen sowie Versicherungen zu Sonderkonditionen an.

Die Loyalität der Mitarbeiter gegenüber ihrem Unternehmen ist allerdings nicht allein mit Prämien und Zuschüssen, beispielsweise für die neu errichteten Kinderkrippen in Ingelheim und Biberach, zu erklären. Eine wichtige Rolle spielt auch die Führungskultur des Traditionshauses. „Der Umgang mit den Mitarbeitern wird nicht dem Zufall überlassen", sagt Geppert. Jede Führungskraft durchläuft, je nach Hierarchiestufe, ein standardisiertes und von dem Pharmaunternehmen selbst entwickeltes Training. Geprobt wird dabei, wie Kreativität gefördert und unterschiedliche Meinungen sinnvoll zusammengefügt werden können. 80 Prozent der Leitenden sind Boehringergewächse. „Wer bei uns einsteigt, weiß, dass er Entwicklungsoptionen hat", so der Geschäftsführer. „Das fördert Loyalität und Motivation."

Solche ausgeklügelten Weiterbildungsangebote kommen nicht nur angehenden oder erfahrenen Chefs zugute. In der Boehringer Ingelheim Academy können alle lernen – vom Auszubildenden über den Tarifmitarbeiter bis zum Fachexperten. Im Angebot sind beispielsweise Sprachtrainings, betriebswirtschaftliche Fachlehrgänge und Kommunikationstrainings wie „Selbstsicheres Auftreten im Beruf". Für besonders Motivierte fördert der Pharmahersteller auch berufliche Zusatzqualifikationen wie den Bachelor of Science an der Fachhochschule Bingen oder den Executive Master of Business Administration an der Universität Mainz. Wie sich das bei Boehringer Ingelheim gehört, kommen die erfolgreichen Absolventen in die Mitarbeiterzeitung – mit Bild.

Great Place to Work Kriterien
7-8 Punkte: ausgezeichnet, 5-6 Punkte: sehr gut, 3-4 Punkte: gut.

Glaubwürdigkeit ■ ■ ■ ■ ■ ■ ☐

„Offene Kommunikation" ist Bestandteil des Leitbildes von Boehringer Ingelheim Pharma. Die Mitarbeiter werden über Rundschreiben, das Intranet, die Mitarbeiterzeitung, interne Aushänge und spezielle Broschüren umfassend über relevante Projekte und geschäftliche Entwicklungen informiert. Darüber hinaus findet in persönlichen Gesprächen mit den Führungskräften ein weiterer Informationsaustausch statt. Dabei loben die Mitarbeiter die „persönliche Art", mit der das Top-Management ihnen im direkten Kontakt begegnet. Auch die Inhalte kommen gut an: Knapp 90 Prozent der Mitarbeiter erleben klare Zielvorstellungen ihres Managements. Spezielle Zielekonferenzen für Führungskräfte unterstützen systematisch diese Transparenz. 92 Prozent der Mitarbeiter sind überzeugt, dass das Management Kündigungen nur als „letztes Mittel" wählen würde.

Respekt ■ ■ ■ ■ ■ ■ ■

Die BI-Academy bietet umfangreiche Weiterbildungsmöglichkeiten, insbesondere zu Themen wie Führung, Selbstmanagement, Kommunikation und Sprachen. Die Zusammenarbeit mit Industrie- und Handelskammern und verschiedenen Fachhochschulen bietet im fachlichen Bereich qualifizierte Aus-, Fort- und Weiterbildungsmöglichkeiten. Ideen und Verbesserungsvorschläge der Mitarbeiter werden dezentral begutachtet, die kurzen Entscheidungswege führen zu einer hohen Beteiligung. Flexible Arbeitszeitregelungen, das Angebot von Kinderkrippen und ein integriertes Gesundheitsmanagement fördern die überdurchschnittlich positive Bewertung der Worklife-Balance. Bei persönlichen Problemen unterstützt die betriebsinterne individuelle Mitarbeiterberatung: *„Man fühlt sich nicht allein gelassen mit seinen Problemen"*, drückt das ein Mitarbeiter aus.

Fairness ■ ■ ■ ■ ■ ☐

Besonders positiv werden die umfangreichen Sozialleistungen im Hause Boehringer Ingelheim Pharma bewertet. Das Spektrum von betrieblicher Altersversorgung, über Firmendarlehen, Jubiläumsleistungen und Pensionärsfeste bis zu Sport- und Freizeitangeboten erfreut 90 Prozent der Mitarbeiter. Ähnlich stark loben die Mitarbeiter das transparente und gerechte Gehaltssystem mit einer angemessenen Bezahlung. Gleichbehandlung,

Rang 18 : Boehringer Ingelheim Pharma

Diskriminierungsverbot, kulturelle Vielfalt und die Gestaltung behindertengerechter Arbeitsplätze sind als ausdrückliche Elemente der Personalarbeit formuliert.

Stolz

„Die Stellung als Familienunternehmen und innovative Firma mit großem Engagement in Deutschland trägt zu einer sehr starken Identifizierung mit dem Unternehmen und zu hoher Eigenmotivation bei", formuliert ein Mitarbeiter. Umfangreiche Investitionen in die deutschen Standorte festigen die Verbundenheit zwischen Firma und Belegschaft. Auch das gesellschaftlich verantwortungsbewusste Handeln des Unternehmens trägt zur Identifikation der Mitarbeiter bei. Beispielsweise können sich Jugendliche ohne Ausbildungsplatz bei Boehringer Ingelheim Pharma im Rahmen eines zwölfmonatigen Praktikums qualifizieren. Hervorzuheben ist außerdem das Engagement des Unternehmens bei der Bekämpfung der Immunschwächekrankheit AIDS in Entwicklungsländern.

Teamorientierung

Trotz der Größe des Unternehmens fühlen sich die Mitarbeiter „einer großen Familie zugehörig": *„Man geht deshalb auch mit viel Elan an die Arbeit. Hier macht das Arbeiten noch Spaß"* äußert sich beispielhaft ein Mitarbeiter. Der Abschluss wichtiger Projekte oder die Einweihung neuer Produktionsanlagen sind gern genutzte Anlässe zum Austausch über gemeinsame Erfolge und gemeinsame Feiern. Ein Internationaler Club mit derzeit 200 Mitgliedern trägt dazu bei, die Integration ausländischer Fach- und Führungskräfte zu beschleunigen und hilft ihnen, soziale Netzwerke aufzubauen.

Karriere

Talente, die bei uns einsteigen wollen, sollten folgende Eigenschaften mitbringen:

Wir suchen begeisterungsfähige Mitarbeiterinnen und Mitarbeiter, die in der Lage sind, team- und ergebnisorientiert zu arbeiten. Darüber hinaus stellen wir hohe Anforderungen an die Fähigkeiten, Verbesserungspotenziale offen zu legen, Probleme zu lösen und in Prozessen zu denken.

Fakten

Branche	Pharma
Zahl der Mitarbeiter in 2003	8398
Adresse	Bingerstraße 173, 55216 Ingelheim Birkendorferstraße 65, 88397 Biberach
Homepage	www.boehringer-ingelheim.de
Beschäftigte Berufsgruppen	Fachkräfte für die Produktion, kaufmännische, technische und naturwissenschaftlich ausgebildete Mitarbeiter sowie akademisch vorgebildete Fach- und Führungskräfte
Anfangsgehalt für Hochschulabsolventen	zwischen 35 000 und 55 000 Euro pro Jahr, je nach Fachrichtung, Promotion und Marktgegebenheiten
Bewerberinformationen	Vakanzen und Kontaktpersonen im Internet
Weiterbildungsstunden pro Jahr für größte Berufsgruppe pro Mitarbeiter	keine Angaben
Anteil der Mitarbeiter unter 35 Jahren	33 Prozent
Frauenanteil	45 Prozent

Rang 19
Ford-Werke

VIELFALT LEBEN

Die Ford-Werke AG agiert in einem schwierigen wirtschaftlichen Umfeld. Allen Problemen zum Trotz ist bei dem Autobauer der faire Umgang mit den Mitarbeitern oberstes Gebot. Die Arbeitsatmosphäre ist gut, die Vergütung stimmt – und „anders sein" ist erwünscht.

Arbeitsplatzabbau gleich miese Stimmung im Unternehmen – diese Formel mag bei anderen Betrieben stimmen, nicht beim Autokonzern Ford. Der Beleg: Kurz nachdem der Chef von Ford Deutschland, Bernhard Mattes, angekündigt hatte, man müsse sich aus Kostengründen von 1600 Mitarbeitern trennen, wurden im Wettbewerb „Deutschlands Beste Arbeitgeber" per Zufall ausgewählte Mitarbeiter befragt, wie zufrieden sie mit ihrem Unternehmen sind. Und siehe da: Statt dem Management eines auszuwischen, stellten sie den Chefs in puncto Fairness und in Fragen rund um den respektvollen Führungsstil ein sehr gutes Zeugnis aus.

Das Geschäft des weltweit drittgrößten Autobauers mit Stammsitz in Detroit lief vor allem in Deutschland schlecht. Die Verkaufszahlen von Personenwagen und Transportern der Marke Ford stockten. Resultat: Das Geschäftsjahr 2003 schloss die Ford-Werke AG mit rund einer Milliarde Euro Verlust ab. Für die über 28 000 Mitarbeiter an den Standorten Köln und Saarlouis waren Einschnitte – auch personelle – nötig. Trotz allem galt: „Auch in schwieriger wirtschaftlicher Lage werden die Mitarbeiter fair behandelt und nicht unnötig unter Druck gesetzt", so ein Mitarbeiterkommentar. Insgesamt meldete der Autokonzern, zu dem die Marken Ford, Jaguar, Volvo und Aston Martin gehören, für 2003 einen Gewinn von weltweit fast 500 Millionen US-Dollar.

Die Mitarbeiter der Ford-Werke kennen Zahlen, Fakten und Strategien ihres Arbeitgebers. Der Informationsaustausch zwischen Top-Etage, Montagearbeitern und Sachbearbeitern in Köln klappt. Der Grund: Er wird nicht nur von oben nach unten kommuniziert – auch vice versa. So ist Mattes beispielsweise per E-Mail für alle Mitarbeiter erreichbar: „Die E-Mails erscheinen direkt auf meinem Bildschirm, niemand ist vorgeschaltet." Zudem treffen sich regelmäßig Mitarbeiter unterschiedlicher Hierarchiestufen zum Informationsaustausch.

Neben der guten Kommunikation zwischen Teams und Hierarchieebenen sind die Ingenieure, Montagearbeiter und Marketingexperten auch mit ihrer Leistungsvergütung zufrieden. 81 Prozent der Befragten gaben an, dass sie angemessen bezahlt werden. Dieser Wert liegt 22 Prozent über dem Durchschnitt aller befragten Unternehmen. In die Bewertung fließen auch die Extras ein, die Ford seinen Leuten bietet. Dazu zählen das Urlaubsgeld, die Betriebsrente sowie günstige Eintrittskarten für Sport- und Kulturveranstaltungen – und natürlich die besonderen Bedingungen für den Kauf und das Mieten von Autos aus dem eigenen Haus.

Ein Kernelement der Unternehmenskultur des Herstellers von Modellen wie Ford Ka und Focus ist es, die Vielfalt der unterschiedlichen Mitarbeitertypen zu fördern. Bei einem Ausländeranteil von 40 Prozent mag das auf der Hand liegen – ist aber für einen deutschen Industriebetrieb nicht selbstverständlich. Der faire Umgang etwa mit behinderten, homosexuellen oder ausländischen Kollegen wird täglich gelebt. „Hier bei Ford kann ich wirklich ich sein, ohne Angst vor Diskriminierung", so ein Mitarbeiter. Entscheidend ist, dass die Ideen für ein besseres Miteinander aus der Belegschaft kommen. Wer beispielsweise Anregungen für Informationsveranstaltungen oder auch Ideen für Sponsoring-Aktivitäten hat, kann sich an den Integrationsbeauftragten oder an den Diversity-Manager wenden.

Hinter diesem Engagement stecken auch wirtschaftliche Interessen: So haben sich beispielsweise Marketingexpertinnen konzernweit zu einem Netzwerk zusammengeschlossen. Sie prüfen bei jedem Modell, ob die Wünsche von Kundinnen berücksichtigt werden – bei Punkten wie Design, Bedienbarkeit und Funktionalität. Mattes: „So gewinnen alle. Die Mitarbeiterinnen werden ernst genommen, das kommt den Kundinnen zugute – und der Marke."

Great Place to Work Kriterien
7-8 Punkte: ausgezeichnet, 5-6 Punkte: sehr gut, 3-4 Punkte: gut.

Glaubwürdigkeit ■ ■ ■ ■ ■

Das Management misst dem wechselseitigen Austausch zwischen Angestellten und Management ein besonders hohes Gewicht bei. Daher wird bei den Fordwerken gerade vor dem Hintergrund der Unternehmensgröße in Sachen innerbetrieblicher Kommunikation nicht auf zweiseitige Kommunikation verzicht. Skip-Level-Meetings, bei denen mindestens eine Managementebene ausgelassen wird, Chat-Sessions unter dem Motto „Take it to the Top!" und Shadowing-Programme, in deren Rahmen Mitarbeiter unterer Ebenen Manager höherer Hierarchieebenen mehrere Tage begleiten, sind einige der Programme, die Ford implementiert, um Austausch und wechselseitiges Lernen zu ermöglichen.

Respekt ■ ■ ■ ■ ■ ■

82 Prozent der Befragten stimmen der Aussage zu, dass sie besondere und außergewöhnliche Sozialleistungen erhalten. Ein Wert, der deutlich über dem Durchschnitt aller Top-50-Unternehmen liegt. Das breit gefächerte Weiterbildungsangebot bietet allen Mitarbeitern die Möglichkeit, sich bedarfsgerecht zu qualifizieren. Zahlreiche Trainings sorgen für eine bessere Verständigung der Mitarbeitergruppen untereinander, zum Beispiel „Finanzen für Nicht-Finanzer" oder „Technik für Nicht-Techniker". Ein Recognition Lunch mit dem Top-Management würdigt besondere Leistungen der Mitarbeiter. Für die bessere Vereinbarkeit von Familie und Beruf bietet Ford ein durchdachtes und variantenreiches Angebot, das beispielsweise Home-Office, alternierende Telearbeit und einen Bedarfsfall-Kindergarten umfasst.

Fairness ■ ■ ■ ■ ■ ■

Die Ford-Werke bieten ein multikulturelles Arbeitsumfeld. Die gelungene Integration zahlreicher Nationalitäten und Minderheiten wird in der Belegschaft als Bereicherung empfunden. So hebt beispielsweise ein Mitarbeiter „die Internationalität der Belegschaft und das allgegenwärtige Gefühl, für ein weltweit operierendes Unternehmen zu arbeiten", als besonders positiv hervor. Personalentwicklungs-Komitees stellen beim diesjährigen Sonderpreisträger Diversity sicher, dass ausschließlich nach Leistungskriterien befördert und nicht diskriminiert wird. In Netzwerken wie der „Turkish Resource Group" oder „GLOBE", dem Mitarbeiternetzwerk der „Gay, Lesbian Or

Bisexuell Employees" sind verschiedene Mitarbeitergruppen organisiert und treten für die Belange ihrer Klientel ein.

Stolz

Ford präsentiert sich trotz der gegenwärtigen Problemlage als dynamisches Unternehmen, das in den vergangenen Jahren in Europa hart gearbeitet hat, um den Turnaround zu schaffen. Die Identifikation der Mitarbeiter mit dem Unternehmen, das über eines der bekanntesten Logos der Welt verfügt, ist hoch. 92 Prozent der Befragten können sich vorstellen, bis zu ihrem Ruhestand bei Ford zu arbeiten. Fast ebenso viele, nämlich 91 Prozent, bestätigten, dass ihre Arbeit eine besondere Bedeutung für sie hat und ist nicht einfach nur ein „Job" ist.

Teamorientierung

Die Mitarbeiter wissen, dass sie im Unternehmen sie selbst sein können und sich nicht zu verstellen brauchen: In der Befragung stimmen 86 Prozent der Beschäftigten dieser Aussage zu. Gemeinsame Unternehmungen wie Motorrad- und Fahrradtouren, Golfen, Wasserski und Inlineskaten fördern den Zusammenhalt. Neue Mitarbeiter bekommen einen Paten zur Seite gestellt und werden über Stammtische und Diskussionsrunden darin unterstützt, ein dichtes Kontaktnetz aufzubauen.

Karriere

Talente, die bei uns einsteigen wollen, sollten folgende Eigenschaften mitbringen:

Neben hervorragenden fachlichen Qualifikationen sollten Einsteiger sehr gute Englisch- und Computerkenntnisse aufweisen. Wir nehmen kulturelle Offenheit sehr ernst, am besten nachgewiesen durch Auslandsaufenthalte.

Fakten

Branche	Automobil
Zahl der Mitarbeiter in 2003	28 509
Adresse	Henry-Ford-Straße 1, 50725 Köln
Homepage	www.ford.de, www.ford.com
Beschäftigte Berufsgruppen	diverse Berufsgruppen im gewerblichen und akademischen Bereich
Anfangsgehalt für Hochschulabsolventen	41 000 bis 56 800 Euro pro Jahr, je nach Ausbildung, Studienrichtung und Berufserfahrung
Bewerberinformationen	www.ford.de/karriere, Einsteigerbroschüre „Live your CARacter", außerdem: „Diversity. Vielfalt als Stärke"
Weiterbildungsstunden pro Jahr für größte Berufsgruppe pro Mitarbeiter	circa acht Stunden pro Person und Jahr sowie zusätzliche spezielle Trainings, beispielsweise bei bevorstehenden Produkteinführungen.
Anteil der Mitarbeiter unter 35 Jahren	28 Prozent
Frauenanteil	acht Prozent

Rang 20
Olympus Europa

EHRBAR FÜHREN

Der Erfolg des Digitalkamera- und Mikroskop-Herstellers Olympus Europa spricht für sich. Das sorgt für Stolz bei den Mitarbeitern und für Loyalität. Sie können sich auf ein faires Management verlassen und über gute Sozialleistungen freuen.

Der Mann mit der Personalnummer 63 ist ein waschechter Hamburger mit trockenem Humor und Spaß an seinem Posten. Er ist Chef des Unternehmens Olympus Europa GmbH mit Sitz in der Hansestadt. „Unser Geschäftsführer ist außergewöhnlich. Er hat das Unternehmen zu dem gemacht, was es ist", sagt ein Mitarbeiter in der Befragung „Deutschlands Beste Arbeitgeber". Die Rede ist von Werner Teuffel. Vor 30 Jahren hat er im Unternehmen angefangen, vier Jahre später die Leitung übernommen und das Geschäft mit Kameras, Endoskopen und Diktiergeräten nach und nach ausgebaut. „Ich konnte über die ganzen Jahre hindurch erhebliche Akzente setzen", sagt Teuffel. Der Humor hat ihn in all den Jahren nicht verlassen, und auch nicht der Ruf als ehrbarer Kaufmann. 90 Prozent der Befragten sagen, dass die Geschäftspraktiken des Managements ehrlich und ethisch vertretbar sind.

Seit dem Einstieg von Teuffel ins Unternehmen sind noch unzählige neue Personalnummern hinzugekommen. Heute arbeiten mehr als 1100 Mitar-

Rang 20 : Olympus Europa | 125

beiter bei Olympus in Hamburg. Hier ist auch die Zentrale der 52 europäischen Tochtergesellschaften. Alle zusammen schafften seit Mitte der neunziger Jahre kontinuierlich ein zweistelliges Umsatzwachstum pro Jahr auf rund 1,22 Milliarden Euro im vergangenen Geschäftsjahr. Für das laufende Geschäftsjahr 2003/2004 erwartet die Olympus-Europa-Gruppe einen konsolidierten Umsatz von mehr als 1,4 Milliarden Euro. In drei Bereichen produziert, vermarktet und vertreibt das Unternehmen Produkte: im Konsumentensegment mit Kameras, im Medizinbereich mit Mikroskopen und im Industriesektor mit High-Speed-Kameras etwa für die Materialprüfung in der Produktion. Die Mitarbeiter aller Segmente schätzen den fairen Führungsstil des Managements und den guten Teamgeist im Haus.

Ein Grund für das gute Votum in Sachen Fairness ist, dass Probleme am Runden Tisch gelöst werden. Das gilt immer dann, wenn Kollegen ihren Disput nicht im Zwiegespräch beilegen können. Ein Beispiel: Einmal im Jahr verabredet der Vorgesetzte schriftlich mit seinem Mitarbeiter die Leistungsziele für die kommenden zwölf Monate. Die beiden sowie der nächsthöhere Vorgesetzte müssen die Vereinbarung unterschreiben. „Können sich die Beteiligten nicht einigen, dann setzen sich die betroffenen Personen, ein Betriebsratsmitglied und ein Personalexperte zusammen, um miteinander eine Lösung zu finden", erklärt Teuffel. Diese fairen Umgangsformen schaffen Vertrauen und fördern Loyalität. So lag die durchschnittliche Fluktuationsrate in den vergangenen Jahren bei nur rund 1,5 Prozent.

„Nur gut informierte Mitarbeiter sind motivierte Mitarbeiter", sagt Teuffel. Daher steckt er nicht nur ab und an seinen Kopf in die Büros und fragt, an welchen Neuerungen die Kollegen arbeiten. Er informiert auch regelmäßig die gesamte Belegschaft über aktuelle Zahlen und Entscheidungen. „Ich bin kein bierernster Typ. Oft gibt es nach meinem Vortrag noch witzige Diskussionen", so der Geschäftsführer.

Ein Punkt, über den die Zuhörer besonders gerne mit Teuffel diskutieren, ist der Bonus. Je nach individueller Leistung bekommt ein Mitarbeiter einen größeren oder kleineren Anteil aus dem Prämientopf. Mit dem Gehalt wie mit den Extras sind die meisten Vertriebs-, Logistik-, Marketing- und Produktionsexperten sehr zufrieden: 94 Prozent der Befragten sagen, dass sie besondere und außergewöhnliche Sozialleistungen bekommen. Dazu zählen neben der Gesundheitsprävention und den Geldprämien für lange Firmenzugehörigkeit auch die „wirklich tollen Feiern", so ein Mitarbeiter.

Für Nachtarbeit und Überstunden gibt es allerdings nicht immer Lob. „Wir verlangen von unseren Mitarbeitern natürlich, dass sie ihre Aufgaben fertig machen. Aber wenn ich am späten Abend noch Licht in einem Büro sehe, gehe ich hin und frage, warum der Kollege noch arbeitet", so Teuffel. „Es ist auch schon vorgekommen, dass ich einen Mitarbeiter in den Zwangsurlaub geschickt habe." Da glaubt man dem Befragten gerne, der sagt: „Es macht Spaß hier zu arbeiten."

Great Place to Work Kriterien
7-8 Punkte: ausgezeichnet, 5-6 Punkte: sehr gut, 3-4 Punkte: gut.

Glaubwürdigkeit

Die Olympus-Unternehmenskultur zeichnet sich durch die zentralen Werte wie Vertrauen und Mitarbeiterorientierung aus: 87 Prozent aller Mitarbeiter bestätigen, dass das Management auf die gute Arbeit der Mitarbeiter vertraut, ohne sie ständig zu kontrollieren. 80 Prozent der Beschäftigten sind der Meinung, bei Olympus viel Verantwortung zu erhalten. Das Management zeigt Einsatz und stellt seine Kompetenz nachhaltig unter Beweis: Die verschiedenen Reorganisationen in den zurückliegenden zehn Jahren konnte Olympus bewältigen, ohne dabei betriebsbedingte Kündigungen auszusprechen.

Respekt

Ein umfangreiches Weiterbildungsangebot – zum Beispiel in den Bereichen Führung, Projektmanagement und „Cross Cultural Awareness" – stellt sicher, dass die Fähigkeiten der Mitarbeiter fortlaufend aktualisiert werden. Den Beschäftigten stehen verschiedene Entwicklungsperspektiven offen: Parallel zur Führungslaufbahn ist eine Projekt- und Fachlaufbahn als „zweiter Karriereweg" im Unternehmen fest verankert. In puncto innerbetrieblicher Zusammenarbeit ist festgelegt, dass die Mitarbeiter bei anstehenden Veränderungen und Entscheidungen in die Prozesse miteinbezogen werden. Überdurchschnittliche 71 Prozent der Beschäftigten erkennen an, dass ihr Management Vorschläge und Ideen der Mitarbeiter in ernsthafter Weise sucht und beantwortet. Konflikte werden am Runden Tisch besprochen, um mit allen Beteiligten gemeinsam nach tragbaren Lösungen zu suchen. Je nach Ausmaß des Problems wird eine Feedback-Gruppe einberufen, die paritätisch aus Mitgliedern des Betriebsrates und der Personalabteilung besteht.

Fairness

In der europäischen Zentrale in Hamburg sind Mitarbeiter der meisten Nationalkulturen Europas vertreten. Die Mitarbeiter berichten, dass Diskriminierungen und Anfeindungen im Unternehmen nicht existieren: 97 Prozent geben an, dass alle Mitarbeiter unabhängig von ihrer ethnischen Herkunft oder Religion fair behandelt werden. Bei der Besetzung offener Stellen ist für Olympus fortgeschrittenes Alter kein Hinderungsgrund: In den letzten fünf Jahren wurde eine Reihe von Mitarbeitern gezielt eingestellt, die zum Zeitpunkt der Einstellung 47 Jahre und älter waren. Überdurchschnittliche 92 Prozent der Befragten geben demgemäß an, dass die Mitarbeiter unabhängig von ihrem Alter fair behandelt werden.

Stolz

Durch den großen wirtschaftlichen Erfolg, den Olympus insbesondere in den letzten zehn Jahren erreichte und an dem die Belegschaft maßgeblichen Anteil hatte, fühlen sich die Mitarbeiter stark mit dem Unternehmen verbunden. 94 Prozent erleben, dass sie im Unternehmen einen wichtigen Beitrag leisten. Weitere 91 Prozent aller befragten Mitarbeiter sagen von sich, dass sie stolz darauf sind, anderen erzählen zu können, bei Olympus zu arbeiten. Die hohe Identifikation zeigt sich außerdem in der Treue der Belegschaft: Ein Fünftel aller Mitarbeiter arbeitet bereits seit 15 Jahren oder länger im Unternehmen – *„ein gutes Zeichen für das gute Arbeitsklima und die Verbundenheit gegenüber der Firma,"* so ein Beschäftigter.

Teamorientierung

Die Mitarbeiter loben das gute Klima im Unternehmen. *„Offenheit und Freundlichkeit sind spürbar – ich gehe gerne arbeiten!"*, drückt es ein Mitarbeiter aus. 94 Prozent der Befragten gaben an, dass sie in einem freundlichen Unternehmen arbeiten. Weitere 82 Prozent bejahen die Aussage „Man kann darauf zählen, dass die Mitarbeiter kooperieren". Auch das gemeinsame Feiern von Erfolgen trägt zum ausgeprägten Zusammengehörigkeitsgefühl und zur guten Atmosphäre bei. 93 Prozent der Mitarbeiter bejahen die Aussage „Besondere Anlässe werden bei uns gefeiert".

Karriere

Talente, die bei uns einsteigen wollen, sollten folgende Eigenschaften mitbringen:

Unsere Mitarbeiter arbeiten in fachübergreifenden Teams, in denen Engagement, Erfahrung und Ideen ständig gefragt sind. Wir legen Wert auf ein sicheres und fachlich sowie sozial kompetentes Auftreten. Zu den Erfolgskriterien unserer Mitarbeiter gehören ferner Selbstständigkeit und Flexibilität, aber auch team-, kunden- und lösungsorientiertes Arbeiten.

Fakten

Branche	Handel (Groß- und Außenhandel) Medizingeräte und Consumer-Produkte
Zahl der Mitarbeiter in 2003	Heute umfasst die Olympus-Europa-Gruppe insgesamt 31 Vertriebs-, Service- und Produktionsgesellschaften in fast allen europäischen Ländern. Die 100-prozentige Tochter der japanischen Olympus Corporation beschäftigt 3419 Mitarbeiter, davon allein circa 1450 in Deutschland.
Adresse	Olympus Europa GmbH Wendenstr. 14-18, 20097 Hamburg
Homepage	www.olympus.de, www.olympus-europa.com
Beschäftigte Berufsgruppen	Betriebswirte, Biologen, Physiker, Ingenieure, Techniker, Mediziner, Informationstechnologie-Spezialisten, Verkäufer, Produktmanager, Großhandelskaufleute, mehrsprachige Verwaltungsangestellte
Anfangsgehalt für Hochschulabsolventen	abhängig von Anforderung und Qualifikation
Bewerberinformationen	www.olympus-europa.com E-Mail-Bewerbungsadresse: OE-Personnel@Olympus-Europa.com Post-Adresse: Olympus Europa GmbH Business Area Personnel Wendenstr. 14–18, 20097 Hamburg

Rang 20 : Olympus Europa

Weiterbildungsstunden pro Jahr für größte Berufsgruppe pro Mitarbeiter	24 (individuelle Weiterbildung, Fachtrainings, Seminare zur Methoden- und Sozialkompetenz, Förderprogramme für Führungs- und Führungsnachwuchskräfte)
Anteil der Mitarbeiter unter 35 Jahren	24 Prozent
Frauenanteil	29 Prozent

Rang 21
Fachklinik Heiligenfeld

PARTNERSCHAFTLICH HEILEN

Die drei privaten Heiligenfeld-Kliniken wollen für Patienten und Mitarbeiter ein Ort zum Wohlfühlen sein. Intrigen und Mobbing sind verpönt. Die Mitarbeiter schätzen die gute Teamarbeit und das ausgeklügelte Sabbatical-Angebot.

Diese Kliniken sind anders: Statt Chefärzten mit devotem Gefolge im Schlepptau begegnen Patienten in den Heiligenfeld-Einrichtungen in Bad Kissingen gleichberechtigten Teams: „Intrigen und negative Machenschaften passen nicht in unsere Kultur", sagt Joachim Galuska, Arzt und Mitbegründer der Kliniken. „Die Leitung bekommt solche Probleme in den Abteilungen mit und zieht die Konsequenzen. Wir reden miteinander, nicht übereinander." Die Befragung im Wettbewerb „Deutschlands Beste Arbeitgeber" bestätigt das: 89 Prozent der Teilnehmer sagen, dass politische Machenschaften und Intrigen unterlassen werden. Und 85 Prozent loben den guten Teamgeist.

Ein ganzheitliches Klinikkonzept schwebte Galuska 1990 vor, als er zusammen mit dem Hotelier Fritz Lang im Kurort Bad Kissingen aus dem Hotel Fürst Bismarck eine privat geführte Klinik machte: Heiligenfeld. Das Haus

Rang 21 : Fachklinik Heiligenfeld

mit humanistisch-spiritueller Ausrichtung ist spezialisiert auf Patienten mit psychischen und psychosomatischen Störungen. Das Konzept kam bei Patienten wie einweisenden Ärzten an: Im Jahr 2002 übernahmen die Geschäftsführer zwei weitere Häuser, die Villa Heiligenfeld und die Parkklinik Heiligenfeld. Der Umsatz betrug in 2003 rund elf Millionen Euro. In den drei Einrichtungen arbeiten inzwischen knapp 200 Mitarbeiter, beispielsweise Ärzte, Therapeuten, Krankenschwestern sowie Küchen- und Pflegekräfte. Sie sind stolz auf die Kliniken und vergeben der Leitung sehr gute Noten in puncto Glaubwürdigkeit und respektvollem Umgang mit den Mitarbeitern.

Ein Grund für das Lob in diesen Kategorien ist die offene Kommunikation. In jedem Quartal findet beispielsweise eine Mitarbeiterversammlung statt – mit einem ritualisierten Ablauf. „Ich lese zuerst einen besinnlichen Text vor. Er soll die Zuhörer auf die kommenden Informationen einstimmen", erklärt der Geschäftsführer. Danach begrüßt Galuska neue Kollegen und ehrt Jubilare. Schließlich folgen die Fakten, wie Belegungszahlen der Klinikbetten, Kostenzusagen der Krankenkassen und Zahl der Anfragen von Patienten. Auch Kritisches kommt auf den Tisch. So waren etwa im Herbst 2002 die Betten in der Parkklinik nicht ausgelastet. Sie ist spezialisiert auf ein Therapieangebot für Lehrer, Führungskräfte und Ärzte. „In einer Marketingaktion telefonierten unsere Ärzte mit Gesundheitsamtsleitern und erklärten unser Angebot für Pädagogen, die den Vorruhestand beantragt hatten", sagt Galuska. „Viele Mitarbeiter mussten dabei eine große Schwelle überwinden – mit Erfolg."

Die Klinikleitung fordert viel von den Teams. Während Marketingaktionen eher zur Ausnahme gehören, ist die Verbesserung der Qualität von Prozessen und Arbeitsabläufen Alltag. „Jeder Mitarbeiter muss an einem Qualitätsprojekt mitarbeiten", sagt der Gründer. Beispiele: das Einarbeitungskonzept für neue Kollegen verbessern, Patienteninformationen systematisieren oder Leitlinien für Diagnosen erstellen. „Jedes Team hat drei Monate Zeit, um der Leitungsgruppe konkrete Lösungen zu präsentieren", so Galuska. Der Blick über den Aufgabentellerrand wird positiv bewertet. Ein Mitarbeiterkommentar: „Die sehr hohen Anforderungen ermöglichen es, sich persönlich und fachlich weiterzuentwickeln."

Im Gegenzug bietet die Klinikleitung den Mitarbeitern an, dem hohen beruflichen Stress zu entfliehen. Zum Ersten dank der fünf Caring-Gutscheine, die jeder Mitarbeiter einmal im Jahr vom Unternehmen bekommt. Damit kann sich der Beschenkte für je eine Stunde kostenlos bei einer Masseurin oder Kosmetikerin verwöhnen lassen. Die zweite Variante: Mitarbeiter nehmen für mindestens zwei Monate eine Auszeit. „In der Regel gehen sechs Kollegen hintereinander für insgesamt ein Jahr in Urlaub", erklärt Galuska. Dafür gibt es sogar eine kleine Hilfe vom Unternehmen: „Wir bezahlen während der Auszeit den Arbeitgeberanteil der Sozialversicherung und stellen einen Aushilfskollegen ein." Außerdem können die Aussteiger auf Zeit auf die Auszahlung des

Weihnachtsgelds verzichten und die Summe für die Sabbatical-Zeit ansparen. Der Geschäftsführer weiß, dass sich dieses Angebot lohnt: „Nach der Pause kommen die Mitarbeiter erfüllt und mit vielen neuen Ideen zurück."

Great Place to Work Kriterien
7-8 Punkte: ausgezeichnet, 5-6 Punkte: sehr gut, 3-4 Punkte: gut.

Glaubwürdigkeit ■ ■ ■ ■ ■ ■ ▫

Zu den „Heiligenfelder Unternehmensgesprächen" in gemütlicher Runde mit Snacks und Getränken lädt die Geschäftsführung halbjährlich ein, informiert über den Stand der Klinikhäuser und schafft umfangreiche Möglichkeiten zum persönlichen Austausch. Zudem werden im vierteljährlichen Turnus alle Mitarbeiter durch die Geschäftsleitung über Veränderungen, Erfolge und die Unternehmensziele in Kenntnis gesetzt. Beide Geschäftsleiter gehen einmal wöchentlich in die Teambesprechungen.

Respekt ■ ■ ■ ■ ■ ■ ▫

Herausragend ist das betriebliche Vorschlagswesen mit einem attraktiven und transparenten Prämiensystem. Für Ideen, durch die Einsparungen erzielt werden, kann das Team oder Einzelpersonen Geldprämien von bis zu 15 000 Euro ausbezahlt bekommen. Unter dem Motto „Das Ohr an der Basis" werden auch Praktikanten und Berufseinsteiger nach ihrer Meinung zu Problemfeldern gefragt. In seiner täglichen Arbeit erhält das Personal einen großen Gestaltungsfreiraum. *„Man bekommt viel Verantwortung, aber auch viel Vertrauen. Dadurch zeigen sie mir, dass ich auch meinen Teil leisten kann und werde"*, formuliert es ein Mitarbeiter. Caring-Gutscheine bekommen alle Mitarbeiter regelmäßig. Sie dienen als Ausdruck der Anerkennung für besonderen Einsatz und können zum Beispiel gegen Rückenmassagen während der Arbeitszeit eingelöst werden.

Fairness ■ ■ ■ ■ ■ ■ ■

Das Vergütungssystem ist für alle Berufsgruppen transparent. Mitarbeiter, die zehn Jahre im Unternehmen sind, werden mit einer Prämie belohnt. Der Sauna- und Badebereich steht an zwei Abenden pro Woche exklusiv und kostenfrei allen Mitarbeitern zur Verfügung. Die Klinikleitung nimmt ihre Aufgabe in der Förderung von Toleranz und Integration von Minderheiten ernst. Feste mit multikulturellen Elementen steigern das gegenseitige Verständnis.

Rang 21 : Fachklinik Heiligenfeld

Die Befragungsergebnisse belegen den Erfolg: 98 Prozent fühlen sich unabhängig von ihrer ethnischen Herkunft oder Religion fair behandelt.

Stolz

Anhand alter Postkarten, Baupläne und Geschichten, die im Foyer des Hauses ausgestellt sind, kann jeder Mitarbeiter die enorme Entwicklung des Unternehmens nachvollziehen. In der Branche ist „Heiligenfeld" eine bekannte Marke und Synonym für ganzheitliche Betreuung. Die Mitarbeiter identifizieren sich stark mit ihrer eigenen Tätigkeit: 92 Prozent stimmen der Aussage zu: Meine Arbeit hat eine besondere Bedeutung für mich und ist nicht einfach nur ein „Job". Die Anerkennung durch Presse, Rundfunk und Fernsehen und die Zusammenarbeit mit Universitäten tragen ebenfalls zu einer hohen Verbundenheit der Mitarbeiter bei. So sind 90 Prozent mit der Art und Weise, in der sie einen Beitrag für die Gesellschaft leisten, zufrieden – ein Spitzenwert.

Teamorientierung

Die Leitlinien des Personalmanagements legen fest, dass bei der Personalauswahl und der Zusammenstellung der multiprofessionellen Arbeitsteams auf die Ausgewogenheit der Charaktere und Integrationsfähigkeit der Mitarbeiter zu achten ist. Die Belegschaft wiederum schätzt die gegebenen Möglichkeiten, die eigene Persönlichkeit frei zu entfalten: „Ich werde in jeder Abteilung als „Ganzes" aufgenommen und respektiert", beschreibt es ein Mitarbeiter. In den Abteilungen herrscht ein positives und freundliches Klima. Besonders die hohe Qualität der zwischenmenschlichen Beziehungen hebt die Fachklinik Heiligenfeld nach Meinung vieler Mitarbeiter positiv von anderen Arbeitsplätzen ab. Überdurchschnittliche 84 Prozent der Befragten bejahen die Aussage: Wir sind hier wie eine „Familie" beziehungsweise haben einen guten Teamgeist.

Karriere

Talente, die bei uns einsteigen wollen, sollten folgende Eigenschaften mitbringen:

Durch die intensive Zusammenarbeit in der therapeutischen Gemeinschaft benötigen unsere Mitarbeiter/-innen emotionale Stabilität, Einfühlungsvermögen für psychische Wandlungsprozesse sowie Freude an Teamarbeit. Alle Mitarbeiter/-innen sollten Offenheit für spirituelle oder religiöse Fragen mitbringen.

Fakten

Branche	Gesundheitswesen
Zahl der Mitarbeiter in 2003	175
Adresse	Euerdorfer Str. 4–6, 97688 Bad Kissingen
Homepage	www.heiligenfeld.de
Beschäftigte Berufsgruppen	Betriebswirte, Ärzte, Psychologen, Pflegekräfte, Körper-, Rhythmus-, Kunst- und Physiotherapeuten, EDV, Köche, Hotelfachpersonal, Verwaltung, Haushandwerker, Mitarbeiter für Marketing und Qualitätsmanagement, Buchhaltung
Anfangsgehalt für Hochschulabsolventen	2800 bis 3200 Euro pro Monat

Bewerberinformationen	http://www.heiligenfeld.de/Deutsch/Stellenangebote/Stellenangebote/
	Kontaktpersonen:
	– medizinisches Team:
	   Chefärzte Erwin Schmitt, Volker Vollenbaum, Dorothea Galuska
	– Hausteam:
	   Kaufmännischer Direktor über Fritz Lang
	– Auszubildende: Steffi Miller

Weiterbildungsstunden pro Jahr für größte Berufsgruppe pro Mitarbeiter	pro Mitarbeiter = zehn Fortbildungstage (77 Stunden)
Anteil der Mitarbeiter unter 35 Jahren	33 Prozent
Frauenanteil	78 Prozent

Rang 22

Sauer Danfoss

WISSEN AUSBAUEN

Der Maschinenbauer Sauer Danfoss* gehört weltweit zu den größten Herstellern von Komponenten für die mobile Hydraulik. Das Unternehmen setzt auf internationale Teamarbeit, auf den Mut der Mitarbeiter und auf Spaß an der Arbeit.

Thomas Kittels zweites Zuhause ist das Flugzeug. Der Vice Präsident des Maschinenbauers Sauer Danfoss und Geschäftsführer des Produktionsstandorts Neumünster ist mindestens eine Woche im Monat fern seiner schleswig-holsteinischen Heimat. Dann trifft er seine Führungskräfte-Kollegen in den USA, bespricht Entwicklungsprojekte in Schweden oder besucht den Produktionsstandort in der Slowakei. Die Arbeitswelt bei Sauer Danfoss ist global – nicht nur für Chefs. „Viele Mitarbeiter beispielsweise in der Entwicklung arbeiten in internationalen Teams", sagt Kittel. Grenzen gibt es für die Mitarbeiter weder im Kopf noch im Berufsalltag. Einer beschreibt sein Unternehmen so: „Der Umgang mit unterschiedlichen Kulturen wird erarbeitet, bewusst gemacht und in der täglichen Arbeit gelebt."

---

* An dem Wettbewerb „Deutschlands Beste Arbeitgeber" hat die Teilgesellschaft Sauer-Danfoss (Neumünster) GmbH & Co. KG teilgenommen.

Ob in Baumaschinen, Traktoren oder Pistenbullys – die Chancen sind groß, dass in solchen Fahrzeugen Produkte von Sauer Danfoss stecken. Das in den USA börsennotierte Unternehmen entstand im Jahr 2000 aus einer Fusion der Unternehmen Sauer Sundstrand und Danfoss-Mobilhydraulik. Es entwickelt, produziert und vertreibt weltweit Hydrauliktechnologie. In Deutschland hat der Maschinenbauer drei Produktionsstätten: Neumünster, Berching und Kaiserslautern. In Haan befindet sich das Servicezentrum, und in Neumünster sitzen die Geschäftsleitung und die Verkaufsteams – insgesamt arbeiten hier zu Lande über 900 Mitarbeiter für die Sauer Danfoss GmbH & Co. OHG. Sie alle sind sehr zufrieden mit dem glaubwürdigen Führungsstil des Managements.

Die Votum ist eindeutig: 92 Prozent der Belegschaft loben, dass die Führungskräfte auf die gute Arbeit der Mitarbeiter vertrauen, ohne sie ständig zu kontrollieren. „Für uns ist wichtig, dass wir die Mitarbeiter fördern und ihren Mut stärken, damit sie etwas Innovatives gestalten", sagt Kittel. „Fehler lassen wir zu." Diese Devise gilt übrigens nicht nur für Kittel und den Standort Neumünster, sie ist in der Firmenphilosophie „Compass" verankert. Alle 7000 Mitarbeiter weltweit werden dazu aufgerufen, Eigeninitiative zu zeigen und Risiken einzugehen, um neue und bessere Ergebnisse zu erreichen.

Eine Besonderheit bei Sauer Danfoss ist die Entlohnung der Fertigungsspezialisten: Ein EDV-System erfasst, welches Know-how ein Mitarbeiter hat, zum Beispiel anhand der Trainings, die er in den vergangenen Jahren besucht hat. Daraus entsteht eine Art Währung: die Lernzeit. „Diese Zeit ist entscheidend für den Lohn, den das Teammitglied bekommt", erklärt Kittel. In der unternehmenseigenen Akademie kann die Belegschaft mit zusätzlicher Fortbildung die Lernzeit ständig ausbauen. Trainer sind oft die eigenen Kollegen. „In ein bis zwei Jahren soll dieses System auf alle Mitarbeiter auch außerhalb der Fertigung ausgedehnt werden", so der Geschäftsführer.

Die Fortbildungsangebote, aber auch der Teamgeist und die Arbeit gefallen den Hydraulikexperten offensichtlich gut. Die Fluktuationsrate lag in Neumünster im vergangenen Jahr bei nur 0,74 Prozent. „Wenn etwas besonders gut gelaufen ist, dann wird bei uns gelobt – und zwar vor der ganzen Mannschaft", sagt Ingenieur Kittel. Gefeiert wird übrigens bei Sauer Danfoss auch: Im letzten Frühsommer beispielsweise lud die Führungsspitze zu einem spontanen Grillfest am Mittag ein, und zu Jahresanfang tanzten die Ingenieure und Fertigungsmitarbeiter auf einem Winterzauberfest. Eine Idee für die nächste Party kommt Knittel sicher irgendwo über den Wolken auf einer seiner nächsten Geschäftsreisen.

Great Place to Work Kriterien
7-8 Punkte: ausgezeichnet, 5-6 Punkte: sehr gut, 3-4 Punkte: gut.

Glaubwürdigkeit

Mitarbeiterorientierung ist als eine der vier Kernstrategien in der Sauer-Danfoss-Philosophie *Compass* festgeschrieben. Die Glaubwürdigkeit des Managements wird durch das Vertrauen auf gute Arbeit der Mitarbeiter gestützt. Das bedeutet auch, dass die Beschäftigten in ihrer Arbeit keinen ständigen Kontrollen unterzogen werden: 92 Prozent der Mitarbeiter bestätigen dies in der Befragung – ein sehr gutes Ergebnis. Klar formulierte Vorstellungen von den Zielen des Unternehmens und von den Mitteln, die zu ihrer Erreichung notwendig sind – diese Eigenschaften wiederum schreiben 87 Prozent der Beschäftigten ihren Führungskräften zu.

Respekt

„Wir belohnen Eigeninitiative in dem Wissen, dass Risiken einzugehen manchmal zu Fehlern führt", heißt es im Leitbild des Unternehmens. Neben der „Fehlerkultur" ist die innerbetriebliche Weiterbildung weiterer zentraler Bestandteil des Innovationsmanagements. Die Entlohnung der Fertigungsmitarbeiter basiert auf einem Lernzeitmodell, das eine fortwährende Weiterqualifizierung der Mitarbeiter bei Erreichung bestimmter Entwicklungsstufen anerkennt und auch monetär honoriert. In der Sauer Danfoss Academy unterrichten überwiegend interne Trainer ihr unternehmensrelevantes Wissen.

Fairness

Das Unternehmen lässt alle Mitarbeiter ausgewogen am Firmenerfolg teilhaben. Das Jahresgehalt eines Fertigungsmitarbeiters im ersten Berufsjahr liegt circa zwölf Prozent über Tarif. Überdurchschnittliche 82 Prozent der Befragten geben an, angemessen für ihre Arbeit bezahlt zu werden. Der Förderung von Vielfalt kommt in der weltweit operierenden Unternehmensgruppe eine fast zwangsläufige Notwendigkeit zu. Diskriminierungen, gleich welcher Art, wird kein Raum gelassen, vielmehr unterhält Sauer Danfoss eine Reihe von Maßnahmen, die Toleranz fördern sollen. So findet beispielsweise regelmäßig ein Austauschprogramm der Auszubildenden mit dem dänischen Schwesterunternehmen statt. Fußballturniere zwischen den Landesgesellschaften fördern den interkulturellen Kontakt. Alle Mitarbeiterinformationen werden in die 16 Sprachen übersetzt, die in der weltweiten Organisation gesprochen werden.

Stolz

Auch als international aufgestelltes Großunternehmen bietet Sauer Danfoss seinen Mitarbeitern die soziale Nähe eines Mittelständlers. Die Nahbarkeit und das Engagement des charismatischen Firmengründers Dr. Klaus Murmann schaffen weitere Möglichkeiten zur Identifikation. Des Weiteren empfinden die Mitarbeiter Stolz über die in Eigenverantwortung erbrachten Leistungen und ihren Beitrag zur Erhaltung und Sicherung ihrer Arbeitsplätze. Überdurchschnittliche 90 Prozent der befragten Beschäftigten stimmen der Aussage zu „Ich bin stolz, anderen erzählen zu können, dass ich hier arbeite".

Teamorientierung

Der auf Gruppenarbeit basierenden Inselfertigung entspricht die ausgeprägte Teamkultur und -orientierung. Teamerfolge werden gefeiert. Bei Mitarbeiterfesten feiern auch Familienangehörige und Freunde mit. Der freundschaftliche Umgang miteinander findet auch außerhalb des Werkgeländes seine Fortsetzung, etwa bei den gemeinsamen Freizeitaktivitäten wie dem Sport oder den ausgedehnten Touren der Motorradgruppe. 92 Prozent der befragten Mitarbeiter bejahen die Aussage „Ich arbeite in einem freundlichen Unternehmen".

Karriere

Talente, die bei uns einsteigen wollen, sollten folgende Eigenschaften mitbringen:

Wir suchen engagierte Mitarbeiter, die sich mit unseren Zielen identifizieren, Verantwortung übernehmen und in internationalen Teams arbeiten wollen. Neben einem abgeschlossenen Studium sollten Sie Leistungswillen, Teamfähigkeit, Kommunikationsstärke sowie gute englische Sprachkenntnisse mitbringen.

Rang 22 : Sauer Danfoss | 139

Fakten

Branche	Maschinenbau
Zahl der Mitarbeiter in 2003	546
Adresse	Krokamp 35, 24539 Neumünster
Homepage	www.sauer-danfoss.com
Beschäftigte Berufsgruppen	Ingenieure, Wirtschaftsingenieure, Betriebswirte, Informatiker, qualifizierte Facharbeiter
Anfangsgehalt für Hochschulabsolventen	circa 40 000 Euro pro Jahr
Bewerberinformationen	jobde@sauer-danfoss.com, www.sauer-danfoss.com oder unter: Sauer-Danfoss (Neumünster) GmbH & Co. OHG Krokamp 35 24539 Neumünster Tel.: 04321 871-126
Weiterbildungsstunden pro Jahr für größte Berufsgruppe pro Mitarbeiter	keine Angaben
Anteil der Mitarbeiter unter 35 Jahren	23 Prozent
Frauenanteil	elf Prozent

Rang 23
Volkswagen Bank

WELTWEIT AUFSTEIGEN

Volkswagen Financial Services* beeindruckte zuletzt mit Rekordzahlen. Die Mitarbeiter schätzen an ihrem Unternehmen das gesellschaftliche Engagement und die umfangreichen Karriereperspektiven.

Einmal im Monat ist bei der Volkswagen Financial Services AG „Happy Hour". Bei Getränken und Häppchen treffen sich die Führungskräfte des Braunschweiger Unternehmens im Raum „Titania" zum lockeren Networking. Sie diskutieren aktuelle Themen, suchen Verbündete für neue Projekte und lernen Kollegen abseits offizieller Sitzungen kennen. „Man kann vieles anstoßen oder verkünden, aber nur im Gespräch merke ich, ob die Ideen tatsächlich verstanden wurden", sagt Rolf Grönig, Vorstandsmitglied und zuständig für Personal und Organisation. Grönigs Ideen von guter Personalarbeit kommen offensichtlich an: 95 Prozent der Mitarbeiter bescheinigen ihren Chefs, dass sie professionell führen, so ein Ergebnis der Befragung.

---

* Bei dem Wettbewerb „Deutschlands Beste Arbeitgeber" hat die Teilgesellschaft Volkswagen Bank GmbH teilgenommen. Deren Mitarbeiter machen rund drei Viertel der Belegschaft der Volkswagen Financial Services AG aus.

Rang 23 : Volkswagen Bank

Die Zahlen sprechen für Chefs und Mitarbeiter: So meldete Volkswagen Financial Services mit ihren Bereichen Bank, Leasing und Versicherungsservice in 2003 ein Rekordhoch mit einer Bilanzsumme von 32,5 Milliarden Euro. Die Holding ist in 23 Ländern tätig – vorwiegend in Europa und im asiatischen Raum. Die Zahl der Beschäftigten stieg im vergangenen Jahr um 14,2 Prozent auf 5055 an. Allein in Deutschland wurden 347 neue Arbeitsplätze geschaffen. „Unsere Dienstleistungen rund um das Automobil gewinnen zunehmend an Bedeutung", erklärt Grönig den Erfolg. Das macht das Unternehmen mit Hauptsitz in Braunschweig zu einem begehrten Arbeitgeber. Ganz besonders schätzen die Finanzexperten den fairen Führungsstil. „Das Management stellt deutlich den Menschen in den Mittelpunkt", so ein Kommentar in der Befragung.

Ein Beispiel für die gelebte Fairness im Unternehmen sind diverse Projekte, die Vielfalt, Offenheit und Akzeptanz im Umgang miteinander schaffen. So unterstützt die Volkswagen Bank als Hauptsponsor das Braunschweiger Sommerlochfestival, eine Straßenparade von schwulen und lesbischen Gruppen und Vereinen. „Der Anstoß für das Sponsoring kam von einem Mitarbeiter", erklärt Barbara Rupprecht, die Diversity-Managerin des Unternehmens. Sie organisierte eine Gruppe von Kollegen, die Besucher des Festivals über die Diversity-Aktivitäten und über die Produkte des Finanzdienstleisters informierte. Ein weiteres Projekt in Braunschweig ist die Förderung von Eltern, die länger in den Erziehungsurlaub gehen. Sie können bis zu drei Monate im Jahr ins Unternehmen kommen und an einem Projekt mitarbeiten. „So halten sie Kontakt zu Kollegen, bekommen mit, was sich in den einzelnen Bereichen verändert hat, und qualifizieren sich weiter", erklärt Grönig. Beispielsweise können die Mitarbeiter auf Zeit das Selbstlernzentrum besuchen und ihre IT- oder Sprachkenntnisse auffrischen.

Neben Fairness loben die Mitarbeiter auch den gezeigten Respekt der Chefs gegenüber der Leistung von Mitarbeitern. „Außergewöhnliche Belastungen werden mit außergewöhnlichen Danksagungen gewürdigt", so ein Kommentar in der Befragung. So können Führungskräfte spontan und unbürokratisch kleine Anerkennungen an Kollegen verteilen, die etwas Besonderes geleistet haben – beispielsweise bekommen die Mitarbeiter ein Wochenende die VW-Limousine Phaeton oder begehrte Konzerttickets.

Gute Leistung öffnet auch interessante Karriereperspektiven. „Die Chancen, dass ihre Leistung von der Unternehmensspitze wahrgenommen werden, sind hier für alle Mitarbeiter gut", sagt der Vorstand. „Wer seine Sache gut macht, bekommt schnell größere Projekte." Das kann zum einen der Wechsel in neue Bereiche innerhalb von Financial Services bedeuten, denkbar sind zum anderen auch internationale Einsätze. Wem die Welt von Financial Services zu klein wird, dem öffnen sich durch den Volkswagen-Konzern zusätzliche Karriereperspektiven.

Great Place to Work Kriterien
7-8 Punkte: ausgezeichnet, 5-6 Punkte: sehr gut, 3-4 Punkte: gut.

Glaubwürdigkeit

In der Volkswagen Bank wird *Management by walking around* praktiziert, das heißt, dass die Mitglieder der Geschäftsführung regelmäßig die Mitarbeiter an ihrem Arbeitsplatz aufsuchen. Der Vorstandsvorsitzende bietet zusätzlich Sprechstunden an, die jedem Mitarbeiter offen stehen. Die hohe Transparenz im Unternehmen ermöglicht es der Belegschaft, die Entscheidungen des Managements nachzuvollziehen. 95 Prozent aller Befragten sind der Meinung, dass das Management das Unternehmen kompetent führt. Regelmäßige Veranstaltungen wie das *Financial Forum* mit dem gesamten Management geben Gelegenheit zur dialogorientierten Zusammenarbeit mit dem Top-Management. Zu einem „kooperativen Führen selbstständiger Mitarbeiter" rufen die Führungsgrundsätze des Unternehmens auf.

Respekt

Unter dem Motto *„The right Person on the right Place at the right Time"* bietet die Volkswagen Bank unterschiedliche Aus- und Weiterbildungsmöglichkeiten: So werden Aufbaustudiengänge gefördert und Führungskräftenachwuchskräfte im Rahmen des *Junior Management Programms (JUMP)* weiterentwickelt. *Incentives* belohnen außergewöhnliche Leistungen, zelebriert wird zudem das Ritual des „Ritterschlags", das Mitarbeiter in der Vorstandssitzung zu neuen Managern ernennt. Die Belegschaft der Volkswagen Bank weiß, dass *„das Unternehmen am Wohlergehen seiner Mitarbeiter außergewöhnlich stark interessiert ist"*, wie ein Beschäftigter beschreibt. Die Vereinbarkeit von Familie und Karriere fördert die Bank beispielsweise durch die Arbeit der *„Kid's Corner"* (Unterstützung bei der Vermittlung von Kinderbetreuungseinrichtungen) sowie finanzieller Hilfen in schwierigen Lebenssituationen. Mitarbeiter erhalten aus einem zu diesem Zweck eingerichteten Hilfsfonds, der *Unterstützungskasse*, schnell und unbürokratisch Hilfe.

Fairness

In den Kommentaren heben die Mitarbeiter besonders die deutlich über dem Banken-Tarif liegende Vergütung und die Lohnnebenleistungen positiv hervor. Die Befragungsergebnisse belegen die hohe Zufriedenheit. 93

Rang 23 : Volkswagen Bank | 143

Prozent der Belegschaft sind der Meinung, für ihre Arbeit angemessen bezahlt zu werden. Das Ziel, „fair miteinander umzugehen", ist bereits in den Leitlinien der Volkswagen Bank festgehalten. Entsprechend ist das Engagement im Bereich Diversity breit angelegt: Neben Diversity-Netzwerken und Gender-Trainings bestehen unterschiedlichen Interessengruppen, zum Beispiel QUEER*direct* – eine Gruppe der Lesben und Schwulen im Unternehmen. Die Einstellung von Auszubildenden und Trainees erfolgt unter Berücksichtigung eines 50-prozentigen Frauenanteils.

Stolz

94 Prozent der Mitarbeiter äußern sich stolz, anderen erzählen zu können, dass sie bei der Volkswagen Bank arbeiten. Ein Beschäftigter ergänzt: *„Als Mitarbeiter eines Weltkonzerns kann man stolz sein, einen respektablen Arbeitsplatz zu haben."* Ein weiterer Grund für die hohe Identifikation: Das Unternehmen kommt überzeugend seiner sozialen Verantwortung nach. Die Unterstützung unterschiedlicher Institutionen und Projekte – unter anderem das Klassikmusikfestival „Volkswagen Bank Residence" oder die Braunschweiger CSD-Veranstaltung – macht die *„tiefe Verwurzelung in der Region"* deutlich, formuliert ein Mitarbeiter.

Teamorientierung

Die Belegschaft fühlt sich wohl bei ihrem Arbeitgeber. Neun von zehn Befragten sagen, dass sie in einem freundlichen Unternehmen arbeiten. Einen Beitrag dazu leistet, neben einer guten Arbeitsatmosphäre, das gemeinsame Feiern zu unterschiedlichen Anlässen wie Sommer- und Weihnachtsfeiern, Abteilungsausflügen und die Großkunden-Partys. Zweijährlich findet eine konzerninterne „Fußballweltmeisterschaft" statt. Weiterhin laden seit 27 Jahren die „Fleißigen Bienen" – ein ehemaliger Spar-Club innerhalb der Mitarbeiterschaft – einmal jährlich zur „Sparfete", deren Erlöse für einen wohltätigen Zweck gespendet werden.

Karriere

Talente, die bei uns einsteigen wollen, sollten folgende Eigenschaften mitbringen:

Kundenorientierung, Teamfähigkeit, Begeisterungsfähigkeit und sehr gute kommunikative Fähigkeiten. Sie sollten analytisch denken, selbstständig arbeiten und Durchsetzungsvermögen besitzen.

Fakten

Branche	Finanzdienstleistungen
Zahl der Mitarbeiter in 2003	3389
Adresse	Gifhorner Str. 57, 38112 Braunschweig
Homepage	www.volkswagenbank.de; www.volkswagen.de; www.vwfsag.de
Beschäftigte Berufsgruppen	kaufmännische und technische Ausrichtung in den Bereichen Bank/ Leasing/Versicherungen oder Informationstechnologie
Anfangsgehalt für Hochschulabsolventen	Zwischen 43 000 Euro und 49 000 Euro pro Jahr
Bewerberinformationen	E-Mail-Bewerbungsadresse: bewerbungen@vwfsag.de Ansprechpartner für Direkteinstieg und Internationales Trainee-Programm: Olaf Stork – o.stork@vwfsag.de; Ansprechpartnerin für Werkstudenten: Jasmin Böhm – j.boehm@vwfsag.de; Ansprechpartnerin für Praktikanten: Susanne Fischenberg – s.fischenberg@vwfsag.de
Weiterbildungsstunden pro Jahr für größte Berufsgruppe pro Mitarbeiter	28 Stunden
Anteil der Mitarbeiter unter 35 Jahren	42 Prozent
Frauenanteil	52 Prozent

Rang 24

Johnson & Johnson

WERTE PFLEGEN

Der Konsumgüterhersteller Johnson & Johnson besitzt in Deutschland mit Cremes für Babys und Erwachsene eine Top-Marktstellung. Die Mitarbeiter schätzen die internationalen Karrierechancen, feiern Erfolge ausgiebig und pflegen ihr eigenes Glaubensbekenntnis.

Am Unternehmens-Credo von Johnson & Johnson kommt kein Neuer vorbei. Gleich im Foyer neben der Haupttür prangt das große weiße Schild mit rotem ausführlichem Text. Darin geht es um die Verantwortung des Unternehmens gegenüber Kunden, Lieferanten, Mitarbeitern, dem Gemeinwesen und nicht zuletzt die Verpflichtung gegenüber dem Aktionär. Selbst wenn ein neuer Kollege das Schild am Eingang übersieht, tritt spätestens im Willkommensgespräch das Credo in sein Arbeitsleben. „Ein Mitglied der Geschäftsführung erklärt jedem neuen Mitarbeiter am ersten Tag zwei bis drei Stunden die Unternehmenswerte", sagt Markus Bonsels, Mitglied der Geschäftsführung und zuständig für Personalfragen. „Außerdem erfährt er, wo er welche Informationen findet, und er bekommt das ‚Du' angeboten." Das Ritual gefällt: 96 Prozent der Mitarbeiter in der Befragung zum Wettbewerb „Deutschlands Beste Arbeitgeber" sagen: „Als neuer Mitarbeiter fühlt man sich im Unternehmen willkommen."

„Die Johnson & Johnson GmbH hat eine überschaubare Größe, und trotzdem gehört der Mitarbeiter zu einem Weltkonzern", beschreibt Bonsels den Reiz der deutschen Tochter des amerikanischen Konsumgüterherstellers. Die rund 270 Mitarbeiter in der deutschen Zentrale in Düsseldorf vertreiben und vermarkten Hygieneprodukte wie o.b., die Babypflegeserie Penaten und Pflegeprodukte wie Neutrogena. Das Körper-, Hygiene- und Babypflegesegment ist nur ein Teil des Geschäfts des Weltkonzerns, neben Pharmazeutika, Implantaten und chirurgischer Wundversorgung. Im Geschäftsjahr 2003 erzielte das Unternehmen mit alledem einen Umsatz von 41,9 Milliarden US-Dollar. Die Düsseldorfer loben das Management als glaubwürdig und genießen die guten Weiterbildungsmöglichkeiten.

Das Unternehmen produziert zwar Traditionsmarken, die Trainingsmethoden für die Mitarbeiter sind allerdings sehr modern. So testen etwa Marketing- oder Vertriebsmitarbeiter mit Hilfe einer circa 40-minütigen Online-Analyse, welche beruflichen Kompetenzen sie noch verbessern können und wo sie bereits sehr gut abschneiden. Auch das obligatorische Führungskräftetraining für Jungchefs sowie für erfahrene Seniors wird online vor- und nachbereitet. Selbst für die Suche nach einem passenden Mitarbeiter für einen freien Posten innerhalb des Johnson & Johnson-Konzerns wird keine Akte hin- und hergeschoben: „Es gibt europaweit eine einheitliche Software, die alle Leistungs- und Potenzialbewertungen eines Mitarbeiters enthält, sowie Empfehlungen für künftige Karriereschritte", so Bonsels. Die Karriere kann durchaus auch international verlaufen. Schließlich ist der amerikanische Konzern in 54 Ländern präsent.

„Jeder kann sich frei entfalten und Ideen und Vorschläge einbringen", lobt ein Mitarbeiter. „Es wird sehr großes Vertrauen in die Mitarbeiter gesetzt", ergänzt ein anderer. Der Geschäftsführer Bonsels nennt einen Grund: „Hier bekommt jeder von Anfang an anspruchsvolle Projekte – auch Hochschulabsolventen." Solche Herausforderungen gefallen Einsteigern wie Aufsteigern: 91 Prozent der Befragten im Wettbewerb sagen, dass sie mit ihrer Arbeit im Unternehmen einen wichtigen Beitrag leisten können.

Wirkt sich zudem das Engagement in außergewöhnlichen wirtschaftlichem Erfolg aus, dann knallen bei dem Konsumgüterhersteller die Sektkorken. „Erfolge werden mit der ganzen Company gefeiert", verrät ein Mitarbeiter. Je nachdem, wie gut die Ergebnisse ausfallen, fliegt die Truppe nach Mallorca oder Berlin, oder sie feiert im heimischen Düsseldorf. Egal wo die Teams feiern, getanzt wird immer und zwar ausgiebig: „Ich bin erst gegen Morgen ins Bett gekommen", verrät Bonsels. Zwar steht von Partys nichts im Credo. Aber was dem Teamgeist und der Motivation dient, kann dem Aktionär nur recht sein.

Great Place to Work Kriterien
7-8 Punkte: ausgezeichnet, 5-6 Punkte: sehr gut, 3-4 Punkte: gut.

Glaubwürdigkeit

Die transparent gestaltete interne Kommunikation wird von Johnson & Johnson-Mitarbeitern als Stärke des Unternehmens wahrgenommen: *„Es wird bei J&J sehr offen kommuniziert. Es herrscht meistens ein sehr angenehmes Betriebsklima"*, bestätigt ein Mitarbeiter. Ein monatliches „Get together" bei Kaffee und Kuchen dient dem Informationsaustausch zwischen Mitarbeitern und Führungskräften. Die Umsetzung der Unternehmenswerte wird alle zwei Jahre mit dem Credo-Survey überprüft. Aus den Ergebnissen abzuleitende Maßnahmen legen Management und Mitarbeiter gemeinsam fest.

Respekt

Mitarbeiter bei Johnson & Johnson erhalten durchschnittlich 80 Stunden Weiterbildung pro Jahr. Auf allen hierarchischen Ebenen finden Zielvereinbarungen sowie Leistungs- und Entwicklungsgespräche statt, zusätzlich werden individuelle Entwicklungspläne erstellt. Durch entsprechende Förderprogramme werden leistungsstarke Mitarbeiter auf internationaler Ebene weiterqualifiziert und erhalten die Gelegenheit, andere Schwestergesellschaften kennen zu lernen. Die Förderung von Worklife-Balance ist im Unternehmensleitbild festgeschrieben: *„Wir müssen unsere Mitarbeiter auch bei der Wahrnehmung ihrer Verantwortung gegenüber ihren Familien unterstützen."* Von den Mitarbeitern wird dieses Engagement sehr positiv erlebt. Sie loben, dass das Unternehmen, das *„Frauen, die Familie und Beruf kombinieren möchten, zu 100 Prozent unterstützt"*, wie es ein Mitarbeiter beschreibt.

Fairness

Die Sozialleistungen bei Johnson & Johnson umfassen unter anderem eine umfangreiche Altersvorsorge, Boni, Prämien, einen Personal-Shop und ein Mitarbeiter-Aktienprogramm. Neutrale Behandlung und Chancengleichheit sind nicht nur im Leitbild verankert, sondern werden bei Johnson & Johnson gelebt: In der Befragung geben jeweils 98 Prozent der Beschäftigten an, dass die Mitarbeiter unabhängig von ihrer ethnischen Herkunft und Religion beziehungsweise ihrer sexuellen Orientierung fair behandelt werden.

Stolz

Die hohe Identifikation der Mitarbeiter mit dem Unternehmen zeigt sich in den Ergebnissen der Mitarbeiterbefragung: 88 Prozent sind stolz darauf, anderen zu erzählen, dass sie bei Johnson & Johnson arbeiten. *„Ich persönlich arbeite sehr gerne im Unternehmen und bin stolz darauf, ein Mitarbeiter von Johnson & Johnson zu sein"*, drückt es ein Mitarbeiter aus. Besonders positiv wird in diesem Zusammenhang das Unternehmensleitbild wahrgenommen: *„Alles, was wir tun, ist im Sinne unseres Firmen-Credos, das heißt, wir agieren trotz schwierigem Marktumfeld menschlich, ehrlich und sozial"*, beschreibt es ein Mitarbeiter. *„Das halte ich in den heutigen Zeiten für sehr außergewöhnlich und darauf bin ich stolz."*

Teamorientierung

Die Atmosphäre bei Johnson & Johnson wird wiederholt als sehr gut beschrieben: *„Die freundliche und offene Atmosphäre in diesem Unternehmen gefällt mir besonders gut, zum Beispiel hängt an jeder Bürotüre ein Bild des dort arbeitenden Kollegen"*, so ein Mitarbeiter. Company Events, die regelmäßigen Info-Days, gemeinsame Sportaktivitäten und Feiern unter Einbezug der Familien, wie zum Beispiel eine Kinderweihnachtsfeier, fördern den Teamgeist. Neue Mitarbeiter werden sehr gut integriert: 96 Prozent aller Befragten geben an, dass man sich als neuer Mitarbeiter im Unternehmen willkommen fühlt.

Karriere

Talente, die bei uns einsteigen wollen, sollten folgende Eigenschaften mitbringen:

Unsere Einstellungskriterien: Teamfähigkeit, ausgeprägtes Analyse- und Problemlösungsverhalten, Initiative, Kundenorientierung, Mobilität und sehr gute Englisch- und PC-Kenntnisse.
Von Hochschulabsolventen erwarten wir außerdem: außeruniversitäres Engagement, zügiger Studienabschluss, überdurchschnittliche Noten und erste Auslandserfahrungen.

Rang 24 : Johnson & Johnson | 149

Fakten

Branche	Konsumgüter
Zahl der Mitarbeiter in 2003	270
Adresse	Kaiserswerther Str. 270, 40474 Düsseldorf
Homepage	www.jnjgermay.de
Beschäftigte Berufsgruppen	kaufmännische Angestellte
Anfangsgehalt für Hochschulabsolventen	abhängig von Qualifikation und Position
Bewerberinformationen	www.jnjgermany.de Kontaktperson: Johnson & Johnson GmbH – Personalrecruitment – Christiane Fais Kaiserswerther Str. 270 40474 Düsseldorf Tel.: 0211 4305-305 Fax: 0211 4305-391 E-Mail: hr@cscde.jnj.com
Weiterbildungsstunden pro Jahr für größte Berufsgruppe pro Mitarbeiter	circa 80 Stunden
Anteil der Mitarbeiter unter 35 Jahren	36 Prozent
Frauenanteil	58 Prozent

Rang 25

W. L. Gore & Associates

PARTNER SEIN

Der Membranspezialist W. L. Gore & Associates meldet nach zwei Jahren der Stagnation einen Rekordumsatz. Die Entwicklung der Mitarbeiter und der Produkte wird hier nicht dem Zufall überlassen. Gore-Kollegen fühlen sich vom Management sehr respektiert.

Das Unternehmen W. L. Gore & Associates tickt anders: Hier gibt es keine Mitarbeiter. Sie heißen bei der deutschen Tochter des amerikanischen Membranherstellers „Associates", auf Deutsch „Partner" – und zwar alle, ob in der Produktion oder im Vertrieb. Der Sohn des Firmengründers Bob Gore hat vor Jahren beschlossen, weltweit alle Mitarbeiter zu Unternehmenspartnern zu machen, die am Erfolg partizipieren. Konsequenterweise lautet das wichtigste Firmenmotto: „Keine Hierarchie – keine Titel." Symbole der Macht, wie große Geschäftsführerzimmer und Chefparkplätze, gibt es bei Gore nicht. Eindruck schindende Titel auf Visitenkarten fehlen völlig.

Der Erfolg des weltweit tätigen Unternehmens beruht vor allem auf den kreativen Partnern, die sich für den Kunststoff Polytetrafluorethylen (PTFE) und die PTFE-Membranen immer neue Verwendungsmöglichkeiten ausdenken. Sie stecken in Freizeitjacken und Fahrradbekleidung, die Wind und Nässe abhalten, in Schutzanzügen für Feuerwehrmänner, in Glasfaserkabeln, Zahn-

Rang 25 : W. L. Gore & Associates

seide und sogar in künstlichen Arterien, die in den menschlichen Körper implantiert werden. An den drei Standorten der W. L. Gore & Associates GmbH in Putzbrunn bei München, Feldkirchen-Westerham im Voralpenland und Pleinfeld bei Nürnberg arbeiten rund 1100 Mitarbeiter. Die Werke erwirtschafteten im Geschäftsjahr 2003/2004 rund 330 Millionen Euro Umsatz. Das sorgt nicht nur für mehr Geld auf dem Konto der Associates, sondern auch für Stolz auf das Unternehmen und die eigene Leistung, wie die Bewertungen beim Wettbewerb „Deutschlands Beste Arbeitgeber" zeigen.

Wenn andere Unternehmer drei bis vier Hierarchieebenen als flaches Organisationskonzept empfinden, dann haben sie noch nie bei Gore vorbeigeschaut. „Wir haben kein Vorgesetztenverhältnis, wir arbeiten nach dem Sponsor- und Sponsee-System", so ein Partner. Einzig Werksleiter oder Geschäftsführer nehmen eine nach außen hin sichtbare Führungsposten ein. Jeder Mitarbeiter hat einen Sponsor. „Er achtet darauf, dass die Entwicklung seines Schützlings gut verläuft", erklärt Eduard Klein, Geschäftsführer von W. L. Gore & Associates GmbH. „Diese Partnerschaft ist langfristig angelegt." Ein Sponsee wird nicht per Beförderung oder Firmenzugehörigkeit zum Sponsor, es zählt einzig die Leistung: zum Beispiel wenn er ein Projekt erfolgreich abschließt oder einen neuen Mitarbeiter sehr gut betreut und schnell in ein Team integriert.

Einmal im Jahr wird die Leistung beurteilt. Jeder Mitarbeiter bekommt von seinem Sponsor, sowie von nationalen und internationalen Kollegen, mit denen er eng zusammenarbeitet, eine Wertung. „Seine Leistung wird dann mit der von 10 bis 15 Kollegen in seinem Team verglichen", erklärt Klein. „Wir schauen uns jeweils das obere, mittlere und untere Leistungsdrittel genauer an und besprechen in einem Gremium, wie es bei den Associates zu diesen Ergebnissen kam." Diese Rundum-Beurteilung bildet schließlich die Grundlage für die nächste Gehaltsverhandlung.

Unabhängig von der Platzierung im Ranking bekommt jeder Partner elf Prozent des Jahreseinkommens in Gore-Aktien. Das Unternehmen ist zwar nicht börsennotiert, lässt aber jährlich von Analysten einen virtuellen Kursverlauf errechnen. Laufen die Geschäfte gut, ist ein zusätzliches Extra drin: So können alle Partner im Intranet nachschauen, wie viel über oder unter Plan sie derzeit liegen. Bei Erfolg wird Bares ausbezahlt. Es gilt das Firmenmotto: „Make money and have fun."

Great Place to Work Kriterien
7-8 Punkte: ausgezeichnet, 5-6 Punkte: sehr gut, 3-4 Punkte: gut.

Glaubwürdigkeit

„Small is beautiful" beschreibt das Strukturprinzip des Unternehmens. Unternehmenseinheiten sind so konzipiert, dass „das menschliche Maß gewahrt bleibt" und der Einzelne seinen Anteil am Gesamtergebnis erleben kann – keine Unternehmenseinheit hat mehr als 200 Mitarbeiter. Mit seiner *Gitternetz*-Struktur – dem Gewebe kleiner operativer Einheiten – baut W. L. Gore auf wenig hierarchische Strukturen. 82 Prozent aller befragten Mitarbeiter sind der Meinung, dass bei W. L. Gore auch das Management gut erreichbar und unkompliziert anzusprechen ist. Mit dem jährlichen *Culture Survey* unterhält das Management einen Seismographen des aktuellen Betriebsklimas.

Respekt

Im Sinne des Leitsatzes „no ranks – no titles" tragen alle „Gorianer" den Titel *Associate*, wodurch W. L. Gore die Bedeutung des „Unternehmers im Unternehmen" unterstreicht. Der Membranspezialist folgt der Auffassung, dass Innovationen nicht im herkömmlichen Sinne planbar sind. Daher ist man versucht, ein Klima ohne bürokratische Hindernisse zu schaffen, und bietet jedem Mitarbeiter viel Freiraum zum persönlichen Wachsen und zum sinnstiftenden Erleben der eigenen Tätigkeit. Vielfältige Weiterbildungsmaßnahmen bieten die notwendige Unterstützung zum Erhalt der erforderlichen Kompetenzen. Für das jährliche 360-Grad Feedback schlägt jeder Mitarbeiter die Personen, so genannten „Inputter", vor, die die Bewertung vornehmen.

Fairness

87 Prozent der Befragten bekunden, dass sie unabhängig von ihrer Position als vollwertiges Mitglied des Unternehmens behandelt werden – ein weiterer Beleg für die hierarchiearme und auf fairen Umgang basierende Unternehmenskultur bei W. L. Gore. Im Hinblick auf die Chancengleichheit der Geschlechter gibt es Programme, um den Anteil von Frauen in Führungspositionen deutlich zu erhöhen. Zu einem werden derzeit gezielt Frauen mit Führungspotenzial rekrutiert, zum anderen werden mittels Workshops die Mitarbeiterschaft für die Thematik geschlechtsspezifische Unterschiede in Wahrnehmung und Verhalten sensibilisiert.

Rang 25 : W. L. Gore & Associates

Stolz

Das Konzept des Mitarbeiters als Partner und Mitunternehmer bildet die Basis für die Verbundenheit. Demgemäß sind herausragende 96 Prozent aller befragten W. L. Gore-Mitarbeiter der Meinung, dass sie im Unternehmen einen wichtigen Beitrag leisten können. Doch nicht nur das Mitunternehmertum, sondern auch der gemeinsame Weg, die Produkte zu entwickeln, zu produzieren und zu vermarkten, birgt ein starkes Identifikationspotenzial für die Belegschaft. Besonders stolz ist man bei Gore, wenn die Ziele im Team erreicht werden konnten. Überdurchschnittliche 90 Prozent bejahen in der Untersuchung die Aussage: Ich bin stolz auf das, was wir gemeinsam leisten.

Teamorientierung

Die Teamorientierung ist über die Unternehmensstruktur und -kultur fest in den tagtäglichen Umgang eingeschrieben. Nicht zuletzt, weil über die geringe Größe der Arbeitseinheiten sichergestellt werden soll, dass jeder jeden persönlich kennt und schätzen lernt. Der Teamgeist unter den Mitarbeitern wird auch gelebt. Überdurchschnittliche 87 Prozent der Mitarbeiter sagen aus, dass man darauf zählen kann, dass die Mitarbeiter kooperieren.

Karriere

Talente, die bei uns einsteigen wollen, sollten folgende Eigenschaften mitbringen:

Unternehmer im Unternehmen und der Treiber seiner eigenen Entwicklung sein.

Fakten

Branche	e-PTFE-Verarbeitung
Zahl der Mitarbeiter in 2003	1087
Adresse	Hermann-Oberth-Straße 22, 85640 Putzbrunn

Homepage	www.gore-careers.eu.com
Beschäftigte Berufsgruppen	diverse
Anfangsgehalt für Hochschulabsolventen	je nach Aufgabenzuschnitt
Bewerberinformationen	www.gore-careers.eu.com
Weiterbildungsstunden pro Jahr für größte Berufsgruppe pro Mitarbeiter	24 Stunden
Anteil der Mitarbeiter unter 35 Jahren	28 Prozent
Frauenanteil	36 Prozent

Rang 26

H&M Hennes & Mauritz

FLEXIBEL ANPACKEN

Das schwedische Textilhaus Hennes & Mauritz kommt mit seinen trendigen Klamotten vor allem beim jungen Publikum an. So bunt wie die Mode ist auch die Belegschaft. Das Management sagt klar, was es von den Angestellten erwartet, und bietet gute Aufstiegschancen.

Wer gewinnt, geht auf Reisen – dann aber die gesamte Filiale. Bei dem Wettbewerb um das beste Schaufenster und den höchsten Umsatz hatte die Essener Dependance der H&M Hennes & Mauritz GmbH die Nase vorn. Alle 40 Mitarbeiter flogen ein Wochenende nach Barcelona. Damit das Geschäft nicht schließen musste, rückte das Management aus der Hamburger Zentrale aus – inklusive Deutschland-Chef Hans Andersson, der Damenoberbekleidung verkaufte. Anderssons Verkaufsrenner waren an diesem Samstag schwarze T-Shirts.

Der schwedische Modekonzern ist das, was Personalexperten bei Bewerbern als „authentisch" bezeichnen würden: flache Hierarchien, keine Sekretärinnen und Teamgeist – eine große Familie. „Die Geschäftsführer bringen ihren Müll selbst nach draußen", verrät ein Mitarbeiter in der Befragung zum Wettbewerb. Das ist ein Grund, warum die H&M-Belegschaft das Management in puncto Glaubwürdigkeit lobt. In den 230 deutschen Filialen arbeiten 9661 Angestellte – ein großer Teil davon sind Teilzeit- und Aushilfskräfte. Während der Einzelhandel über die laue Konjunktur stöhnt, gewinnt H&M mit seiner „Mode und Qualität zum besten Preis" Marktanteile hinzu. Auch in diesem Jahr will der Modespezialist weiter expandieren. Allein hier zu Lande erwirtschaftete die Modekette mit der Zentrale in Hamburg über zwei Milliarden Euro im Geschäftsjahr 2002/2003.

Wichtige Grundsätze in allen Filialen lauten: Die Führungskräfte vertrauen der Mannschaft, sie kommunizieren die Ziele klar und sind stets ansprechbar. Chef Andersson etwa ist für alle „Hans" – selbst Praktikanten duzen ihn. Das schätzt die Belegschaft. „Jeder Mitarbeiter kann Kontakt mit dem Management aufnehmen, nicht nur die Führungskräfte", so ein Mitarbeiter. Die Kommunikation in den Filialen wie in der Zentrale klappt, das zeigt die sehr gute Beurteilung: Über 86 Prozent der befragten Mitarbeiter fühlen sich vom Management gut informiert – etwa durch regelmäßige Telefonkonferenzen zwischen Top- und Mittelmanagement, wöchentlichen Meetings in den Filialen, Aushängen an den schwarzen Brettern und durch „Abteilungsbücher". Letztere enthalten Protokolle von Besprechungen. So wissen auch jene, die krank oder im Urlaub waren, über das Neueste Bescheid.

„Wir glauben an die Menschen", heißt es bei den Schweden. Und in der Mitarbeiterzeitung steht: „IHR macht den Unterschied zwischen uns und den Mitbewerbern aus, IHR seid H&M!" Dafür verlangt das Management dem Team einiges ab. Mitarbeiter müssen die Bereitschaft mitbringen, sich schnell in neue Aufgaben einzuarbeiten. Andersson: „Wir sagen klar und deutlich, was es bedeutet, bei H&M zu arbeiten: Unser Tempo ist hoch. Wir fordern sehr viel Flexibilität und Eigeninitiative. Wer bei uns arbeitet, soll so tun, als wäre die Filiale seine eigene." Das bedeutet für den Einzelnen: Schaufenster dekorieren, Kunden bedienen, kassieren und anprobierte Kleidungsstücke wieder einsortieren.

Im Gegenzug gewährt die Modekette ihren Mitarbeitern in den Filialen einen großen Freiraum. Ideen sind willkommen, und „Vorschläge werden ernst genommen", so ein Mitarbeiter-Kommentar. Die Strategie geht auf: Der deutsche Markt ist inzwischen der größte des schwedischen Aktienkonzerns.

Für gute Leistung gibt es Extras, wie beispielsweise Rabatte, Gutscheine oder Boni. Wer sich einbringt, hat zudem gute Karrierechancen im In- und Ausland. Nachwuchskräften bietet das schwedische Unternehmen beispielsweise ein berufsbegleitendes BWL-Studium bei der eigenen Berufsakademie an. Fast drei Viertel der Führungskräfte rekrutieren die Trendsetter aus dem eigenen Nachwuchs – egal ob Akademiker oder Mitarbeiter ohne Schulabschluss. Das Motto lautet: „Wer will, der kann."

Rang 26 : H&M Hennes & Mauritz | 157

Great Place to Work Kriterien
7-8 Punkte: ausgezeichnet, 5-6 Punkte: sehr gut, 3-4 Punkte: gut.

Glaubwürdigkeit ■ ■ ■ ■ ■ ■ ■ ▢

„Gerade heraus sein" ist einer der sieben Grundwerte der Kommunikationskultur von Hennes & Mauritz. *„Für mich ist H&M etwas Besonderes, da es ein sehr ehrliches Unternehmen ist"*, beschreibt es ein Mitarbeiter. Für die interne Kommunikation werden zum Beispiel Info-Broschüren und „Fit für …"-Handbücher, schwarze Bretter und tägliche Abteilungs-Meetings eingesetzt. Das Management erzielt im Bereich Glaubwürdigkeit Ergebnisse, die insgesamt weit über den Durchschnittswerten des Wettbewerberfeldes liegen: 90 Prozent der Mitarbeiter sind der Meinung, dass das Management klare Vorstellungen von den Zielen des Unternehmens hat und davon, wie diese erreicht werden können. Weitere 85 Prozent erleben die Kommunikation des Managements als klar und deutlich.

Respekt ■ ■ ■ ■ ▢ ▢ ▢ ▢

H&M-Mitarbeiter haben gute Chancen, ihre Karrierewünsche zu verwirklichen: Führungspositionen werden vorrangig aus dem eigenen Mitarbeiterstamm besetzt. Die Karriere vieler Führungskräfte hat im Verkauf ihren Anfang genommen. Unter dem Slogan: *„Mental franchise: Wir vergrößern uns ständig"* sind alle Mitarbeiter angehalten, selbstständig zu arbeiten und eigenverantwortlich Entscheidungen zu treffen. Die Karriereplanung erfolgt auf Basis individueller Entwicklungspläne. In einem Trainingspass werden absolvierte Workshops und Kurse festgehalten. Die Zusammenarbeit mit einer Betriebsakademie ermöglicht ambitionierten Mitarbeitern, berufsbegleitend Betriebswirtschaftslehre zu studieren.

Fairness ■ ■ ■ ■ ■ ■ ▢ ▢

„Wir geben den Menschen die Möglichkeit, ihrer Persönlichkeit Ausdruck zu verleihen", so drückt H&M einen der wichtigsten Grundsätze des Wertekatalogs aus. Den Leitsätzen des Unternehmens folgend, werden keinerlei Unterschiede nach Nationalität, Religion oder Geschlecht gemacht. Auf etwaige Verstöße gegen dieses Prinzip reagiert man bei H&M prompt und scheut vor Abmahnung und Kündigung nicht zurück. 88 Prozent aller Mitarbeiter stimmen der Aussage zu, dass sie unabhängig von ihrer Position als vollwertiges Mitglied des Unternehmens behandelt werden.

Stolz

Zur Identifikation trägt der beispiellose wirtschaftliche Erfolg des Unternehmens entscheidet bei. Die Devise, gute Leistungen möglichst zeitnah zu belohnen, ermöglicht es allen Mitarbeitern, ihren eigenen Beitrag zum Unternehmenserfolg direkt zu erleben: 90 Prozent wissen, dass sie im Unternehmen einen wichtigen Beitrag leisten können. *„Ich bin stolz auf das, was H&M leistet"*, gibt ein Mitarbeiter in der Befragung an. Ein weiterer Mitarbeiter ergänzt: *„H&M ist das einzige Textileinzelhandelsgeschäft, in dem ich arbeiten würde!"*

Teamorientierung

„In meinem Unternehmen ist mit besonders aufgefallen, dass ein besonders guter Teamgeist vorhanden ist. Jeder hilft jedem! Man fühlt sich wie in einer großen Familie, und das schätze ich sehr", beschreibt ein Mitarbeiter das Klima im Unternehmen. Auch private Probleme werden offen angesprochen, und gegenseitige Hilfe prägt das betriebliche Miteinander. 92 Prozent stimmen der Aussage zu: Ich arbeite in einem freundlichen Unternehmen. Neue Mitarbeiter werden von einem Paten bei der Einarbeitung unterstützt. Ereignisse wie Weihnachten, Sommerfest, Jubiläen und gute Platzierungen bei internen Wettbewerben werden ausgiebig gefeiert. Das bestätigen 90 Prozent aller Befragten.

Karriere

Talente, die bei uns einsteigen wollen, sollten folgende Eigenschaften mitbringen:

Wir suchen engagierte, flexible Mitarbeiter, die Spaß am Verkauf von trendiger Mode haben. Persönlichkeit und Charakter stehen bei uns im Vordergrund. Wer Prioritäten setzen kann, gerne mit anpackt und Freude an Teamarbeit hat, ist bei uns genau richtig.

Fakten

Branche	Einzelhandel
Zahl der Mitarbeiter in 2003	9661
Adresse	H & M Hennes & Mauritz GmbH Spitalerstr. 12 (Semperhaus B), 20095 Hamburg
Homepage	www.hm.com
Beschäftigte Berufsgruppen	Einzelhandelskauffrau/-mann, Visual Merchandiser, Merchandiser, Kommissionierer, Betriebswirte
Anfangsgehalt für Hochschulabsolventen	keine Angaben
Bewerberinformationen	Jobs.de@hm.com Ansprechpartner: Birgit Borazan, Beate Wangler
Weiterbildungsstunden pro Jahr für größte Berufsgruppe pro Mitarbeiter	durchschnittlich 20 Stunden
Anteil der Mitarbeiter unter 35 Jahren	74 Prozent
Frauenanteil	82 Prozent

Rang 27
Lilly Deutschland

FRAUEN FÖRDERN

Der Pharmakonzern Lilly ist im Sektor Medikamente für Frauen besonders erfolgreich. Konsequenterweise fördert das Unternehmen auch potenzielle Managerinnen. Doch ob Mann oder Frau, die Kultur von Lob und Anerkennung bindet alle Mitarbeiter an ihr Unternehmen.

Bei Lilly Deutschland GmbH gibt es keine Fremden. „Jeder neue Mitarbeiter nimmt in seinen ersten Tagen an einem Onbording-Workshop, einem Willkommens-Seminar, teil", sagt Roland Kutschenko, Personaldirektor von Lilly und Mitglied der Geschäftsführung. Die neuen Kollegen besichtigen die Firmenzentrale, stellen sich bei allen Abteilungen vor, und sie sprechen über Unternehmenswerte und Visionen. Jeder Teilnehmer zeichnet seine Ziele und Wünsche auf, die er in den kommenden Jahren bei dem Pharmakonzern verwirklichen möchte. Eine kleine Feier in der Cafeteria am Ende des zweiten Tages mit allen Kollegen und einem Mitglied der Geschäftsführung beschließt das Aufnahmeritual.

Diesen Begrüßungs-Workshop führte die deutsche Tochter des amerikanischen Pharmariesen Elly Lilly im Jahr 2000 ein. Damals expandierte das Unternehmen in Deutschland so stark, dass 250 neue Mitarbeiter eingestellt wurden – hauptsächlich für den Außendienst. Sie sollten vom ersten Tag an

Rang 27 : Lilly Deutschland

mit den Werten der Aktiengesellschaft – „Respekt für den Menschen, Aufrichtigkeit und Leistung" – vertraut gemacht werden. Heute hat Lilly Deutschland 1037 Mitarbeiter. Mit Medikamenten gegen Osteoporose, Infektions- und Herz-Kreislauf-Krankheiten schaffte das Unternehmen an den vier Standorten Bad Homburg, Gießen, Hamburg und Norderfriedrichskoog 500 Millionen Euro Umsatz in 2003. Die Mitarbeiter sind vor allem mit den fairen Umgangsformen des Managements zufrieden, das zeigen die Ergebnisse im Wettbewerb „Deutschlands Beste Arbeitgeber".

Das Rekordergebnis von einer halben Milliarde Euro feierte Lilly mit einer großen Fete in der Frankfurter Naxoshalle. „Everyone's a winner", lautete das Motto für die Party-Nacht. Neben großen werden bei dem Pharmahaus auch kleine Erfolge gefeiert und belohnt. Jede Führungskraft hat ein Geschenk-Budget, beispielsweise für Blumen und Wein. „Wir wollen, dass die Führungskräfte ihre Teammitglieder zeitnah und nicht erst im Mitarbeitergespräch loben", sagt Kutschenko.

Ein weiterer Zufriedenheitsfaktor: die Leistungsvergütung. Fundament dafür ist die Performance-Messung. Dahinter verbirgt sich ein Mitarbeitergespräch zu Jahresanfang. „Hier legt das Teammitglied mit seinem Vorgesetzten die Ziele fest, und sie beschließen, wie die Ziele erreicht werden sollen", erklärt Kutschenko. Nach sechs Monaten treffen sie sich erneut zu einer Zwischenbeurteilung, und am Jahresende wird Bilanz gezogen. Stimmt die Leistung, winken eine Gehaltserhöhung und eventuell eine Beförderung.

Karriereplanung ist ein Thema, das bei Lilly nicht dem Zufall überlassen wird. Kutschenkos Job ist es, gute Mitarbeiter zu finden und zu binden. „Damit sie lange bei uns bleiben, müssen wir ihnen auch entsprechende Rahmenbedingungen bieten", so der Personaldirektor. Vor allem Mütter profitieren von diesem Ansinnen. 100 Prozent aller Frauen, die bei Lilly in Teilzeit arbeiten, sagen in der Befragung, dass sie einen guten Arbeitsplatz haben. Ein Grund: Nach der Geburt des Kindes können sie teilweise von zu Hause aus arbeiten. Computer und Internetanschluss stellt das Unternehmen zur Verfügung. „Lilly ist klar, dass ich zwei bis drei Jahre etwas weniger Zeit im Büro verbringe", sagt Katrin Gehring-Budig. Sie ist Mutter einer kleinen Tochter und Personalleiterin in Bad Homburg. „Mein Arbeitgeber ist extrem kooperativ. Entscheidend ist die Leistung und nicht meine Anwesenheit."

Gehring-Budig ist nicht das einzige Beispiel für Frauen im Chefsessel: In der obersten Führungsebene bei Lilly sind immerhin drei von acht Bereichsdirektoren Frauen, im mittleren Management liegt der Anteil der weiblichen Führungskräfte bei 84 zu 247. „Unser Ziel ist es, das Management je zur Hälfte mit Männern und Frauen zu besetzen", sagt Kutschenko. Dabei hilft die „Female Pipeline": Mitarbeiterinnen mit Führungspotenzial werden gezielt mit Trainings, Coaching und Projektarbeiten gefördert. Das wirkt: 92

Prozent der Mitarbeiter fühlen sich fair behandelt – unabhängig von ihrem Geschlecht.

Great Place to Work Kriterien
7-8 Punkte: ausgezeichnet, 5-6 Punkte: sehr gut, 3-4 Punkte: gut.

Glaubwürdigkeit

„Respekt, Aufrichtigkeit und Leistung" – die zentralen Werte bleiben bei Lilly Deutschland nicht nur Lippenbekenntnis. Das *Lilly Red Book* und die Mitarbeiterrichtlinien spezifizieren die Grundwerte in Form von konkreten Handlungsaufforderungen. Mitarbeiter und Führungskräfte werden jährlich danach beurteilt, wie sie die Mitarbeiterorientierung im Unternehmensalltag umsetzen. 83 Prozent der Befragten glauben, dass ihr Management Kündigungen nur als letzten Ausweg wählt. Weitere 82 Prozent der Mitarbeiter halten die Geschäftspraktiken des Managements für ehrlich und ethisch vertretbar.

Respekt

„Das Wichtigste bei Lilly sind die Menschen und die Moleküle", formulierte einmal der amerikanische Firmengründer Eli Lilly. Allen Mitarbeitern wird die Möglichkeit zur beruflichen Weiterbildung und persönlichen Weiterentwicklung angeboten. Neben Schulungen zu fachbezogenen Themen setzt man auf elaborierte Mentor-Programme zur Führungskräfteentwicklung: Ein Mentor, zumeist Mitglied der Geschäftsführung, steht dem Mentee in Sachen persönlicher und fachlicher Weiterentwicklung, Karriereplanung und dem Herstellen wichtiger Kontakte zur Seite. *Management Tutorials* vertiefen den Kontakt zwischen Mitarbeitern und Management. In diesen zwei bis drei stündigen Veranstaltungen geben Mitglieder der Geschäftsführung ihr Wissen über einzelne Funktionsbereiche von Lilly an die Mitarbeiter weiter. Neben dem Prämiensystem und den Incentive-Programmen für den Außendienst ermöglichen so genannte Anerkennungs-Schecks die zeitnahe und individuelle Leistungshonorierung der Mitarbeiter.

Fairness

Der Sonderpreisträger für „Chancengleichheit der Geschlechter" bietet allen Mitarbeitern gute Aufstiegschancen und fördert gezielt Mitarbeiterinnen, die in den nächsten Jahren eine Führungsposition im oberen Management einnehmen können. Die Institution WEconnect (Women Europe Connect) der europäischen Lilly-Gruppe dient dem Ziel, Frauen über die nationalen Grenzen hinweg zu unterstützen. Im Geschäftsführungs-Gremium von Lilly sind zurzeit zwei Direktorinnen vertreten, und über 30 Prozent der Führungskräfte im Außendienst sind Frauen. Mitarbeiter profitieren von flexiblen Arbeitszeiten, und insbesondere Mitarbeiterinnen mit Kindern können Teilzeitangebote wahrnehmen und im Home Office arbeiten. Mehr als 90 Prozent der Lilly-Mitarbeiter geben an, dass sie fair behandelt werden – unabhängig von Geschlecht, ethnischer Herkunft oder einer Behinderung.

Stolz

Die Mitarbeiter sind stolz auf das erfolgreiche und innovative Unternehmen, das über eine der besten Produkt-Pipelines in der Pharmabranche verfügt. Überdurchschnittliche 91 Prozent der Befragten geben an, dass die Mitarbeiter bereit sind, einen zusätzlichen Einsatz zu leisten, um Arbeiten fertig zu stellen. Sie loben außerdem die *„Personalstrategie, die keine „Hire & Fire"-Politik verfolgt"*, sondern auf stabile und langfristige Bindung zwischen Mitarbeitern und dem Unternehmen setzt, wie dem Kommentar eines Befragten zu entnehmen ist. Für 90 Prozent aller befragten Mitarbeiter hat ihre Arbeit eine besondere Bedeutung und ist nicht einfach nur ein „Job".

Teamorientierung

Neue Mitarbeiter werden auf besondere Weise eingearbeitet und willkommen geheißen: Beim *Get-together* mit den Lilly-Kollegen wird ihr Eintritt gemeinsam gefeiert. 87 Prozent der Mitarbeiter bestätigen, dass man sich als neuer Mitarbeiter im Unternehmen willkommen fühlt. Auch an Weihnachten und zu Fasching nutzen die Mitarbeiter die Gelegenheit, ausgiebig gemeinsam zu feiern, und bei hohen Temperaturen im Sommer spendiert die Geschäftsführung Eis und gibt „hitzefrei". 84 Prozent der Beschäftigten bekunden, mit Freude bei Lilly zu arbeiten.

Karriere

Talente, die bei uns einsteigen wollen, sollten folgende Eigenschaften mitbringen:

Besonders wichtig sind eine starke Persönlichkeit, Ergebnisorientierung, Eigeninitiative, Motivation und Begeisterungsfähigkeit, Mut zum Andersdenken, Teamfähigkeit und soziale Kompetenz sowie Fremdsprachenkenntnisse.

Fakten

Branche	Pharma
Zahl der Mitarbeiter in 2003	1037
Adresse	Saalburgstraße 153, 61350 Bad Homburg
Homepage	www.lilly-pharma.de
Beschäftigte Berufsgruppen	Mitarbeiter/-innen in den Bereichen Vertrieb, Marketing, Marktforschung, Medizinische Abteilung, Training, Personal, Finanz, Gesundheitswesen, Öffentlichkeitsarbeit, Rechtsabteilung, Einkauf, Informationstechnologie
Anfangsgehalt für Hochschulabsolventen	abhängig von der Einstiegsposition, zum Beispiel Jahresbruttogehalt für Marketing-Trainees: circa 46 000 Euro
Bewerberinformationen	www.lilly-pharma.de/karriere/
Informationen über aktuelle Stellenangebote:	www.jobpilot.de
Weiterbildungsstunden pro Jahr für größte Berufsgruppe pro Mitarbeiter	80 Stunden
Anteil der Mitarbeiter unter 35 Jahren	23 Prozent
Frauenanteil	56 Prozent

Rang 28

Smart

DYNAMISCH GESTALTEN

Die Tochter des Autoriesen DaimlerChrysler, Smart, will ihre ganz eigenen Wagen bauen, was Design und Image anbelangt. Die Mitarbeiter identifizieren sich sehr stark mit ihrem Unternehmen. In puncto Engagement wird Vollgas erwartet – und gebracht.

Die Mitarbeiter der Abteilung Finanzen & Controlling bei der Smart GmbH in Böblingen können sich schon mal warm anziehen – demnächst sind sie an der Reihe. Auf dem Networking-Day präsentieren sie ihren Kollegen einen Tag lang mit Beamer, Overhead-Projektoren, Pinnwänden und Diskussionsrunden, was sie eigentlich so machen. „So kann auch ein Bereich wie Finanzen & Controlling beweisen, welchen Betrag er für Smart leistet", sagt Andreas Renschler, Vorsitzender der Geschäftsführung des Autobauers. Die Kollegen aus Marketing, Entwicklung und der Personalabteilung besuchen dann die Büros der Zahlen- und Bilanzexperten und stellen Fragen. „So bekommen alle Mitarbeiter die Chance, ihre Kollegen besser kennen zu lernen", so Renschler.

Auch wenn ein Ingenieur nach so einem Kennenlern-Tag noch nicht 100 Prozent fit ist in Bilanzierung, so hat er doch ein paar weitere Kollegen der über 1280-köpfigen Belegschaft kennen gelernt. Egal an welcher Schraube der Einzelne bei Smart im Unternehmen dreht, immer geht es um die bunten Flitzer wie beispielsweise den Roaster, den Forfour oder den Formore, der 2005 auf den Markt kommen soll. 1994 gründete DaimlerChrysler die Tochter Smart mit Hauptsitz im schwäbischen Böblingen. Nach etwas holprigem Start ist das Geschäft langsam auf dem Weg zur Rentabilität. Im Jahr 2003 gelang dem Kfz-Hersteller mit 123 500 verkauften Autos ein Umsatzplus von 20 Prozent auf 1,4 Milliarden Euro im Vergleich zum Vorjahr. Die Mitarbeiter mögen ihr Unternehmen und den Chef Renschler. Das zeigen die sehr guten Wertungen im Wettbewerb „Deutschlands Beste Arbeitgeber" in den Kategorien Stolz und Glaubwürdigkeit.

Ein Grund dafür: Renschler lädt bis zu acht Mal im Jahr eine Gruppe von Teamleitern aus unterschiedlichen Bereichen zum Kamingespräch ein – ohne Protokoll und Agenda. „Was wir besprechen, bleibt in diesem Raum und dient nur meiner persönlichen Information. Dieses Versprechen gebe ich jedem Teilnehmer", so der Smart-Chef. „Wir sitzen meist länger als geplant zusammen, aber diese Zeit ist gut investiert." Damit allerdings nicht nur ein kleiner erlauchter Kreis etwas von den Zielen und Visionen der Führungskräfte mitbekommt, findet beispielsweise mindestens zweimal im Jahr eine große Infoveranstaltung in der Kantine statt. Für aktuelle Mitteilungen nutzt das Management außerdem E-Mails. „Die Kommunikation ist vorbildlich. Die Mitarbeiter werden regelmäßig über Entscheidungen der Geschäftsführung informiert", lobt ein Befragter.

Bei der DaimlerChrysler-Tochter wird vor allem Leistung gefordert. Ob Führungskraft oder Hochschulabsolvent, jeder bekommt einen leistungsbezogenen Bonus, wobei der variable Bestandteil bis zu 25 Prozent des Bruttojahresgehalts betragen kann. „Wir haben uns gemeinsame Ziele gesteckt, die wir bis auf die unterste Ebene in jährlichen Zielvereinbarungen individuell festhalten", erklärt Renschler. Neben der persönlichen Leistung fließt in die Bonusberechnung noch der Erfolg des Unternehmens mit ein. Das Belohnungssystem wirkt: 94 Prozent der Mitarbeiter sagen, dass die Mitarbeiter bereit sind, einen zusätzlichen Einsatz zu leisten, um die Arbeiten fertig zu stellen.

Der Ansporn für Leistung hat neben Geld noch einen anderen Grund: „Bei Smart kann jeder innerhalb seines Aufgabengebietes eine hohe persönliche Verantwortung übernehmen", sagt Renschler. Und die Befragten im Wettbewerb bestätigen diese Aussage mit 95 Prozent – ein beachtlicher Wert! Der Geschäftsführer weiß auch den Grund: „Wie im Mittelstand arbeiten bei Smart die Mitarbeiter eng mit den Führungskräften zusammen, Entscheidungen werden gemeinsam getroffen und umgesetzt."

Great Place to Work Kriterien
7-8 Punkte: ausgezeichnet, 5-6 Punkte: sehr gut, 3-4 Punkte: gut.

Glaubwürdigkeit

„Herausfordernde Aufgaben und Förderung der Mitarbeiter sind die Basis für unseren Erfolg", heißt es in der Unternehmensvision. Das Management zeigt den Untersuchungsergebnissen zufolge besondere Kompetenz in der Umsetzung der formulierten Mitarbeiterorientierung. Führungskräfte und Angestellte arbeiten ohne Türen und Vorzimmer gemeinsam in Großraumbüros. Das Top-Management nutzt beispielsweise *Kamingespräche* zum offenen Austausch. Allgemein kommt direkter Information bei Smart eine hohe Priorität zu, wie ein Mitarbeiter bestätigt: „*Die Kommunikation ist vorbildlich, die Mitarbeiter werden regelmäßig über Entscheidungen der Geschäftsführung informiert*".

Respekt

„*Smart ist in jeder Beziehung ein hervorragendes Lernfeld*", beschreibt ein Mitarbeiter sein Unternehmen. Individuelle Einarbeitungspläne für die ersten drei Monate erleichtern den fachlichen und überfachlichen Einstieg ins Unternehmen. Der Qualifikationsbedarf der Mitarbeiter wird jährlich systematisch erhoben und an die Zielvereinbarung gekoppelt. Variable Vergütung und *Incentives* wie Reisegutscheine, Theaterkarten oder Geldprämien honorieren herausragende Leistungen. Die Vertrauensarbeitszeit gilt für alle Mitarbeiter und unterstreicht die Eigenverantwortlichkeit jedes Einzelnen. Themen wie „Vision und Strategie" werden in interdisziplinären und hierarchieübergreifenden Teams bearbeitet.

Fairness

Das leistungsbezogene Entgeltsystem lässt alle Mitarbeiter ausgewogen am Unternehmenserfolg partizipieren. Bis zu 25 Prozent des individuellen Bruttojahreseinkommens werden bei Mitarbeitern als Erfolgsbeteiligung ausgezahlt. Die Karriereentwicklung auf Grundlage der Potenzialerfassung, Qualifizierung und Personalentwicklung erfolgt für alle Belegschaftsgruppen nach einheitlichen Instrumenten und Maßstäben und ebnet den Weg für eine neutrale Beförderungspraxis nach Leistung und Qualifikation. Um den Erwerb interkultureller Kompetenz zu fördern, werden Smart-Mitarbeiter in internationalen Projekten mit ihren japanischen, französischen, holländischen und brasilianischen Kollegen eingesetzt.

Stolz

Die Identifikation mit den innovativen Produkten des Hauses ist bei Smart stark ausgeprägt. Dazu tragen die hohe Arbeitsqualität und das breite Aufgabenspektrum mit hoher Eigenverantwortung bei. „Man hat die Möglichkeit von der Idee bis zur Serienreife etwas Neues verantwortlich zu entwickeln, das man später tausendfach auf der Straße sieht. Das macht einen stolz, hier zu arbeiten", beschreibt es ein Mitarbeiter. 94 Prozent der Beschäftigten sagen aus, dass die Mitarbeiter bereit sind, einen zusätzlichen Einsatz zu leisten, um Arbeiten fertig zu stellen. Zudem tritt das junge, wachsende Unternehmen positiv aus dem Gros der Branche hervor. 89 Prozent sind stolz, anderen erzählen zu können, dass sie bei Smart arbeiten.

Teamorientierung

Die Mitarbeiter kommentieren ihr Unternehmen vor allem in Bezug auf den als ausgezeichnet erlebten Teamgeist. Der Umgang wird als familiär und persönlich beschrieben. Auch die Befragungsergebnisse unterstreichen dies: 96 Prozent stimmen der Aussage zu, in einem freundlichen Unternehmen zu arbeiten. Weitere 91 Prozent aller Smart-Mitarbeiter bekunden, dass sie im Unternehmen „sie selbst sein können" und sich nicht zu verstellen brauchen. Mittels so genannter *Networking Days* erreicht Smart, dass Mitarbeiter unterschiedlicher Geschäftsbereiche im Rahmen von Halb- und Ganztagesveranstaltungen das Arbeitsumfeld der Kollegen aus anderen Bereichen kennen lernen können. Veranstaltungen wie Weihnachtsfeiern, „Formel 1 meets Smart-Mitarbeiter" und „Mitarbeiter fahren Smart forfour" fördern zusätzlich das Zusammengehörigkeitsgefühl.

Karriere

Talente, die bei uns einsteigen wollen, sollten folgende Eigenschaften mitbringen:

Hervorragende Ausbildung, Studienabschlüsse, jobbezogene passende Praktika beziehungsweise profunde Berufserfahrung im angestrebten Stellenprofil. Darüber hinaus erwarten wir: Kenntnis anderer Kulturen und Arbeitswelten, Bereitschaft, schnell weit reichende Verantwortung zu übernehmen. Handlungsfähigkeit unter Unsicherheit, Kommunikationsstärke, Einfühlungsvermögen, hohes, auch zeitliches Engagement und Bereitschaft, ein leistungsbezogenes Gehalt zu akzeptieren.

Fakten

Branche	Automobil
Zahl der Mitarbeiter in 2003	1283
Adresse	Leibnizstraße 2, 71032 Böblingen
Homepage	www.smart.com
Beschäftigte Berufsgruppen	Ingenieure, Wirtschaftswissenschaftler, Informatiker
Anfangsgehalt für Hochschulabsolventen	keine Angaben
Bewerberinformationen	www.smart.com
Weiterbildungsstunden pro Jahr für größte Berufsgruppe pro Mitarbeiter	Qualifizierungsbedarfe werden im Rahmen der jährlichen Zielvereinbarung zwischen Führungskräften und Mitarbeitern hinsichtlich Notwendigkeit und Sinnhaftigkeit geplant, vereinbart und realisiert; abhängig von aktuellen Projekten
Anteil der Mitarbeiter unter 35 Jahren	57 Prozent
Frauenanteil	24 Prozent

Rang 29

Pfizer

BEGEISTERUNG WECKEN

Der Weltkonzern Pfizer verdient mit Cholesterinsenkern und Potenzmitteln sein Geld. Von seinen Mitarbeitern verlangt das Unternehmen 100 Prozent Leistung, bietet dafür aber eine Top-Bezahlung und sehr gute Sozialleistungen.

Die Strategen des Pharmaunternehmens Pfizer GmbH in Karlsruhe wissen, wie sie die Begeisterung der Mitarbeiter für Neues wecken. Lernen und Essen lautet die Devise. „Trockene Memos kann sich kein Mitarbeiter merken, geschweige denn sich für deren Inhalt begeistern", sagt Peter Erdmann, Geschäftsführer Personal und Business Support bei Pfizer GmbH. „Deshalb machen wir zu interessanten Themen eine Infoveranstaltung mit Vorträgen, Diskussionen und Präsentationen." So hat sich beispielsweise zuletzt ein Bereich vorgestellt, der umstrukturiert wurde. Die Kollegen konnten sich an Infoständen erkundigen, wer nun für was zuständig ist. Hungern musste dabei keiner, es gab ein warmes Buffet mit unterschiedlichen Gerichten.

Das Geschäft von Pfizer ist die Pharmazeutik. Die weltweite Nummer eins der Branche ist bekannt durch Medikamente wie den Cholesterinsenker Sortis, die Potenzpille Viagra und das Antibiotikum Zithromax. Zum Umsatz

Rang 29 : Pfizer

von rund 45,19 Milliarden US-Dollar in 2003 trugen auch die Sparten Tiergesundheit und Consumer-Healthcare bei. In Deutschland ist der Weltkonzern an drei Standorten vertreten. Der Hauptsitz ist in Karlsruhe. Hier vermarkten, vertreiben und verwalten Experten die Produkte und das Unternehmen. An den Produktionsstandorten Freiburg und Illertissen bei Ulm produzieren die Mitarbeiter Medikamente für den Weltmarkt. Die gesamte Belegschaft schätzt den glaubwürdigen Führungsstil des Managements.

„Uns ist nicht egal, wie Führungskräfte ihre Ergebnisse erzielen", sagt Erdmann. „Wir verlangen, dass die Führungsprinzipien gelebt werden." Dazu gehören: starke Teamorientierung, Veränderungsbereitschaft, individuelle Förderung der Mitarbeiter und die Fähigkeit, über den eigenen Abteilungs-Tellerrand zu schauen. Damit diese Werte im Alltag nicht in Vergessenheit geraten, führt jeder zwei Mal im Jahr ein Zielvereinbarungsgespräch mit dem jeweiligen Vorgesetzten. „Hier muss die Führungskraft mit Beispielen belegen, wie sie die Prinzipien umgesetzt hat", so der Geschäftsführer. Zusätzlich findet alle zwei Jahre eine 360-Grad-Beurteilung durch Mitarbeiter, Kollegen und Vorgesetzte statt.

Wer bei den Beurteilungen gut abschneidet und Engagement zeigt, hat bei dem Großkonzern interessante Karrierechancen. Der Weg nach oben führt bei Pfizer häufig durch verschiedene nationale wie internationale Unternehmensbereiche. Jeder Neueinstieg in eine andere Abteilung wird von einem Kollegen begleitet, der bei der Eingewöhnung in den ersten Monaten hilft. Das Konzept funktioniert: 91 Prozent der Mitarbeiter sagen in der Befragung zum Wettbewerb „Deutschlands Beste Arbeitgeber", dass Kollegen gut aufgenommen und integriert werden. „Auch als Neuankömmling hat man mir das Gefühl gegeben, dass ich zu 100 Prozent dazugehöre", bestätigt ein Mitarbeiter.

Ein weiterer Punkt, den die Pharmaspezialisten in Karlsruhe, Freiburg und Illertissen sehr schätzen, sind die Sozialleistungen. 85 Prozent der Befragten loben sie – ein hoher Wert im Vergleich zu den anderen Wettbewerbsteilnehmern. So erhalten alle Mitarbeiter 14 Monatsgehälter im Jahr plus einen Bonus, der sich an der eigenen Leistung und der Entwicklung des Konzerns bemisst. „Der Verdienst ist in der Branche überdurchschnittlich", sagt Erdmann. Auch das Altersvorsorgeprogramm des Unternehmens wurde vor zwei Jahren komplett umgekrempelt: „Die Mitarbeiter können im Laufe des Berufslebens immer wieder neu entscheiden, wie viel sie für die Rente ansparen wollen. Das kommt gut an."

Great Place to Work Kriterien
7-8 Punkte: ausgezeichnet, 5-6 Punkte: sehr gut, 3-4 Punkte: gut.

Glaubwürdigkeit ■ ■ ■ ■ ■ ■ ▫ ▫

Bei Pfizer werden die *Leader Behaviors* wie „Fördern offener Diskussion" sehr ausführlich kommuniziert und bilden den Maßstab der jährlichen Führungskräftebeurteilung. Über E-Mail, schwarze Bretter, Newsletter, das Mitarbeitermagazin „Pfizer Life" und Team-Meetings werden alle Beschäftigten über Neuigkeiten aus dem Unternehmen informiert. Transparenz und Klarheit gelten auch hinsichtlich der Unternehmensstrategie: 85 Prozent aller Befragten bescheinigen dem Management, dass es klare Vorstellungen von den Zielen des Unternehmens hat und davon, wie diese erreicht werden können.

Respekt ■ ■ ■ ■ ■ ▫ ▫ ▫

Durch individuelle Entwicklungspläne erhält jeder Mitarbeiter bei Pfizer eine Perspektive für seinen beruflichen Werdegang im Unternehmen. Neben dem Einsatz bewährter Unterrichtsmedien im Schulungsbereich bietet Pfizer die Möglichkeit, gemeinsam relevante Themen und Projekte in Form interaktiver Veranstaltungen unter dem Motto *„Lunch & Learn"* aufzubereiten. Der Pharmakonzern investiert viel in die Gesundheitsförderung seiner Beschäftigten: So organisiert er Kampagnen zur Schlaganfallprävention und Cholesterin-Testwochen. Der Speiseplan der Kantine weist als besonderen Service die Kalorienzahl der Gerichte aus.

Fairness ■ ■ ■ ■ ■ ▫ ▫ ▫

Die Pfizer-Mitarbeiter schätzen die sehr gute betriebliche Altersversorgung. Der Außendienst lobt insbesondere das Prämiensystem. Im Hinblick auf *Neutralität* und *Gerechtigkeit* zeigt sich das Unternehmen fortschrittlich: Bei gleichgeschlechtlichen Paaren wird die Heiratszuwendung in gleicher Höhe gewährt. Zudem verfolgt Pfizer das Ziel, Menschen mit Behinderungen gleichberechtigt am Berufsleben teilnehmen zu lassen. 97 Prozent der Befragten bejahen die Aussage, dass Mitarbeiter unabhängig von körperlicher oder geistiger Behinderung fair behandelt werden.

Stolz

Stolz sind die Pfizer-Mitarbeiter auf den wirtschaftlichen Erfolg des Unternehmens: „Es macht viel Freude, die Nummer eins zu sein und diese Stellung zu behaupten" so ein Mitarbeiter. Überdurchschnittliche 90 Prozent der Befragten sind bereit, einen zusätzlichen Einsatz zu leisten, um Arbeiten fertig zu stellen. Auch durch sein soziales Engagement lässt das Unternehmen die Mitarbeiter Stolz über ihren Arbeitgeber empfinden. So stattet Pfizer beispielsweise die Schulen vor Ort mit Laptops aus.

Teamorientierung

„Bei Pfizer steht der Teamgeist an erster Stelle. Gemeinsam sind wir stark!", heißt es im Leitbild des Unternehmens. Dass der Teamgedanke unternehmensweit gelebt wird, zeigt die Befragung: 91 Prozent der Beschäftigten bestätigen, dass auch Mitarbeiter, die innerhalb des Unternehmens ihre Tätigkeit oder ihren Arbeitsbereich wechseln, gut aufgenommen und integriert werden. Neuankömmlingen wird das Gefühl gegeben, zu 100 Prozent dazuzugehören. „Bereits im Bewerbungsgespräch fällt die Freundlichkeit des Unternehmens auf", so ein Kommentar eines Befragten.

Karriere

Talente, die bei uns einsteigen wollen, sollten folgende Eigenschaften mitbringen:

Bewerber sollten Leistungsstärke und Führungspotenzial mitbringen sowie offen für neue Lösungswege und pragmatische Lösungsansätze sein. Wir suchen engagierte Mitarbeiter, die sich mit unseren Werten (Leader Behaviors) identifizieren und diese leben.

Fakten

Branche	Pharma
Zahl der Mitarbeiter in 2003	6000 (Pfizer gesamt Deutschland; alle Geschäftsbereiche, Standorte und Außendienst)

Adresse	Pfizerstraße 1, 76131 Karlsruhe
Homepage	www.pfizer.de
Beschäftigte Berufsgruppen	Wirtschaftswissenschaftler; Ingenieure; Wirtschaftsingenieure; Informatiker; Juristen; Naturwissenschaftler; Geisteswissenschaftler; Mediziner; Sozialwissenschaftler, Veterinärmediziner, Pharmakanten
Anfangsgehalt für Hochschulabsolventen	keine Angaben
Bewerberinformationen	www.pfizer.de
Weiterbildungsstunden pro Jahr für größte Berufsgruppe pro Mitarbeiter	circa ein bis zwei Wochen
Anteil der Mitarbeiter unter 35 Jahren	26 Prozent
Frauenanteil	57 Prozent

Rang 30

Electronic Arts

ENGAGIERT MITSPIELEN

An Electronic Arts kommt in Deutschland kein Fan virtueller Strategie- und Fußballspiele vorbei. Das Unternehmen ist seit Jahren auf Erfolg programmiert. Daran können auch die Mitarbeiter teilhaben – dank Partys und Optionsscheinen.

Bei der deutschen Tochter von Electronic Arts wirkt alles so, wie Computerspiele-Fans es erwarten: Das Unternehmen residiert in einem Hochhaus mit Blick über Köln. Spielekonsolen im Eingangsbereich laden zum Daddeln ein, die Mitarbeiterinnen am Empfang duzen die Chefs, und überall wimmelt es von bunten Werbepostern und Figuren aus Filmen wie „Herr der Ringe". Selbst der Chef, Jens Intat – obwohl ein Ex-McKinsey-Mann –, gibt sich locker: Er hat die dunklen Anzüge ausgemustert und trinkt Tee aus einer roten Riesentasse. Vor allem aber haben er und seine Kollegen aus der Führungsriege das Vertrauen der Mannschaft.

Beim Thema Glaubwürdigkeit der Führungskräfte schneidet die Electronic Arts GmbH bei der Befragung „Deutschlands Beste Arbeitgeber" besonders gut ab. 95 Prozent der Mitarbeiter sagen, „das Management führt das

Unternehmen kompetent". Die Chefs des Computer- und Videospiele-Herstellers lenken ein überaus erfolgreiches Schiff: Die Zentrale in Kalifornien meldet für das Geschäftsjahr 2003/2004 einen Gewinn von rund 2,9 Milliarden US-Dollar. Das 1983 gegründete Unternehmen ist mit Spielen wie Fifa, Tiger Woods und Spiele-Adaptionen von Büchern wie Harry Potter weltweit die Nummer eins. Kein Wunder, dass die Mitarbeiter in der Befragung besonders stolz auf ihr Unternehmen sind und nicht ans Abwandern denken: Die Fluktuationsrate im Jahr 2003 lag bei null Prozent.

„Die Kommunikationskultur hat einen Transparenzgrad, den ich bei früheren Anstellungen nie erlebt habe", sagt ein Mitarbeiter in der Befragung. Ein Grund dafür ist, dass die Geschäftsführung Informationen nicht doziert, sondern die Mitarbeiter um ihre Meinung bittet. „Jeder kann über alles mitdiskutieren", sagt Intat, der sowohl für den deutschen als auch für den osteuropäischen Markt verantwortlich ist. „Widerspruch ist erwünscht. Für ein gutes sachliches Argument sind wir immer offen", so der Geschäftsführer. Die derzeit 130 Mitarbeiter in Köln besprechen sich nicht nur untereinander, sie halten auch engen Kontakt mit ihren europäischen Kollegen, in E-Mails und bei Treffen in den Regionalbüros. Dieses enge Miteinander kommt an: 95 Prozent der Befragten sagen, dass sie unabhängig von ihrer Position als vollwertiges Mitglied des Unternehmens behandelt werden.

Bei Electronic Arts gibt es neben der Diskussions- auch eine Belohnungskultur, die die Informatiker, Marketing- und Vertriebsexperten gerne sehen. Neben dem jährlichen leistungsbezogenen Bonus kann jeder Festangestellte an einem Aktienoptionsprogramm teilnehmen. Ein zweiter Antreiber für Loyalität und Motivation ist das Sabbatical-Programm. Nach sieben Jahren Betriebszugehörigkeit bekommen die „alten Hasen" fünf Wochen zusätzlichen Urlaub. „Sabbaticals sind bei uns nicht karriereschädlich. Das gilt auch für Führungspositionen", sagt Intat. So fallen dem Wirtschaftsingenieur gleich fünf Kollegen ein, die sich in den letzten zwei Jahren eine Auszeit gegönnt haben.

„Wir arbeiten und feiern hart", so der Geschäftsführer. Im letzten Jahr beispielsweise trafen sich alle europäischen Electronic-Arts-Kollegen in Disneyland bei Paris, um ihre Erfolge zu feiern. Selbst Karneval ist dem amerikanischen Unternehmen nicht unbekannt. „An Altweiber ziehen wir alle zusammen los", so Intat. Da wird der eine oder andere Bonus-Anteil in Kölsch angelegt.

Rang 30 : Electronic Arts | 177

Great Place to Work Kriterien
7-8 Punkte: ausgezeichnet, 5-6 Punkte: sehr gut, 3-4 Punkte: gut.

Glaubwürdigkeit

Mitglieder des Managements sind bei Electronic Arts (EA) ohne Umweg über ein Vorzimmer für alle Mitarbeiter erreichbar. Die Innenarchitektur setzt auf Glaswände, offene Türen sorgen für hohe Transparenz. Auf vierteljährlichen *Company Meetings* werden nationale und internationale Geschäftsdaten kommuniziert und die Ziele für das nächste Quartal erläutert. Überzeugende 90 Prozent der Belegschaft geben an, dass sie sich bei EA mit jeder vernünftigen Frage an das Management wenden können und eine angemessene Antwort erhalten.

Respekt

Im Zentrum der Personalarbeit steht die Mitarbeiterentwicklung und nicht die Beurteilung von Mitarbeitern. Der Eigeninitiative der Mitarbeiter kommt eine tragende Rolle zu – so bestimmen die Mitarbeiter ihren individuellen Schulungsbedarf via PC selbst. Die Mitarbeiter werden in Entscheidungen miteinbezogen: *„Es ist etwas Besonderes, seine Meinung zu sagen und zu wissen, dass diese gehört wird"*, so ein Mitarbeiter. Das Sabbatical-Programm nach sieben beziehungsweise zwölf Jahren Betriebszugehörigkeit ermöglicht es langjährigen Mitarbeitern, durch bezahlte Freistellung eigenen Lebensträumen außerhalb des Unternehmens nachzugehen. 89 Prozent der Befragten stimmen der Aussage zu, bei Electronic Arts ein Arbeitsumfeld vorzufinden, welches das emotionale und psychische Wohlbefinden aller Mitarbeiter fördert.

Fairness

Die jährlichen Bonusauszahlungen an die Mitarbeiter richten sich nach dem Ausmaß an direkter Einflussmöglichkeit auf das Finanzergebnis. Für Mitarbeiter ohne direkte Einflussmöglichkeit – etwa Softwareprogrammierern – dient die persönliche Leistung als Grundlage der Bewertung. Ein Jobticket erhalten alle, die länger als ein Jahr beschäftigt sind. Jeder Mitarbeiter erhält außerdem jährlich fünf Gutscheine für den Gratis-Bezug der Produkte des Hauses. Zur Förderung eines fairen Umgangs miteinander und zur Bekämpfung und Vorbeugung von Diskriminierung wird seit 1997 der *Global Code of Conduct* in allen nationalen Niederlassungen verbindlich implementiert.

Stolz

Spezielle Awards für die langjährige Mitarbeit (zum Beispiel eine fünfjährige Zugehörigkeit) verbunden mit einer Jubiläumsvergütung fördern Loyalität und Verbundenheit des Einzelnen zum Unternehmen und seiner Aufgabe. *„Trendige"* Produkte und die weltweite Marktführerschaft lassen die Mitarbeiter Stolz und Zufriedenheit über das gemeinsam Erreichte und Entwickelte empfinden. Die Identifikation mit der eigenen Tätigkeit ist hoch: *„Die Möglichkeit, an der Entwicklung eines Produktes von A bis Z mitzuarbeiten und anschließend die Früchte seiner Arbeit zu genießen respektive dessen Erfolg mitzuverfolgen ist sehr motivierend und entlohnend"*, beschreibt es ein Mitarbeiter.

Teamorientierung

Bei Electronic Arts findet der Neueinsteiger schnell Anschluss an die vorhandene Teamstruktur. Mitarbeiter aller Hierarchieebenen duzen sich. Der Umgangston im Unternehmen ist locker. Zahlreiche Feiern und Festlichkeiten sorgen über das Jahr verteilt für gute Stimmung im Team. Mehrtägige „EA Europe Trips" nach Nizza oder Disneyland verstärken den Zusammenhalt. Darüber hinaus veranstaltet jede Abteilung einmal pro Jahr eine besondere Feier, bei der sich die Geschäftsführung durch persönliche Ansprachen für den Einsatz im zurückliegenden Jahr bedankt.

Karriere

Talente, die bei uns einsteigen wollen, sollten folgende Eigenschaften mitbringen:

Neben guten Fachkenntnissen werden teamorientierte, belastbare und flexible Mitarbeiter mit internationaler Ausrichtung gesucht.

Fakten

Branche	Informationstechnologie
Zahl der Mitarbeiter in 2003	130

Rang 30 : Electronic Arts

Adresse	Innere Kanalstr. 15, 50823 Köln
Homepage	www.electronicarts.de
Beschäftigte Berufsgruppen	kaufmännische Angestellte, Entwickler
Anfangsgehalt für Hochschulabsolventen	keine Angaben
Bewerberinformationen	www.electronicarts.de Bewerberadresse: people@ea.com
Weiterbildungsstunden pro Jahr für größte Berufsgruppe pro Mitarbeiter	circa 40 Stunden
Anteil der Mitarbeiter unter 35 Jahren	72 Prozent
Frauenanteil	33 Prozent

Rang 31

GSD

ERFAHREN BERATEN

Das IT-Beratungshaus GSD hat sich in der Gesundheitsbranche einen sehr guten Ruf erarbeitet. Der Teamgeist bei dem Berliner Unternehmen passt: Ärzte, Krankenschwestern und Verwaltungsexperten lösen gemeinsam mit Informatikern Probleme für ihre Kunden.

„Aller Anfang ist schwer." Dieses Sprichwort will man bei der Gesellschaft für Systemforschung im Gesundheitswesen mbH (GSD) nicht gelten lassen – vor allem nicht, wenn neue Kollegen ins Haus kommen. „Vom ersten Tag an ist das Namensschild an der Tür angebracht, die Ausstattung vorbereitet, die Schulungen terminiert und der Pate ausgewählt, der dem Neuen bei der Einarbeitung hilft", sagt Anne Rethmann, Geschäftsführerin von GSD und zuständig für Finanzen. Für Mitarbeiter, die neu in Berlin sind, hat sich die Führungsmannschaft noch etwas besonderes einfallen lassen: „Wir organisieren eine Sightseeing-Tour, bei der wir neben den üblichen Sehenswürdigkeiten auf Einkaufsmöglichkeiten, Restaurants und Kneipen aufmerksam machen", so Rethmann.

Die auf Kliniken spezialisierte IT-Beratung in Berlin hat 163 Mitarbeiter, die im vergangenen Jahr 22 Millionen Euro Umsatz erreichten. Solche Erfolgszahlen konnten die Informatikspezialisten nicht immer vermelden. 1988 wurde die GSD privatisiert, 1996 stand sie kurz vor der Insolvenz. Die Helios-Kliniken erwarben das Unternehmen und verpassten den Berlinern eine Finanzspritze. Heute steht das Beratungshaus gesund da. Es entwickelt und implementiert maßgeschneiderte IT-Lösungen in Klinikbetrieben. Dabei kommt eine selbst entwickelte Software auf Basis von SAP zum Einsatz. Die für die IT-Branche ungewöhnliche Mitarbeitermischung aus jungen und älteren Kollegen sowie Männern und Frauen funktioniert bestens: So liegen das Durchschnittsalter bei 41 Jahren und der Frauenanteil bei 47 Prozent.

„Hier gibt es einen großen Respekt vor Erfahrung", so Rethmann. Die 35-Jährige lebt es vor: Wichtige Schriftstücke bringt sie einem 62-jährigen Prokuristen zur Durchsicht – und er handhabt es genauso umgekehrt. „Wir haben auch eine 60-jährige IT-Expertin, die in Kliniken Projekte leitet", so Rethmann. „Kontinuität ist unseren Kunden wichtig." Mit dem Klischee von Beratern haben die GSD-Leute wenig gemein. „Starke Individualität ist gefragt", so die Betriebswirtin.

Ein Großteil der GSD-Mitarbeiter arbeitet beim Kunden vor Ort in Teams. Dabei organisiert sich die Gruppe selbst. Sie bestimmt, wer welche Aufgaben übernimmt. Daher ist es wichtig, dass die Chemie zwischen den Kollegen stimmt. Beim Einstellungsgespräch entscheiden daher mehrere Kollegen und der Betriebsrat mit, ob der Kandidat ins Team passt – unabhängig von Geschlecht und Alter. Diese Mitbestimmung zahlt sich aus: 95 Prozent der Befragten im Wettbewerb „Deutschlands Beste Arbeitgeber" sagen, dass sie in einem freundlichen Unternehmen arbeiten.

Bei der GSD zählen die kleinen Gesten – Aktienoptionsprogramme oder Boni gibt es hier nicht. Dennoch lässt sich der Führungskreis jedes Jahr eine Überraschung für die Belegschaft einfallen: Dazu gehörten etwa Duschen für die Jogging-Gruppe des Unternehmens, gemalte Unikate von einem Künstler zu Mitarbeiterjubiläen und Nackenmassagen für alle. „Jeder kann sich einmal im Monat im Intranet zur Massage hier im Haus anmelden", sagt Nicole Weidner. Sie ist zuständig für Messeauftritte und Marketingaktionen bei GSD. „Nach 20 Minuten Verwöhnprogramm geht man wieder sehr entspannt an den Schreibtisch zurück."

Great Place to Work Kriterien
7-8 Punkte: ausgezeichnet, 5-6 Punkte: sehr gut, 3-4 Punkte: gut.

Glaubwürdigkeit ■ ■ ■ ■ ■

Der Kontakt zwischen Management und Angestellten bei der GSD ist gut, und die Kommunikation ist sehr offen gestaltet: *„Es gibt keine Berührungsängste zu den Vorgesetzten"*, erlebt dies ein Mitarbeiter. In den Führungsleitlinien der GSD werden Führungskräfte ausdrücklich aufgefordert, das Gespräch mit Mitarbeitern zu suchen, sie in Entscheidungen einzubeziehen und diese Beschlüsse transparent zu machen. *„Es gibt keine Betriebsgeheimnisse, alle relevanten Informationen stehen den Mitarbeitern im Intranet zur Verfügung"*, beschreibt ein Mitarbeiter. Die Belegschaft schätzt die Integrität der Geschäftsführung: 94 Prozent sind überzeugt, dass die Geschäftspraktiken des Managements ehrlich und ethisch vertretbar sind.

Respekt ■ ■ ■ ■ ■ ■

Mitarbeiter werden auf Basis eines umfassenden, individuellen Einarbeitungsplanes ausgebildet, der sowohl interne als auch externe Schulungen, Selbststudium, Coaching und Training on the Job beinhaltet. Anerkennung von Leistungen findet vor allem über direktes Feedback statt. Spontane Ausflüge dienen teamintern als weitere Möglichkeit, gute Leistungen zu belohnen. Entlastungstage, die die Angestellten nach hoher Arbeitsbelastung in Anspruch nehmen können, zeigen den Respekt des Unternehmens für deren Einsatz. Bei der unternehmensinternen Zusammenarbeit setzt man auf konstruktive Kritik: Das Recht eines jeden Mitarbeiters, Anweisungen, Zustände oder Pläne in Frage zu stellen, ist in den Unternehmensprinzipien schriftlich festgehalten.

Fairness ■ ■ ■ ■ ■ ■

GSD-Mitarbeiter sind begeistert von den außergewöhnlichen Extras, die ihnen das Unternehmen bietet. Besonders der regelmäßige Shuttle-Bus zu den nahe gelegenen S- und U-Bahnhöfen und die kostenlosen Massagen im Haus werden als herausragend erlebt. In den Führungslinien ist die faire Behandlung aller Mitarbeiter festgeschrieben. Ältere Mitarbeiter zählen nicht *„zum alten Eisen"*, wie ein Mitarbeiter bestätigt: *„Mein Unternehmen ist – entgegen dem Trend in der Informationstechnologiebranche – stolz auf die lange Betriebszugehörigkeit von Mitarbeitern."* Auch die Beförderungspolitik nehmen die Mitarbeiter als ausgewogen wahr: Zwei Drittel sind der Meinung, dass im Unternehmen diejenigen Mitarbeiter befördert werden, die es am meisten verdienen.

Stolz

Die GSD konnte sich in den vergangenen Jahren am Markt einen guten Namen erarbeiten. Die Belegschaft weiß um ihren Anteil daran. 94 Prozent sind überzeugt, im Unternehmen einen wichtigen Beitrag leisten zu können. Die hohe Identifikation der Mitarbeiter bezieht sich vor allem auf ihre eigene Tätigkeit: 96 Prozent sagen, dass ihre Arbeit mehr für sie ist als nur ein „Job". Die Mitarbeiter sind bereit, einen zusätzlichen Einsatz zu leisten, um Arbeiten fertig zu stellen.

Teamorientierung

Bei der GSD wird viel Wert darauf gelegt, Mitarbeitern den Einstieg ins Unternehmen zu erleichtern: Die Geschäftsführung begrüßt die Neulinge persönlich in einem Gespräch. 92 Prozent aller Befragten bestätigen, dass man sich im Unternehmen willkommen fühlt. Viele Mitarbeiter sind bereits seit längerer Zeit im Unternehmen, was im Zusammengehörigkeitsgefühl der Mitarbeiter zum Ausdruck kommt. *„Es ist schön, in den Fluren immer wieder bekannte Gesichter zu sehen und sich kurz über private Dinge zu unterhalten. Es ist wie in einer großen Familie"*, bestätigt ein Mitarbeiter. Zur Stärkung des Zusammenhalts findet einmal im Jahr ein Firmenausflug unter einem besonderen Motto statt, ebenso werden gemeinsame Sport- und Freizeitaktivitäten der Mitarbeiter vom Unternehmen finanziell gefördert.

Karriere

Talente, die bei uns einsteigen wollen, sollten folgende Eigenschaften mitbringen:

Sie sollten Verantwortung übernehmen können, teamfähig sein, ein gutes Sozialverhalten an den Tag legen und kreativ sein.

Fakten

Branche	Informationstechnologie
Zahl der Mitarbeiter in 2003	163
Adresse	Riedemannweg 59, 13627 Berlin
Homepage	www.gsd.de
Beschäftigte Berufsgruppen	Ärzte, (Medizin-)Informatiker, Pflegekräfte, Softwareentwickler, System- und Netzwerkspezialisten, Kaufleute
Anfangsgehalt für Hochschulabsolventen	2300 Euro pro Monat
Bewerberinformationen	www.gsd.de
Weiterbildungsstunden pro Jahr für größte Berufsgruppe pro Mitarbeiter	circa 20 Stunden
Anteil der Mitarbeiter unter 35 Jahren	31 Prozent
Frauenanteil	47 Prozent

Rang 32
Hakle-Kimberly Deutschland

INTERNATIONAL AUSTAUSCHEN

Die Produkte des Markenartikelherstellers Hakle-Kimberly sind in vielen deutschen Haushalten zu finden – vor allem am Stillen Örtchen. Eine internationale Mitarbeitertruppe sorgt mit Ideenreichtum dafür, dass die Erfolge weiter anhalten.

Die Hakle-Kimberly-Mitarbeiter feierten im vergangenen Jahr ein ganz besonderes Fest: Die Toilettenpapierrolle wurde 75 Jahre alt. Vor einem dreiviertel Jahrhundert gründete der Schwabe Hans Klenk das erste Toilettenpapierrollen-Werk in Ludwigsburg. Seit 1999 gehört das Unternehmen der amerikanischen Kimberly-Clark-Gruppe. Seitdem geht es in der Mainzer Zentrale international zu: In allen Ebenen von der Geschäftsführung bis zu den Trainees arbeiten Kollegen aus allen Herren Ländern. In den Büroräumen der Zentrale in Mainz hören Besucher den regionalen Dialekt genauso häufig wie die englische Sprache.

Das Zeitungspapier im Stillen Örtchen hat längst ausgedient. Mit flauschigen Papiervarianten ist die deutsche Tochter von Kimberly-Clark hier zu Lande Marktführer. Daneben stellen die über 1330 Mitarbeiter an den vier

Standorten Düsseldorf, Forchheim, Koblenz und Mainz auch Damenhygieneprodukte und Taschentücher her. Der Umsatz in Deutschland betrug 530 Millionen Euro in 2003. Die Hakle-Kimberly-Kollegen fühlen sich in ihrem Unternehmen wohl. Das liegt unter anderem am fairen Führungsstil des Managements und an den interessanten Karrieremöglichkeiten des Großkonzerns.

Mit dem neuen amerikanischen Eigentümer kam auch der Vielfalt-Gedanke in die deutschen Produktionshallen, Vertriebs- und Marketingteams. „Gleichbehandlung von Nationalitäten und Geschlechtern wird groß geschrieben", sagt Martin Follmann, Personaldirektor der Hakle-Kimberly Deutschland GmbH. Die Mitarbeiter bestätigen die Aussage Follmanns in der Befragung zum Wettbewerb „Deutschlands Beste Arbeitgeber": 93 Prozent der Mitarbeiter sagen, dass sie fair behandelt werden, unabhängig von ihrer Herkunft oder Religion. An einem weiteren Vielfältigkeitsaspekt wird noch gearbeitet: „Noch gibt es in den Führungsgremien nicht genügend Frauen", so Follmann. „Unser Ziel von 20 Prozent Managerinnen in allen Führungsebenen haben wir aber fest im Blick." Sie sind auf einem guten Weg: So sind knapp ein Viertel im mittleren Management Frauen.

Der Mix aus unterschiedlichen Nationalitäten in den Teams klappt schon heute prima: „Meine Arbeit wird durch den Austausch mit internationalen Kollegen sehr bereichert", sagt etwa Elke Stümpfel, Personalmanagerin bei Hakle-Kimberly. Follmann kennt den Grund für das unkomplizierte Miteinander: „Der Austausch von Mitarbeitern innerhalb Europas, aber auch nach Übersee, wird gefördert. Wir schnüren den Ex-Patriats, den Entsandten, ein interessantes finanzielles Paket für den Auslandsaufenthalt." Das gilt übrigens für erfahrene Manager genau so wie für Mitarbeiter ohne Führungsfunktion. Daneben sorgt das Traditionshaus auch dafür, dass der Entsandte schnell persönlichen Anschluss am neuen Einsatzort findet: Geht ein deutscher Marketingexperte beispielsweise für zwei Jahre nach London, hilft ihm dort ein Landsmann bei der Eingewöhnung.

Einmal im Jahr aber treten die europäischen Teams mit ihren Projekten gegeneinander an. Dann geht es um den Group President Award. Ganz dem amerikanischen Wettbewerbsgedanken folgend, kürt der Europachef das beste Team oder Projekt. In 2002 überzeugte ein Projekt des Werks in Forchheim die Jury in London. Produktionsexperten installierten in Rekordzeit eine neue Anlage. Das brachte den Erfolgreichen viel Anerkennung, ein leckeres Abendessen mit dem Europachef und eine Nacht in einem Londoner Luxushotel ein.

Great Place to Work Kriterien
7-8 Punkte: ausgezeichnet, 5-6 Punkte: sehr gut, 3-4 Punkte: gut.

Glaubwürdigkeit

Hakle-Kimberly strebt eine „ergebnisorientierte Kultur an, die Leistung, Teamarbeit und Führungsqualitäten belohnt", heißt es in der „Leadership Agenda". Bei der internen Kommunikation wird ein ausgewogener Mix virtueller und persönlicher Kommunikation eingesetzt: Eine Web-Seite kommuniziert in den gängigen europäischen Sprachen Informationen des Top-Managements. Regelmäßige Meetings auf verschiedenen Unternehmensebenen und die integrierten „Question & Answer-Sessions" machen den persönlichen Informationsaustausch möglich. Auf vierteljährlich stattfindenden Betriebsversammlungen berichtet die Geschäftsleitung über aktuelle Ergebnisse sowie anstehende Projekte und Entwicklungen.

Respekt

Eine Arbeitsumgebung zu schaffen, in der sich alle Mitarbeiter mit ihrer ganzen Persönlichkeit voll einbringen, engagieren und entwickeln können, ist das erklärte Ziel des Unternehmens. Die Entwicklungsplanung nimmt auf die Bedürfnisse jedes Mitarbeiters Rücksicht: „Individuelle Karriereplanung ist möglich, aber wenn man zufrieden ist, kann man auch den gewünschten Job über viele Jahre beibehalten", beschreibt ein Mitarbeiter. Mit dem „Group President Award" werden Teams für besondere Erfolge, zum Beispiel in dem Gebiet Marktführerschaft, belohnt. Unter dem Motto „Safety first!" wurde in den letzten Jahren erfolgreich die Optimierung der Arbeitssicherheit priorisiert: In der Befragung geben 96 Prozent der Mitarbeiter an, dass die körperliche Sicherheit am Arbeitsplatz gewährleistet ist.

Fairness

Mit der Zahlung von Urlaubs- und Weihnachtsgeld, der bezahlten Freistellung an regionalen Festtagen, Weihnachtsgeschenken und Zuwendungen für langjährige Betriebszugehörigkeit bietet Hakle-Kimberly freiwillige Zulagen, die die tariflichen Bestimmungen deutlich übertreffen. Der *Diversity* kommt in dem internationalen Unternehmen ein hoher Stellenwert zu: Die gelebte Toleranz in der Zusammenarbeit der Mitarbeiter der verschiedenen Religionen und Nationalitäten ist dem Management wichtig. Fälle von diskriminierendem Verhalten ziehen in Zusammenarbeit mit dem Betriebsrat konsequent arbeitsrechtliche Schritte nach sich. Auf europäischer Ebene arbeitet ein „Diversity Council" an der weiteren Förderung der personellen Vielfalt im Unternehmen.

Stolz

Die bekannten Marken von Hakle-Kimberly geben allen Grund, stolz auf das Unternehmen zu sein. Die Mitarbeiter fühlen sich der langen Tradition des Unternehmens verbunden, die in Deutschland 1928 mit der Eröffnung des ersten Toilettenpapierwerks begann. Hakle-Kimberly verfolgt seine Vision, mit Engagement seine Führungsposition weiter auszubauen: „*Hakle unternimmt große Investitionen in neue Produkte und Produktverbesserungen, um die Position im Markt zu stärken*", kommentiert ein Beschäftigter. 85 Prozent der Befragten erleben, dass sie dabei einen wichtigen Beitrag leisten können.

Teamorientierung

Der Teamgeist bei Hakle-Kimberly ist „*überdimensional ausgeprägt*", bemerkt ein Mitarbeiter. Neuzugänge werden gut integriert: 84 Prozent aller befragten Mitarbeiter bestätigen, dass man sich als neuer Mitarbeiter im Unternehmen willkommen fühlt. Sommerfeste, Fußballturniere, übergreifende Abteilungsfeiern und die Teilnahme an Drachenbootrennen tragen zur guten Stimmung in der Belegschaft bei. „*Alles in allem macht es mir Spaß, nach einem Wochenende wieder arbeiten zu gehen*", bekräftigt ein Mitarbeiter.

Karriere

Talente, die bei uns einsteigen wollen, sollten folgende Eigenschaften mitbringen:

Individualität wird bei Kimberly-Clark Europe gefördert, doch eines haben wir gemeinsam: die Motivation zu Qualität, Service und fairem Geschäftsgebaren. Qualität bedeutet Produkte, die auf dem Markt beste Leistungen und Wertschöpfung erzielen. Service treibt die Verbesserung der Kundenbeziehungen und der Kosteneffektivität voran. Faires Geschäftsgebaren sorgt dafür, dass wir in allen Handlungen offen und ehrlich sind. Wir stellen hohe Ansprüche an uns und unsere Produkte und suchen von daher engagierte Mitarbeiter, die sich mit unseren Zielen identifizieren und sich bei uns, gepaart mit der Bereitschaft, in einer herausfordernden Matrix-Organisation zu arbeiten, einbringen möchten.

Rang 32 : Hakle-Kimberly Deutschland | 189

Fakten

Branche	Konsumgüter
Zahl der Mitarbeiter in 2003	1336
Adresse	Carl-Spaeter-Str. 17, 56070 Koblenz-Rheinhafen
Homepage	www.kimberly-clark.com
Beschäftigte Berufsgruppen	gewerbliche Mitarbeiter der Papierproduktion und Papierverarbeitung (Papiermacher, Betriebsschlosser, Betriebselektriker), kaufmännische Angestellte, Ingenieure, Betriebswirte der verschiedensten Fachrichtungen (Verkauf und Marketing, Logistik, Controlling und Finanzen, Informatik, Human Resources)
Anfangsgehalt für Hochschulabsolventen	abhängig vom Fachbereich und bereits gesammelten beruflichen Erfahrung: 40 000 bis 50 000 Euro Jahresgehalt
Bewerberinformationen	www.kimberly-clark.com/ unter „Careers" und „Europe"
Weiterbildungsstunden pro Jahr für größte Berufsgruppe pro Mitarbeiter	13 Stunden
Anteil der Mitarbeiter unter 35 Jahren	22 Prozent
Frauenanteil	15 Prozent

Rang 33
DePuy Orthopädie

DEMOKRATISCH BEWEGEN

Das Medizintechnikunternehmen DePuy Orthopädie aus dem Saarland vertreibt Hüft- und Kniegelenkersatz. Trotz der unsicheren Lage in der Gesundheitsbranche blicken die Mitarbeiter optimistisch in die Zukunft– nach dem Motto: Gemeinsam sind wir stark.

Es gibt einen Wert, der sagt die ungeschminkte Wahrheit. Er legt dar, ob das Unternehmen ein Platz ist, an den jeder Mitarbeiter nach dem Wochenende gerne wieder zurückkommt. Es handelt sich um die Fluktuationsrate. Bei der DePuy Orthopädie GmbH betrug sie zuletzt null Prozent – ein Rekordwert! Einen wichtigen Grund für den Wohlfühleffekt liefern die Mitarbeiter selbst: „Unsere Firma wird sehr gut geführt", so ein Kommentar in der Befragung zum Wettbewerb „Deutschlands Beste Arbeitgeber". Ein zweiter Mitarbeiter ergänzt: „Das Management ist mitten im Geschehen, nicht abgehoben, sondern offen und ansprechbar." Den Geschäftsführer Jürgen Horn freut das Votum. Er erklärt die Bestnoten mit seinem wichtigsten Führungsgrundsatz: „Ich mache, was ich sage. Die Menschen können sich auf mich verlassen."

Rang 33 : DePuy Orthopädie | 191

Horn leitet seit 14 Jahren die deutsche Tochter von DePuy. Langeweile kam in all der Zeit sicher nie auf. Das Medizintechnikunternehmen kaufte andere Firmen oder wurde aufgekauft – zuletzt von der amerikanischen Holding Johnson & Johnson im Jahr 1998. Seitdem ist DePuy mitsamt der deutschen Tochter auf Expansion ausgerichtet: Die Zahl der Mitarbeiter wuchs in den vergangenen zehn Jahren von 80 auf inzwischen über 160. Der Umsatz lag zuletzt bei 100 Millionen Euro in 2003. Damals wie heute versorgt das Unternehmen Patienten mit Kniegelenks-, Hüftgelenks- und Schulterprothesen. Neue Produkte wie synthetische Knochenersatzstoffe und Knochenzemente sind über die Jahre hinzugekommen.

Leere Kassen im Gesundheitssektor und die aktuellen Reformen sind Themen, mit denen sich jeder DePuy-Mitarbeiter auseinander setzen muss. „Wir suchen Einsparpotenziale und entwickeln uns so weiter, dass Entlassungen nicht notwendig sind", sagt der Geschäftsführer. Sein Konzept: „Wir setzten auf Produktinnovationen und auf unsere langfristigen Beziehungen zu den Kunden." Das Vertrauen in die Führung und in die eigene Leistung stimmt die Mitarbeiter optimistisch: 93 Prozent sagen, dass das Management Kündigungen nur als letzten Ausweg wählt.

Trauerstimmung ist ohnehin nichts für die DePuy-Kollegen. Im Gegenteil, in diesem Jahr freuen sie sich auf etwas Besonderes: Sie ziehen aus dem alten Klinkerbau in Sulzbach in ein modernes Gebäude in die Nachbargemeinde Limbach um. Das Beste daran: Das Haus haben die Mitarbeiter selbst mitgestaltet. In einem Start-Workshop entwickelten 15 Kollegen zusammen mit den Architekten und der Baufirma Ideen für ihre optimale Arbeitswelt. Jeder Bereich vom Marketing bis zum Warenlager hatte im Neubau-Team eine Stimme. „Die Architekten waren zuerst erstaunt über unsere demokratische Firma", sagt Horn.

Teamarbeit ist für die DePuy-Leute ohnehin kein Fremdwort. Sie können nicht nur miteinander diskutieren, sondern auch gemeinsam zupacken. Beispielsweise als im vergangenen Jahr ein neues EDV-System eingeführt wurde. Damit alle Aufträge pünktlich beim Kunden landeten, halfen Innen- und Außendienstmitarbeiter im Lager aus: Kisten packen, adressieren und versenden. „Wir sind ein klasse Unternehmen", so ein Mitarbeiter. Damit steht er nicht allein: 95 Prozent der Befragten sagen, dass ihre Arbeit eine besondere Bedeutung für sie hat und nicht nur einfach ein Job ist. Schließlich wird hier gute Leistung mit Bonuszahlungen belohnt. Und als ein kleines Dankeschön zwischendurch gibt es für jeden Mitarbeiter einmal die Woche eine kostenlose Nackenmassage und zum Geburtstag eine Flasche Champagner.

Great Place to Work Kriterien
7-8 Punkte: ausgezeichnet, 5-6 Punkte: sehr gut, 3-4 Punkte: gut.

Glaubwürdigkeit

„Verantwortung tragen wir gegenüber unseren Mitarbeitern" ist eine der vier zentralen Aussagen des Wertekatalogs, den DePuy mit dem Mutterkonzern Johnson & Johnson teilt. Sowohl durch die Führungsprinzipien als auch durch Zielsetzungs- und Feedback-Gespräche ist das *Credo* im Unternehmensalltag jedes Mitarbeiters eine feste Größe. Das Management zeichnet sich dadurch aus, dass es auf die gute Arbeit der Mitarbeiter vertraut, ohne sie ständig zu kontrollieren – das bestätigen 89 Prozent aller Befragten. Im Hinblick auf die Kommunikation wird Offenheit, Austausch und Einbeziehung aller Mitarbeiter ein hohes Gewicht beigemessen. So erstellt beispielsweise die Belegschaft die quartalsmäßig erscheinende Mitarbeiterzeitung nach dem Motto: „Von den Mitarbeitern für die Mitarbeiter" in Eigenregie und ohne redaktionelle Einflussnahme der Geschäftsführung. Mindestens alle zwei Jahre misst DePuy intern über die so genannte Credo-Umfrage bei Mitarbeitern, inwiefern die internen Standards und Benchmarks erreicht werden. Um etwaige Abweichungen zu verringern, werden Aktionspläne in Teamarbeit entwickelt.

Respekt

Bei der Neubesetzung von Stellen setzt das Unternehmen auf Transparenz. Alle Jobs werden zunächst intern ausgeschrieben, sodass für jeden in gleicher Weise die Chance besteht, sich zu bewerben. Alle internen Bewerber, die bei der Stellenbesetzung nicht berücksichtigt werden konnten, erhalten ein umfangreiches Feedback. 87 Prozent der Beschäftigten äußern sich zufrieden mit dem Umfang der ihnen zu ihrer beruflichen Weiterbildung und Entwicklung angeboten Maßnahmen. Weil die Einführung eines Betriebsrates von den Mitarbeitern abgelehnt wurde, vertritt ein siebenköpfiges Sprecher-Gremium die Belange der Mitarbeiter.

Fairness

Die hohe Zustimmung zur Aussage „Die Mitarbeiter werden hier für ihre Arbeit angemessen bezahlt" unterstreicht die Spitzenstellung des Unternehmens hinsichtlich seiner Vergütungspraxis. Sie liegt mit 85 Prozent deutlich über dem Durchschnittswert aller Top-50-Unternehmen. Neben den Lohnnebenleistungen, wie dem Mitarbeiteraktienprogramm und den Jubiläumszahlungen, bietet DePuy zahlreiche Extras, wie eine wöchentliche Massage oder subventionierte Mitgliedschaft in einem lokalen Sportclub.

Stolz

Für die Mitarbeiter gibt es für die hohe Verbundenheit mit dem Unternehmen eine triftige Erklärung. Sie ist vor allem deshalb so hoch, *„weil das Endprodukt Sinn macht und den Mitmenschen hilft, so dass man voll dahinterstehen kann"*. Diese Aussage bestätigen auch die Ergebnisse der Mitarbeiterbefragung: Überdurchschnittliche 89 Prozent der Befragten sind mit der Art und Weise zufrieden, in der sie einen Beitrag für die Gesellschaft leisten.

Teamorientierung

Dem Kommentar eines Mitarbeiters zufolge zeichnet sich DePuy durch *„ausgezeichnetes Teamwork"* aus: *„Es wird immer der Mittelweg zwischen Spaß und Ernst gefunden"*. 85 Prozent bejahen die Aussage „Ich kann im Unternehmen ich selbst sein und brauche mich nicht zu verstellen" und weisen damit auf ein intaktes Betriebsklima zwischen den Mitarbeitern hin. 83 Prozent bekunden, dass besondere Anlässe bei DePuy gefeiert werden.

Karriere

Talente, die bei uns einsteigen wollen, sollten folgende Eigenschaften mitbringen:

Eine sehr gute Berufsausbildung und -erfahrung, Teamfähigkeit, Flexibilität, Eigenmotivation und Engagement, gepaart mit hohem Interesse, dem Patienten zu mehr Lebensqualität zu verhelfen, sind unerlässlich. Identifikation mit unseren Firmenwerten sowie Firmenzielen setzen wir voraus. Gute Englisch- sowie MS-Office-Anwenderkenntnisse sind ein „Muss".

Fakten

Branche	Medizintechnik
Zahl der Mitarbeiter in 2003	DePuy: 167 in Deutschland, circa 1800 europaweit, Johnson & Johnson weltweit: circa 110 000
Adresse	Konrad-Zuse-Straße 19, 66459 Kirkel-Limbach Tel.: 06841 1893-4 (switchboard) Fax: +49 6841 1893-633 E-Mail: info@dpyde.de
Homepage	www.depuy.de www.johnsonandjohnson.com
Beschäftigte Berufsgruppen	Verkauf, Marketing, Produktmanagement, Customer Service: in geringerem Maße Research & Development sowie interne Dienstleistungen
Anfangsgehalt für Hochschulabsolventen	keine Angaben
Bewerberinformationen	bei der Human-Resources-Abteilung erhältlich
Weiterbildungsstunden pro Jahr für größte Berufsgruppe pro Mitarbeiter	zwölf bis 20 Stunden pro Jahr pro Person
Anteil der Mitarbeiter unter 35 Jahren	30 Prozent
Frauenanteil	44 Prozent

Rang 34

Ingram Micro Distribution

IDEENREICH HANDELN

Die vergangenen Jahre liefen für den IT-Großhändler Ingram Micro hervorragend. Mit Hilfe der kreativen Ideen der Mitarbeiter soll das auch weiterhin so bleiben. Für Anregungen und Probleme hat das Management immer ein offenes Ohr.

Neue Mitarbeiter ins kalte Wasser werfen – das ist nicht die Strategie bei der Ingram Micro Distribution GmbH. Neulinge starten mit einem dreitägigen „Speed up"-Programm ihr Arbeitsleben bei dem Logistik- und Handelsexperten in Dornbach bei München. Wichtigster Punkt dabei: keine Langeweile aufkommen lassen. „Man kann nicht immer nur Folien auflegen", sagt Thomas Perlitz, Vice President Personal und Centralized Services. So unterhalten sich die Einsteiger am ersten oder zweiten Tag in lockerer Runde mit dem CEO Michael Kaack, und sie lernen in Rollenspielen das Geschäftsmodell ihres neuen Arbeitgebers kennen. „Sie spielen alle Geschäftsprozesse von der Auftragsannahme bis zur Auslieferung durch", erklärt Perlitz. Der letzte Tag gehört dann der EDV-Schulung in der neuen Abteilung.

Ein Programmpunkt für die Einsteiger ist auch die wechselvolle Geschichte der deutschen Tochter des amerikanischen Unternehmens Ingram Micro. Sie wurde 1972 in München unter dem Namen Macrotron gegründet.

16 Jahre später erfolgte der Börsengang, und 1998 wurde die heutige Muttergesellschaft der größte Anteilseigner. Geschäfte macht das Unternehmen weltweit mit dem Großhandel von Hard- und Software via Call-Center und Internet. Der Branchenkrise zum Trotz ging es in den vergangenen drei Jahren aufwärts. Zuletzt schaffte das börsennotierte Unternehmen in 2003 einen Umsatz von weltweit 22,6 Milliarden US-Dollar. Die 1173 Mitarbeiter hier zu Lande loben ihre Führungsmannschaft in puncto Glaubwürdigkeit und respektvollem Umgang mit der Belegschaft.

Die Dornbacher haben keinen Betriebsrat, stattdessen nimmt sich ein Mitarbeiterbeirat der Rolle des Vermittlers zwischen der Belegschaft und dem Management an. Die Mitglieder hören sich um, wo der Schuh drückt. Einmal im Quartal laden sie dann drei bis fünf Kollegen, die Ideen, Verbesserungsvorschläge oder Probleme haben, zu einem Essen mit dem CEO Kaack ein. „Er möchte wissen, was die Mitarbeiter bewegt", so Perlitz. „Wir kommen ja nur weiter, wenn wir uns ständig verbessern." Ob Auszubildende, Einkäufer oder Vertriebsexperten – sie schätzen das Engagement von „oben". Das zeigt auch ein Mitarbeiterkommentar: „Extrem kompetentes und dabei menschliches Management, das nahe an der Belegschaft ist." „Man freut sich jeden Tag auf die Kollegen und die Chefs", sagt ein anderer.

Auf einen Tag im Jahr freuen sich die kreativen Angestellten besonders: die „Zukunftskonferenz". „Wir leben von einer sehr dünnen Marge. Deshalb müssen wir permanent neue Geschäftsideen entwickeln und Abläufe optimieren", erklärt Perlitz. Und so funktioniert es: Die Teilnehmer gehen im Unternehmen von Raum zu Raum und nehmen an von Trainern moderierten Diskussionsrunden teil. Jede Idee, auch die wildeste, ist willkommen. Anschließend bewertet die Geschäftsleitung die Resultate und sagt, welche Dinge angepackt werden sollen. „Aus dem Teilnehmerkreis wird dann ein Projektleiter bestimmt", so Perlitz. „Er hat die Aufgabe, mit einem Team das Thema bis zur Entscheidungsreife zu bringen."

Manche gute Idee wird allerdings auch am Abend geboren. Denn das Besondere an der Ingram-Micro-Kultur ist, dass „ein Großteil der Mitarbeiter die gleiche Wellenlänge hat", wie ein Kollege verrät. Der Altersdurchschnitt liegt bei 33 Jahren, und jährlich werden zwischen 80 und 100 Lehrlinge in den verschiedensten Berufen ausgebildet. Ganz offensichtlich verstehen sich die Mitarbeiter: 91 Prozent sagen in der Befragung, dass sie in einem freundlichen Unternehmen arbeiten.

Rang 34 : Ingram Micro Distribution | 197

Great Place to Work Kriterien
7-8 Punkte: ausgezeichnet, 5-6 Punkte: sehr gut, 3-4 Punkte: gut.

Glaubwürdigkeit

„Reden und Tun! Wir handeln im Sinne des gesamten Unternehmens". Die Aussagen des Unternehmens- und Führungsleitbilds sind eingänglich formuliert und gelebter Bestandteil der Unternehmenspraxis. Überdurchschnittliche 73 Prozent erleben, dass ihr Management den Worten Taten folgen lässt. Um den Austausch zwischen Geschäftsleitung und Mitarbeitern zu fördern, finden regelmäßige Veranstaltungen statt. Hierzu zählen die Programme „Meet the President" und „Business Updates". Hierbei gibt die Geschäftsführung Einblick in aktuelle Unternehmensentscheidungen und greift Themen und Verbesserungswünsche auf.

Respekt

Aufbauend auf einem elaborierten Ausbildungskonzept wird kontinuierlich in die Entwicklung der Mitarbeiter investiert. Entwicklung wird dabei als jede Zunahme von beruflicher Kompetenz definiert – horizontalen Wechseln kommt daher eine besondere Rolle zu. Den Mitarbeitern stehen eigene Human-Resources-Consultants bei der Auswahl maßgeschneiderter interner wie externer Trainings beratend zur Seite. Die enge Zusammenarbeit zwischen Belegschaft und Geschäftsführung unterstreichen regelmäßige Mitarbeiterbefragungen und Zukunftskonferenzen. Der Mitarbeiterbeirat ist in alle Meetings der Geschäftsleitung mit einbezogen und wird somit frühzeitig und umfangreich über die Entscheidungen informiert.

Fairness

Die Geschäftsführung schafft eine Atmosphäre, in der sich alle Mitarbeiter wohl fühlen können. Kostenfreie Kaltgetränke während der heißen Sommermonate, Obstkörbe in jeder Abteilung und modern eingerichtete Küchen auf jedem Stockwerk zählen zur Vielzahl der Annehmlichkeiten, die zum guten Betriebsklima beitragen. Auf die Vielfalt in der personellen Zusammensetzung wird bereits im Rahmen der Lehrlingsrekrutierung und -ausbildung geachtet. Hier wird tolerantes Verhalten in einem multikulturellen Arbeitsumfeld trainiert. Rund 40 Prozent der Auszubildenden sind nichtdeutscher Herkunft und erhalten eine Chance auf eine exzellente Berufsausbildung.

Stolz

Wirtschaftlich agiert Ingram Micro sehr erfolgreich. Das Unternehmen ist mit weitem Abstand Marktführer unter den IT-Distributoren. Daneben fördern die frühe Verantwortungsübernahme und der hohe Grad an Gestaltungsfreiheit bei der Bewältigung der Aufgaben die Identifikation der Mitarbeiter mit ihrer Tätigkeit und dem Unternehmen. 84 Prozent geben an, dass sie stolz auf das sind, was sie gemeinsam leisten.

Teamorientierung

Das Personal versteht sich als Team, in dem unterschiedliche Sichtweisen erwünscht sind und Entscheidungen gemeinsam getragen werden – so hält es bereits das Leitbild fest. Die familiäre Atmosphäre unter Angestellten und Führungskräften wird auch von den Mitarbeitern besonders herausgestellt. Nach der Aussage eines Mitarbeiters ist das Unternehmen „fast ein zweites Zuhause", die Mitarbeiter fühlen sich so wohl, dass sie *„auch schon mal den Feierabend vergessen"*. Das Motto *„Hier kann man mehr man selbst sein"* ist gelebter Bestandteil der Unternehmenskultur. Auch in den Befragungsergebnissen spiegelt sich die hohe Teamorientierung wider. 91 Prozent der Befragten bejahen die Aussage, dass sie in einem freundlichen Unternehmen arbeiten.

Karriere

Talente, die bei uns einsteigen wollen, sollten folgende Eigenschaften mitbringen:

Flexibilität, Schnelligkeit und der Wille, mit hohem Engagement etwas bewegen zu wollen, sind uns bei Ihnen besonders wichtig.

Fakten

Branche	Großhandel
Zahl der Mitarbeiter in 2003	1173

Rang 34 : Ingram Micro Distribution

Adresse	Heisenbergbogen 3, 85609 Dornach
Homepage	www.ingrammicro.de
Beschäftigte Berufsgruppen	kaufmännische Berufsgruppen am Standort Dornach; logistische und kaufmännische Berufe am Standort Straubing
Anfangsgehalt für Hochschulabsolventen	individuell
Bewerberinformationen	Link für offene Stellen: www.ingrammicro.de/public/offenestellen.htm
Weiterbildungsstunden pro Jahr für größte Berufsgruppe pro Mitarbeiter	circa 30 Stunden
Anteil der Mitarbeiter unter 35 Jahren	59 Prozent
Frauenanteil	43 Prozent

Rang 35

Hugo Boss

PERFEKT KREIEREN

Der Hersteller von edlen Bekleidungsstücken, Hugo Boss, erobert seit Jahren immer mehr Kleiderschränke. Alle Fäden für kreative Entwürfe und Marketingkampagnen laufen auf der Schwäbischen Alb zusammen. Leistung, aber auch Spaß stehen bei allem im Vordergrund.

Der Modekonzern Hugo Boss AG hat zwar seinen Hauptsitz in Metzingen im Schwäbischen, aber von Geiz ist hier keine Spur. Chic ist die passende Beschreibung für die neuen repräsentativen Gebäude, die teure Büroausstattung und die tip-top gekleideten Mitarbeiter. Selbst im Pförtnerhäuschen leuchtet eine Designerlampe über dem schwarzen Flachbildschirm – alles passend zur Corporate Identity. Ob in Süddeutschland, in Italien oder den USA: Wo Hugo Boss auf dem Firmenschild steht, ist Design drin.

Der Konzern hat seinen Stammsitz in Metzingen in der Nähe von Stuttgart. Das Geschäft ist mit 16 Tochterunternehmen global aufgestellt. In den vergangenen zwei Jahren wurde im Unternehmen kräftig aufgeräumt: Prozesse wurden intern optimiert und die Marken neu aufgestellt. Inzwischen ist selbst der schwierige Start der Damenkollektion vergessen. Die Bekleidungslinie für die Business-Frau hat im Jahr 2003 die Gewinnzone erreicht. Insgesamt macht der Konzern mit Anzügen für Frauen und Männer, Freizeitbekleidung und Lizenzeinnahmen beispielsweise für Parfums in 2003 rund 1054 Millionen Euro Umsatz. In Deutschland entwerfen, produzieren und vertreiben über 1600 Mitarbeiter Marken wie Boss Man und Woman. Die Modeexperten arbeiten hart an Veränderungen und wissen Erfolge zu feiern.

Zur Unternehmenskultur gehören Offenheit und Teamarbeit. Dafür sind die Großraumbüros in den Metzinger Gebäuden wie geschaffen. Praktikanten und Manager arbeiten ohne trennende Bürowand zusammen. Verstecken gibt es nicht. „Hier bekommt man schnell Feedback – für gute wie für schlechte Arbeit", sagt Gerhard Bosch, langjähriger Personaldirektor und heute Direktor Einkauf bei Hugo Boss. Auch Veränderungsprozesse gestalten die Mitarbeiter gemeinsam. Beispiel: das Effizienzsteigerungsprogramm. Im vergangenen Jahr analysierten 800 Kollegen in 60 Arbeitsgruppen, wo Aufgaben doppelt anfallen und wie sie die Arbeit künftig besser aufteilen. „In den Workshops wird offen über Probleme und Lösungen gesprochen", so Bosch.

Für den Ideenaustausch zwischendurch gibt es bei dem Modehersteller die Cappuccino-Pause. „Die Cafébars auf jeder Etage beinhalten eine klare Botschaft: Setzt euch zusammen und unterhaltet euch miteinander", erklärt Bosch. Der wichtigste Grund für einen Schwatz: die neue Kollektion. Sie ist die Währung bei Hugo Boss – nicht nur für die Kreativen. Alle Interessierten, ob aus der Finanz- oder der Öffentlichkeitsabteilung, können sich in ein- bis zweistündigen Vorträgen erklären lassen, was in einem Jahr in den Regalen der Boutiquen hängt und hoffentlich auch beim Kunden ankommt.

„Leistung und Spaß sind die wichtigsten Werte des Hauses", so Bosch. Die Befragten im Wettbewerb „Deutschlands Beste Arbeitgeber" bestätigen das: 84 Prozent sagen, dass besondere Anlässe auch gefeiert werden. Etwa mit einem „gigantischen Weihnachtsfest", wie ein Mitarbeiter die Party im letzten Jahr mit 1700 Gästen beschreibt. Die Hugo-Boss-Fußballgruppe hat sich selbst den Schwanensee beigebracht und vorgetanzt und die Buchhaltungsabteilung dank täglichem Training mit einem Profi-Choreographen perfekt die Hüften geschwungen. „Die Weihnachtsfeier war übertragungsreif fürs Fernsehen", sagt Bosch. Etwas anderes hätte man von den Modemachern auch nicht erwartet.

Great Place to Work Kriterien

7-8 Punkte: ausgezeichnet, 5-6 Punkte: sehr gut, 3-4 Punkte: gut.

Glaubwürdigkeit   ■ ■ ■ ■

Leitlinien und Werte von Hugo Boss wie „Weltoffenheit", „Leistung" und „Vertrauen" wurden in einem gemeinsamen Prozess mit den Mitarbeitern erarbeitet und schriftlich fixiert. Es gilt die *Open Door Policy,* was bedeutet, dass jeder Mitarbeiter jederzeit auf Ansprechpartner aus allen Hierarchieebenen zugehen kann. Informationen und Entscheidungen der Geschäftsleitung werden zeitnah unter Nutzung von E-Mail und Intranet an alle Mitarbeiter weitergeleitet. Die Umsetzung der kommunizierten Unternehmensziele lässt sich für die Mitarbeiter anhand der veröffentlichten Zahlen nachvollziehen. Mitarbeitererfolgskonten, auf die für jeden Mitarbeiter eine Prämie gutgeschrieben wird, die er nach Firmenaustritt erhält, sprechen zusätzlich für die konsistente Umsetzung der Mitarbeiterorientierung durch das Unternehmen. In die Belegschaft setzt das Unternehmen viel Vertrauen: 81 Prozent der Mitarbeiter sind überzeugt, dass das Management auf ihre gute Arbeit vertraut, ohne sie ständig zu kontrollieren.

Respekt   ■ ■ ■ ■ ■

Bei Hugo Boss werden allen Mitarbeitern zur beruflichen und persönlichen Weiterentwicklung Seminare angeboten, die im jährlichen Mitarbeitergespräch gemeinsam festgelegt werden. Diese beinhalten interne wie externe und fachspezifische wie -übergreifende Kurse. Viele junge, gut ausgebildete und engagierte Mitarbeiter bekommen früh Verantwortung übertragen und werden – durch Projektarbeit oder auch durch Entsendungen in die ausländischen Tochtergesellschaften – in ihrer beruflichen Karriere gefördert. Hervorzuheben ist außerdem die positive Fehlerkultur des Hauses: 74 Prozent der Mitarbeiter bestätigen, das Management erkenne an, dass bei der Arbeit auch Fehler passieren können.

Fairness   ■ ■ ■ ■ ■

Die Hugo-Boss-Mitarbeiter erhalten überdurchschnittliche Sozialleistungen. Dazu gehören unter anderem die Möglichkeit besonderer Versicherungskonditionen, Mitarbeiterrabatte auf Hugo-Boss-Produkte, ein breites Angebot an sportlichen Aktivitäten wie Fitnessraum, interne Sportturniere und Schnuppertrainings sowie vergünstigte Mitarbeiterausfahrten zu Veranstaltungen. Hervorzuheben ist der Hugo-Boss-ArtPass, der weltweit kostenlosen Eintritt in ausgewählte Museen bietet. Interessierten steht außerdem eine unternehmenseigene Kunstbibliothek zur Verfügung. In dem international orientierten Unternehmen herrscht eine weltoffene und tolerante Arbeitsatmosphäre, die fairen Umgang miteinander betont und Diskriminierungen auf Grund von Nationalität, Hautfarbe, Behinderung oder Geschlecht ausschließt.

Teamorientierung

Sowohl die seitens Hugo Boss gesponserten Aktivitäten außerhalb der Arbeitszeiten als auch die abteilungsübergreifende Projektarbeit fördern den Teamgeist im Unternehmen. Einführungsveranstaltungen für neue Mitarbeiter, im Rahmen der Hugo Boss Academy, in der sich das Unternehmen zweimal jährlich den jeweils neuen Kollegen vorstellt, und das Patenwesen, das jedem neuen Arbeitnehmer einen langjährigen Kollegen an die Seite stellt, ermöglichen das schnelle Einleben und den Kontakt im Haus und in der Region. Das interne ESP (Effizienzsteigerungsprogramm), bei dem im letzten Jahr unternehmensweite Workshops ohne externe Berater durchgeführt wurden, hatte zum Ziel, Aufgaben und Problemstellungen innerhalb der Abteilungen zu definieren sowie Lösungsansätze festzulegen und umzusetzen. Dies hat unter anderem auch das Verständnis für die Aufgaben der Kollegen geschärft und die Teambildung nachhaltig unterstützt.

Stolz

Die Mitarbeiter identifizieren sich in hohem Maße mit dem Unternehmen, dessen internationalem Erfolg und den bekannten Marken. *„Die Hugo Boss AG ist ein Unternehmen mit einem Gespür für Mode und Lifestyle, das dadurch weltweit großen Erfolg hat"*, so drückt es ein Mitarbeiter aus. Die Mitarbeiter arbeiten in einer durch Corporate Identity und hochwertiges Design geprägten Umgebung, deren Annehmlichkeit einen Mehrwert bei der täglichen Arbeit darstellt. Das Klima ist ausgesprochen freundlich. Gemeinsame Feiern und Veranstaltungen belohnen den hohen Arbeitseinsatz, mit dem jeder Einzelne am Unternehmenserfolg mitwirkt. Gäste des Hauses sind internationale Persönlichkeiten aus den Bereichen Wirtschaft, Politik, Kultur und Sport.

Karriere

Talente, die bei uns einsteigen wollen, sollten folgende Eigenschaften mitbringen:

Wir suchen Mitarbeiter mit Engagement, Mut zum kalkulierbaren Risiko und der Bereitschaft, Verantwortung zu übernehmen.

Fakten

Branche	Konsumgüter
Zahl der Mitarbeiter in 2003	1622
Adresse	Dieselstraße 12, 72555 Metzingen
Homepage	www.hugoboss.com
Beschäftigte Berufsgruppen	keine Angaben
Anfangsgehalt für Hochschulabsolventen	je nach Qualifikation
Bewerberinformationen	www.hugoboss.com
Weiterbildungsstunden pro Jahr für größte Berufsgruppe pro Mitarbeiter	keine Angaben
Anteil der Mitarbeiter unter 35 Jahren	46 Prozent
Frauenanteil	65 Prozent

Rang 36
L'Oréal Deutschland

MUT FORDERN

Der Weltkonzern L'Oréal* macht Jahr für Jahr mit Erfolgsmeldungen auf sich aufmerksam. Der entscheidende Faktor dabei ist die Freude der Schönheitsexperten am Wettbewerb mit der Konkurrenz und den Kollegen.

Einmal im Jahr veranstaltet L'Oréal Deutschland GmbH eine Art Blind Date für Mitarbeiter. Bei einem festlichen Dinner kurz vor Jahresende weiß kein Teilnehmer vorab, neben wem er den Abend verbringen wird. Selbst der Holdingchef der deutschen Tochter des französischen Kosmetikkonzerns Jean-Michel Kennes nimmt neben ihm unbekannten Kollegen Platz. Um mangelnden Gesprächsstoff bei Tisch muss sich keiner Sorgen machen, schließlich gibt es genügend Neuigkeiten: Vor dem Essen haben sich alle Unternehmensbereiche präsentiert – mit Musik, Werbefilmen und Reden. Professionell, wie sich das für Marketingexperten gehört. „Wir wollen, dass jeder Mitarbeiter mitbekommt, wie vielfältig und international das Unternehmen ist", sagt Oliver Sonntag, Personalleiter von L'Oréal Deutschland.

---

* An der Befragung im Wettbewerb „Deutschlands Beste Arbeitgeber" haben die Mitarbeiter von L'Oréal Cosmetic Brands teilgenommen, nicht die Kollegen an den Produktionsstandorten. Sie sind organisatorisch direkt der Konzernzentrale in Paris angegliedert.

Das Geschäft des Konzerns ist nicht nur facettenreich, sondern auch sehr erfolgreich. Der weltweit führende Kosmetikhersteller ist in vier Segmenten mit 17 Hauptmarken tätig: In der Haarpflege etwa mit Garnier, in der Kosmetik mit Helena Rubinstein, im Duftbereich mit Giorgio Armani Parfums und in der Hautpflege mit Biotherm. Rund um den Globus erlangte das Unternehmen einen Umsatz von 14 Milliarden Euro in 2003. Die deutsche Gruppe hatte daran einen Anteil von rund 1,04 Milliarden Euro. In der Zentrale in Düsseldorf vermarkten und vertreiben rund 1600 Mitarbeiter das Produktportfolio. Zudem gibt es in Karlsruhe eine Produktionsfabrik mit mehr als 400 Mitarbeitern, die Haar- und Hautpflegeprodukte herstellen. Die Arbeit für die Schönheit und der wirtschaftliche Erfolg machen die Mitarbeiter sehr stolz auf ihr Unternehmen, wie die Ergebnisse in der Befragung „Deutschlands Beste Arbeitgeber" zeigen.

Ein Grund für die enge Bindung der Mitarbeiter an ihr Unternehmen ist, dass sie ihren Anteil am Gesamterfolg direkt wahrnehmen: Denn obwohl die deutsche Dependance des Kosmetikherstellers relativ groß ist, bekommt jeder dank der Organisationsstruktur viel Verantwortung übertragen: „Jede Marke ist wie ein eigenes Unternehmen", sagt Sonntag. „Die Teams sind überschaubar, die Informationswege kurz und die Hierarchie flach." So startet beispielsweise ein Hochschulabsolvent als Junior Produktmanager in einer Gruppe von maximal 20 Personen. „Er ist gleich von Anfang an für eine Produktlinie verantwortlich", so der Personalleiter.

„Wir sind ein sehr leistungsorientiertes Unternehmen", sagt Sonntag. Das ist jedem bei dem Kosmetikriesen bewusst: Ob im Marketing, Controlling oder in der Finanzabteilung, 92 Prozent der Mitarbeiter sind bereit, einen zusätzlichen Einsatz zu leisten, um die Arbeit fertig zu stellen. Dafür bekommen sie allerdings auch Unterstützung. So legt das Unternehmen viel Wert darauf, dass ihre Mitarbeiter Netzwerke bilden – und dazu noch in interessanten Metropolen. So besuchen Führungsnachwuchskräfte beispielsweise eine Integrationsveranstaltung zur Kultur und Vision von L'Oréal in Paris oder New York. „Dabei lernen die Teilnehmer auch das Top-Management kennen", erklärt Sonntag.

Die Führungsspitze ist immer auf der Suche nach Talenten im eigenen Haus. „Wir haben eine Vielzahl von jungen Führungskräften", erklärt Sonntag. Wie es sich für einen Kosmetikhersteller gehört, sind viele Chefs weiblich. Genauer: 46 Prozent des mittleren Managements. Ob Chefin oder Chef, eines haben beide gemeinsam: Sie sind durch „Zivilcourage" aufgefallen, so nennt Sonntag die Fähigkeit, sich zur richtigen Zeit den richtigen Entscheidern zu präsentieren. „Unsere Unternehmenskultur ist geprägt vom Wettbewerb der besten Ideen", so der Personalleiter. Der sportliche Ehrgeiz der Teams scheint die gute Laune nicht zu trüben: „Es wird trotz der vielen Arbeit auch sehr viel gelacht", verrät ein Mitarbeiter.

Great Place to Work Kriterien
7-8 Punkte: ausgezeichnet, 5-6 Punkte: sehr gut, 3-4 Punkte: gut.

Glaubwürdigkeit ■ ■ ■ ■

Auf dem jährlich stattfindenden L′Oréal-Tag werden die gemeinsamen Werte, die Unternehmensstrategie, der Geschäftsverlauf sowie die aktuellen Herausforderungen und Ziele präsentiert. 86 Prozent der befragten Mitarbeiter bestätigten, dass das Management klare Vorstellungen von den Zielen des Unternehmens hat und davon, wie diese erreicht werden können. L′Oréal-Mitarbeiter finden in allen Unternehmensbereichen – einschließlich der Geschäftsführung – jederzeit offene Türen vor. Sichergestellt ist auch die Erreichbarkeit aller Manager per E-Mail. Die „flachen Hierarchien fördern eine ausgeprägte Diskussionskultur unabhängig von Positionen oder Abteilungen", kommentiert ein Mitarbeiter die Besonderheit seines Arbeitgebers.

Respekt ■ ■ ■ ■

Die strukturierten Karriereentwicklungspfade und -systeme unter dem Motto „Talent Development" bieten in Kombination mit der Möglichkeit, innerhalb des Unternehmens an diversen internationalen Standorten und in verschiedenen Tätigkeitsfeldern zu arbeiten, erstklassige Langzeitperspektiven. Über 80 Prozent der offenen Stellen werden intern besetzt. Alle betrieblichen Entscheidungen werden vorab mit den Betriebsräten, die für jede Unternehmenseinheit bestehen, beraten. Zusätzlich wurde ein Gesamtbetriebsrat vom Unternehmen eingerichtet, ohne dass hier rechtliche Vorgaben bestünden. Gleitzeit und Jobsharing-Möglichkeiten unterstützen die Vereinbarkeit von Berufs- und Privatleben für alle Beschäftigten.

Fairness ■ ■ ■ ■

Alle Mitarbeiter werden über das L′Oréal Worldwide Profit Sharing durch freiwillige jährliche Sonderzahlungen am Unternehmenserfolg beteiligt. Die Sozialleistungen, die das Unternehmen seinen Mitarbeitern bietet, sind breit gefächert. Zu den Besonderheiten zählen beispielsweise die betriebliche Altersversorgung und die Gruppenunfallversicherung, die auch den privaten Bereich abdeckt und deren Prämien komplett vom Unternehmen getragen werden. Hinsichtlich der Chancengleichheit der Geschlechter ist man ausdrücklich bestrebt, das Geschlechterverhältnis in der Mitarbeiterschaft aneinander anzugleichen. Diskriminierung ist unerwünscht: 92 Prozent der Befragten stimmen der Aussage zu, unabhängig von ihrem Geschlecht fair behandelt zu werden.

Stolz

L'Oréal-Mitarbeiter sind stolz darauf, für ein erfolgreiches Unternehmen zu arbeiten, und fühlen sich „als Teil der Kraft, die das Unternehmen Weltmarktführer sein lässt", so ein Mitarbeiter. Überdurchschnittliche 90 Prozent der Befragten macht es stolz, anderen erzählen zu können, dass sie bei L'Oréal arbeiten. Durch Initiativen wie zum Beispiel. „Garnier (Teil des L'Oréal-Konzerns) bringt Farbe in dein Leben" – eine Förderung von sozialen Jugendprojekten in Berlin – kommt das Unternehmen seiner gesellschaftlichen Verantwortung nach.

Teamorientierung

Bei L'Oréal arbeitet ein junges, internationales Team, in dem *„laughter always part of the business"* ist, wie dies ein Befragter zum Ausdruck bringt. Weihnachtsfeiern, Sport- und Grillfeste sowie Fußball-, Tennis- und Golfturniere sorgen dafür, dass Freundschaften unter den Kollegen entstehen. 86 Prozent der Befragten bestätigen, dass man sich als neuer Mitarbeiter im Unternehmen willkommen fühlt.

Karriere

Talente, die bei uns einsteigen wollen, sollten folgende Eigenschaften mitbringen:

L'Oréal sucht Mitarbeiter mit Potenzial für weiterführende Aufgaben. Hierzu sollten sie unternehmerisch denken und handeln können, ausgeprägt kommunikativ sein, ziel- und problemlösungsorientiert arbeiten, Überzeugungs- und Teamfähigkeit aufweisen, Innovationsinitiative und pragmatische Kreativität mitbringen sowie Interesse an Trends und unseren Produkten haben. Darüber hinaus sollten sie leistungsorientiert, belastbar und flexibel sein. Das Beherrschen mindestens einer Fremdsprache setzen wir voraus.

Fakten

Branche	Konsumgüter
Zahl der Mitarbeiter in 2003	1617
Adresse	Georg-Glock-Str. 18 40474 Düsseldorf Tel.: 0211 4378 -01
Homepage	www.loreal.de
Beschäftigte Berufsgruppen	Marketing, Sales, Controlling, Engineering, Logistik, Einkauf, Personal
Anfangsgehalt für Hochschulabsolventen	je nach Qualifikation
Bewerberinformationen	Internetbewerbung (Pool) über Bewerbungsformular auf der Homepage www.loreal.de Bewerbung per E-Mail: humanresources@loreal.de
Weiterbildungsstunden pro Jahr für größte Berufsgruppe pro Mitarbeiter	vier Tage pro Jahr
Anteil der Mitarbeiter unter 35 Jahren	39 Prozent
Frauenanteil	58 Prozent

Rang 37

Rohde & Schwarz

KONKURRENZLOS ENTWICKELN

Die Ingenieurskunst von Rohde & Schwarz in München überzeugt Kunden weltweit. Damit das Unternehmen weiterhin in vielen Bereichen die Nummer eins bleibt, setzt es auf die Weiterbildung der Mitarbeiter, deren Ideen und die Unabhängigkeit.

Beim Wort „Berater" lächelt Friedrich Schwarz nur. Die teuren Helfer kommen dem Sprecher der Geschäftsführung von Rohde & Schwarz nur selten und höchstens vereinzelt ins Haus. Er vertraut auf den Grips seiner Mitarbeiter. „In unserer Firma gibt es so viele Talente", sagt Schwarz. Warum diese nicht nutzen, beispielsweise um einen neuen Namen für die Mitarbeiterzeitschrift zu suchen, einen Entwurf für den Brunnen vor dem Hauptgebäude in München zu entwickeln und natürlich um mit den Hightech-Produkten der Konkurrenz immer eine Nasenlänge voraus zu sein. Der Sohn eines Gründers, Hermann Schwarz, gibt zu, dass er zu den Sparsamen gehört. Für seine Tüftler in den Labors hält er allerdings die neueste Technik bereit.

Die Ingenieure wissen sehr gut damit umzugehen. Sie arbeiten beispielsweise an der digitalen Übertragung von Fernsehbildern und Radioberichten. Außerdem sind sie Spezialisten in der Kryptologie. So gelten Handys aus dem Hause Rohde & Schwarz GmbH & Co. KG als abhörsicher. Weltweit hat das Unternehmen 5900 Mitarbeiter, über 4900 davon an verschiedenen Standorten in Deutschland. Der Umsatz betrug im vergangenen Geschäftsjahr 2002/2003 rund 870 Millionen Euro. Ziel für die kommende Geschäftsperiode ist ein Plus von zehn Prozent. Dafür sorgen die Mitarbeiter, die den Teamgeist im Unternehmen sehr schätzen und das Management loben. „Auch in schwierigen Zeiten wird nicht panikartig entlassen, man spürt die Sicherheit eines familiengeführten unabhängigen Unternehmens", so ein Mitarbeiter in der Befragung „Deutschlands Beste Arbeitgeber".

„Mein Bestreben ist es, die beste Mannschaft zu haben", sagt Schwarz. Seine Devise: „Jedes Gramm Gehirn muss aktiviert werden. Dabei kommt Erstaunliches heraus." Deshalb überlässt er den einzelnen Teams in den Unternehmensbereichen die Zielfindung für künftige Entwicklungsschritte. Eine Führungskraft mit Moderationskenntnissen lotst jeweils die Mitarbeiter durch diesen Prozess. „Die Ergebnisse werden visualisiert und im Unternehmen publik gemacht", so Schwarz. Außerdem legt er Wert darauf, dass der Weg zum Ziel nicht vorgegeben ist. „Das würde Kreativität einschränken", sagt der Ingenieur und Betriebswirt. Das Votum der Mitarbeiter in der Befragung bestätigt das: 84 Prozent sagen, dass das Management auf die gute Arbeit der Teams vertraut, ohne sie ständig zu kontrollieren.

„Fortschritt ist, das zu tun, was man noch nicht kann", sagt Schwarz. Diesen Gedanken bekommen bei dem Elektrotechnikspezialisten alle Mitarbeiter mit auf den Weg. Vor allem aber erhalten sie durch umfangreiche Weiterbildungsangebote ein Rüstzeug für die Herausforderung von morgen. In so genannten Qualifizierungsteams setzen sich drei bis sieben Mitarbeiter ohne Führungskraft zusammen und überlegen, welche Fähigkeiten sie haben und woran es noch fehlt. Am Ende legt das Team fest, wer welche Qualifikation dazulernt.

Hightech und Bodenständigkeit sind bei Rohde & Schwarz kein Widerspruch. Die Loyalität beruht auf Gegenseitigkeit. So liegt die Fluktuation bei dem Sicherheits- und Übertragungsspezialisten bei rund einem Prozent, und 82 Prozent der Kollegen sagen, dass sie in Betracht ziehen, bis zum Ruhestand bei ihrem Arbeitgeber zu bleiben. „Die Mitarbeiter wissen, dass sie hier eine langfristige Perspektive haben", sagt Schwarz. „Diese Stabilität ist ein wichtiger Wettbewerbsfaktor." Und damit die Konkurrenz möglichst oft alt aussieht, vergibt das Münchner Unternehmen eine Auszeichnung für die beste Zukunftsidee.

Great Place to Work Kriterien
7-8 Punkte: ausgezeichnet, 5-6 Punkte: sehr gut, 3-4 Punkte: gut.

Glaubwürdigkeit ■ ■ ■ ■ ■ ▫ ▫ ▫

Der Grundsatz „Wir pflegen offenen und konstruktiven Informationsaustausch, unabhängig von Hierarchie und organisatorischer Zugehörigkeit" bringt die Haltung des Managements hinsichtlich der innerbetrieblichen Kommunikation zum Ausdruck. Um diese Politik technisch umzusetzen, ist in der gesamten Unternehmensgruppe ein globales Mitarbeiterinformationssystem installiert. Sämtliche Mitarbeiter haben Zugriff auf aktuelle Unternehmensdaten und die Möglichkeit, weitergehende Fragen zu stellen und Feedback zu geben. Ein weiteres Element der Führungskultur bei Rohde & Schwarz ist die Betonung von Eigenverantwortlichkeit. *„Am meisten schätze ich an R&S die Eigenverantwortung/Freiheit, die ich bei der Entwicklung besitze. Dies ist ausgesprochen motivierend und macht das Plus im Engagement und damit bei dem Produkt"*, befindet ein Mitarbeiter.

Respekt ■ ■ ■ ■ ■ ■ ▫ ▫

Das Rohde & Schwarz-Weiterbildungsprogramm bietet eine breite Palette von Bildungsangeboten zu Beruf und Persönlichkeit, die die Mitarbeiter auf der Basis jährlicher Stärken-/Schwächen-Analyse wahrnehmen können. Mit dem „Qualiteam-Prozess" unterhält Rohde & Schwarz ein selbst entwickeltes Weiterbildungsinstrument. Jedes Team kann mit dessen Hilfe eigenverantwortlich den Weiterbildungsbedarf bestimmen und Maßnahmen einleiten, um die benötigten Fähigkeiten im notwendigen Ausprägungsgrad zu entwickeln. Zur Belohung herausragender Leistungen im Rahmen der strategischen Zielsetzungen werden zweimal jährlich Awards verliehen und die Preisträger in der Mitarbeiterzeitschrift veröffentlicht. Die Arbeitszeitmodelle erlauben ein flexibles Austarieren von beruflichen und privaten Belangen: 81 Prozent der Beschäftigten bejahen die Aussage, dass sie sich Zeit frei nehmen können, wenn sie es für notwendig halten.

Fairness ■ ■ ■ ■ ■ ■ ▫ ▫

Das vom Unternehmen eingerichtete Versorgungswerk bietet zahlreiche Extras zu den gesetzlichen Sozialleistungen. Hierzu zählen die betriebliche Altersversorgung mit Entgeltumwandlung und die für alle Mitarbeiter angelegte Betriebsrente, die ausschließlich Rohde & Schwarz finanziert. Der Unterstützungsverein lässt Mitarbeitern, die in eine finanzielle Notlage geraten sind, unbürokratisch finanzielle Hilfe zukommen. Auch Menschen mit einem körperlich/geistigen Handicap erhalten bei Rohde & Schwarz eine Chance auf berufliche Entwicklung. Derzeit sind im Unternehmen 146 körperlich oder geistig behinderte Mitarbeiter beschäftigt.

Stolz

Das Unternehmen ist in sehr zukunftsorientierten Marktsegmenten tätig, steht auf einem finanziell sehr stabilen Fundament und bietet daher den Mitarbeitern sehr gute Zukunftsperspektiven. Die Loyalität der Beschäftigten ihrem Arbeitgeber gegenüber ist nicht zuletzt aus diesen Gründen stark ausgeprägt. 82 Prozent der befragten Beschäftigten ziehen in Betracht, bis zu ihrem Ruhestand hier zu arbeiten. Ebenso viele Mitarbeiter sind stolz auf das, was sie in ihrem Unternehmen gemeinsam leisten.

Teamorientierung

In den Teams bei Rohde & Schwarz herrscht ein tolerantes und aufgeschlossenes Klima. 84 Prozent der Befragten bejahen in der Untersuchung die Aussage, dass man im Unternehmen „man selbst sein" kann und sich nicht zu verstellen braucht. Auch gemeinsame Feiern – zu informellen wie offiziellen Anlässen – haben einen hohen Stellenwert im Unternehmen. Die jährlich zweimal stattfindenden Betriebsversammlungen schließen mit einer Feier ab. Zudem findet jedes Jahr ein Ski-Riesentorlauf statt, zu dem sich alle Mitarbeiter anmelden können. Das Fußballturnier wird jährlich unter den Mannschaften der Tochterfirmen durchgeführt.

Karriere

Talente, die bei uns einsteigen wollen, sollten folgende Eigenschaften mitbringen:

Sie haben neben hervorragenden fachlichen Qualifikationen eine Leidenschaft für Ihren Beruf entwickelt und strahlen diese aus. Ein gesundes Maß an Neugier und Aufgeschlossenheit gegenüber neuen Aufgaben ergänzen Ihr Profil.

Fakten

Branche	Elektrotechnik/Elektronik
Zahl der Mitarbeiter in 2003	4932
Adresse	Mühldorfstraße 15, 81671 München
Homepage	www.rohde-schwarz.com
Beschäftigte Berufsgruppen	Ingenieure, Informatiker, Wirtschaftsingenieure, Industrieelektroniker
Anfangsgehalt für Hochschulabsolventen	Höhe des Gehalts richtet sich nach Erfahrung und Qualifikation
Bewerberinformationen	Ansprechpartner für Bewerber: Tim Langnickel und Bettina Gehrig Bewerbungen per E-Mail an: future@rsd.rohde-schwarz.com
Weiterbildungsstunden pro Jahr für größte Berufsgruppe pro Mitarbeiter	ein bis zwei Wochen
Anteil der Mitarbeiter unter 35 Jahren	27 Prozent
Frauenanteil	29 Prozent

Rang 38
National Instruments Germany

UNTERNEHMER SEIN

Software und Hardware des amerikanischen Unternehmens National Instruments sind in der Industrie und in der Forschung sehr begehrt. Die Mannschaft der deutschen Tochterfirma schätzt ihr Management und den guten Teamgeist.

Erst mal wird gefrühstückt. Bei Marmeladenbrötchen und Kaffee heißt der Geschäftsführer von National Instruments Michael Dams neue Mitarbeiter willkommen. „Wir arbeiten über vier Stockwerke verteilt. So kann ich jeden persönlich kennen lernen und den Überblick behalten, wer wo arbeitet", erklärt der Ingenieur das Einsteigerritual. „Außerdem können die Teilnehmer untereinander Kontakte knüpfen." Die Gesprächsthemen bei dem Frühstück reichen von Hobbys bis zu Ehrenrunden während der Schulzeit. Die Idee findet Anklang: 94 Prozent der Befragten im Wettbewerb „Deutschlands Beste Arbeitgeber" sagen, dass Neue im Unternehmen gut aufgenommen werden. Berührungsängste will Dams nicht entstehen lassen. Das wäre auch unpassend in einem Unternehmen, das den lockeren Umgangston pflegt und Tischtennisplatten und Sitzecken in den Büros hat.

Allzu viel Pause machen die über 100 Mitarbeiter bei National Instruments Germany GmbH allerdings nicht. Sie bewerben und vertreiben beispielsweise bei Automobilherstellern und an Hochschulen ihre Soft- und Hardware. Diese Produkte finden ihren Einsatz in der Messtechnik, der Automatisierung in Produktionshallen, in der Motorensteuerung und in der Bildverarbeitung. Nach einer Konsolidierung in 2001 ist der Umsatz mit weltweit 426 Millionen US-Dollar in 2003 auf einem Rekordhoch. Davon profitieren alle Festangestellten weltweit in Form eines Aktiensparprogramms. Obwohl die Leistung des Einzelnen bei dem amerikanischen Tochterunternehmen sehr streng beurteilt wird, tut das dem guten Teamgeist im Kollegenkreis keinen Abbruch.

Mit Informationen geizen und Kollegen Details vorenthalten – das macht bei National Instruments keinen Sinn. Rahman Jamal, Technik- und Marketingdirektor, erklärt am Beispiel der Serviceabteilung, warum: „Die Aufgabe der Mitarbeiter ist es, den Kunden bei Problemen schnell zu helfen. Da ist jeder auf das Wissen des anderen angewiesen. Diese Hilfsbereitschaft ist selbstverständlich." Die Befragung bestätigt das gute Miteinander im Team: 84 Prozent der Teilnehmer sagen, dass sie auf die Kooperation der Kollegen zählen können.

Die von Jamal beschriebene Gruppe ist eine typische Einstiegerabteilung bei National Instruments in Deutschland. Hochschulabsolventen beispielsweise mit einem Studienabschluss in Elektrotechnik verdienen sich hier für ein bis drei Jahre ihre Sporen für Höheres. Stimmt die Leistung, folgen Aufgaben im Marketing oder Vertrieb. Auch Wünsche nach einer Versetzung in ein anderes Büro außerhalb Deutschlands oder ein Projekt am Hauptsitz in Texas, USA, sind machbar. Für alle weiterführenden Posten gilt allerdings das Motto: „Die Mitarbeiter müssen kleine Unternehmer sein", sagt Dams.

Diese Anforderung ist bei dem Hightech-Unternehmen sehr ernst gemeint. Beispiel: Entlohnung. „Bei uns bekommt keiner automatisch eine Gehaltserhöhung", so Dams. Zweimal im Jahr erhält die Geschäftsführung ein Budget in Abhängigkeit des Unternehmenserfolgs. Sieht die Auftragslage gut aus, geht der Geldtopf in Häppchen an die Mitarbeiter in Abhängigkeit von deren Leistung. Dabei ist maximal 15 Prozent des Jahresgehalts drin, und zwar zweimal im Jahr: zur Weihnachtszeit und im Sommer.

Bei allem Druck, die Umsatz- und Ertragsziele des börsennotierten Unternehmens zu erreichen, wird der Spaß in dem Münchner Zweckbau nicht vergessen. „Wenn das Unternehmen feiert, dann richtig", verrät ein Mitarbeiter. Dams und Jamal können das nur bestätigen. Aus IT-Experten und Marketingspezialisten werden etwa bei der Weihnachtsfeier flotte Tänzer und mutige Sänger. Und im Sommer wird ab und an der Grill auf dem Grünstreifen hinter dem Bürogebäude aufgebaut. Spaß gehört bei den Münchnern zur Arbeit dazu.

Great Place to Work Kriterien
7-8 Punkte: ausgezeichnet, 5-6 Punkte: sehr gut, 3-4 Punkte: gut.

Glaubwürdigkeit

Die Unternehmensleitsätze sind bei National Instruments in Form des „NI Triangles" dargestellt, dessen graphische Mitte den Mitarbeiter und dessen Erfolg im Unternehmen ausweist. Aufbauend auf die schriftlich fixierte *Politik der offenen Tür* setzt man auf eine Vielzahl von Kommunikationsmedien, die nach den Prinzipien „ehrlich, regelmäßig, relevant und zutreffend" gestaltet sind. Beispielsweise sorgen das wöchentliche „Monday Morning Business Meeting", die quartalsweise stattfindenden „Business Discussions" und die Personalversammlungen für einen transparenten Informationsfluss. „ORGA-Meetings" ermöglichen im institutionalisierten Rahmen ein Feedback an Abteilungsleiter und Geschäftsführung. Die gute und unkomplizierte Erreichbarkeit des Managements bestätigen 86 Prozent der befragten Mitarbeiter.

Respekt

Die langfristige Bindung der Mitarbeiter an das Unternehmen ist erklärtes Firmenziel. Hierzu zählt, den Mitarbeitern ein angenehmes Arbeitsumfeld zu bieten. Überdurchschnittliche 91 Prozent der Beschäftigten bejahen die Aussage, dass sie die notwendigen Mittel und die Ausstattung erhalten, um ihre Arbeit gut auszuführen. Schlüsselpositionen werden nur in Ausnahmefällen extern besetzt. Alle derzeitigen Führungskräfte wurden intern weiterentwickelt und auf ihre jetzige Stelle gezielt vorbereitet. „*Besonders positiv bewerte ich, dass wichtige Positionen im Unternehmen immer mit bestehenden Mitarbeitern besetzt werden*", kommentiert ein Mitarbeiter. Ein attraktives Bonussystem, das sich aus unternehmenseinheitlichen und individuell verhandelten Komponenten zusammensetzt, vermittelt Anerkennung für Geleistetes.

Fairness

Durch gezielte Einstellungen wurde der Frauenanteil im Unternehmen in den letzten Jahren erhöht. Unter den 17 Führungskräften der unteren beziehungsweise mittleren Führungsebene befinden sich derzeit bereits sieben Frauen. Von den drei Personen der Geschäftsführung ist eine weiblich. Home-Office- und Teilzeitregelungen ermöglichen Männern wie Frauen die Vereinbarung von Beruf und Familie. Eine faire und geschlechtsunabhängige Behandlung erleben 94 Prozent der befragten Belegschaft. Mit Ausnahme der klassischen Einsteigerpositionen für Hochschulabsolventen wird gemäß der Unternehmensleitlinie im Rahmen der Personalrekrutierung älteren Bewerbern bei gleicher Qualifikation Chancengleichheit garantiert.

Stolz

Mitarbeiter von National Instruments arbeiten stets mit den neuesten Technologien. Das Wachstum der letzten Jahre und die globale Präsenz ermöglichen es jedem Einzelnen, neue Perspektiven und Entwicklungsmöglichkeiten wahrzunehmen und sich mit dem Unternehmen zu identifizieren. National Instruments Germany zählt neben Tokio zu den weltweit größten Niederlassungen. Loyalität dem Unternehmen gegenüber wird belohnt. Zehn und mehr Jahre Betriebszugehörigkeit werden mit Extrabonus und Auszeichnung anerkannt. 82 Prozent der Beschäftigten glauben, im Unternehmen einen wichtigen Beitrag leisten zu können.

Teamorientierung

Neue Mitarbeiter werden mit einem Begrüßungspaket im Team willkommen geheißen. Das Mitarbeiterfrühstück mit dem Geschäftsführer erleichtert den Kontakt zum oberen Management. 94 Prozent der Befragten sagen aus: Als neuer Mitarbeiter fühlt man sich im Unternehmen willkommen. Ausgezeichnete Geschäftsergebnisse, Geburtstage und Jubiläen werden gerne zum spontanen Feiern genutzt, und die Firma steuert Verpflegung und Getränke bei. Teambuilding-Events in den bayerischen Alpen werden von den Abteilungsleitern tatkräftig und finanziell unterstützt. Überdurchschnittliche 87 Prozent sagen von sich: Ich kann im Unternehmen „ich selbst sein" und brauche mich nicht zu verstellen.

Karriere

Talente, die bei uns einsteigen wollen, sollten folgende Eigenschaften mitbringen:

Wir wenden uns unter anderem an Uni- und FH-Absolventen in einem technischen Fach wie Elektro-, Nachrichtentechnik, Mechatronik oder Informatik. Sie sollten gute Englischkenntnisse, ein hohes Maß an Engagement und Spaß an der Arbeit und mit Kunden mitbringen. Ein bereits absolvierter Auslandsaufenthalt ist von Vorteil. In den Bereichen Application Engineering und Vertrieb sind sehr gute Kommunikationsfähigkeit und ein überzeugendes persönliches Auftreten wichtig.

Fakten

Branche	Elektrotechnik/Elektronik
Zahl der Mitarbeiter in 2003	107
Adresse	Konrad-Celtis-Str. 79, 81369 München
Homepage	www.ni.com/germany
Beschäftigte Berufsgruppen	Hochschulabsolventen der Elektrotechnik, Mechatronik, physikalische Technik und ähnliche Fachbereiche, staatlich geprüfte Elektrotechniker sowie kaufmännisches Personal
Anfangsgehalt für Hochschulabsolventen	nach Vereinbarung
Bewerberinformationen	www.ni.com/germany
Weiterbildungsstunden pro Jahr für größte Berufsgruppe pro Mitarbeiter	circa zehn Stunden
Anteil der Mitarbeiter unter 35 Jahren	71 Prozent
Frauenanteil	38 Prozent

Rang 39
Leoni

WELTWEIT VERDRAHTEN

Mit Drähten, Kabel und Bordnetz-Systemen behauptet sich das Zulieferunternehmen Leoni im harten Umfeld. Im In- und Ausland bietet das fränkische Traditionshaus für seine Mitarbeiter interessante Karriereperspektiven.

Obwohl Klaus Probst, Vorstandvorsitzender der Leoni AG, ein eher zurückhaltender Mensch ist, hat ihm dieser Sieg offensichtlich sehr gut gefallen. Einmal im Jahr findet bei dem Kabel- und Drähtespezialisten ein großes Firmen-Fußballtunier statt. Und beim letzten Mal gewann das Team der Unternehmensleitung inklusive der drei Vorstände gegen die Betriebsratsmannschaft mit drei zu eins. Der sportliche Wettkampf hat Tradition bei Leoni. Spielten vor mehr als 30 Jahren nur die deutschen Werke und die Zentrale in Nürnberg gegeneinander, so kommen im Zwei-Jahres-Turnus Fußball-Kollegen und -Kolleginnen aus elf Nationen nach Franken. Im Vordergrund stehen dabei das gegenseitige Kennenlernen und die Party am Ende des Turniers.

Das babylonische Sprachgewirr auf dem Fußballplatz zeigt sehr gut, wie die Leoni AG tickt: nämlich international. Von den derzeit über 21 000 Mitarbeitern weltweit arbeiten nur rund 2500 an den vier deutschen Standorten Roth, Kitzingen, Weißenburg und Nürnberg. Das Zuliefererunternehmen etwa für den Automobilbau und die Telekommunikation produziert dort, wo die Kunden sitzen – im Schwäbischen, in Südafrika und in China. Das im MDAX börsennotierte Unternehmen erwirtschaftete in 2003 circa 1,08 Milliarden Euro in den drei Unternehmensbereichen Draht, Kabel und Bordnetz-Systeme. Bis 2005 wird ein Umsatzplus von 30 Prozent angestrebt. Das Management von Leoni hat den wirtschaftlichen Erfolg des Unternehmens fest im Blick, sein Führungsstil ist glaubwürdig. Ein Punkt, den die Belegschaft sehr schätzt, wie die guten Ergebnisse im Wettbewerb „Deutschlands Beste Arbeitgeber" zeigen.

Ein Beispiel: „Das Management hat klare Vorstellungen von den Zielen des Unternehmens und davon, wie diese erreicht werden können." Dieser Aussage stimmten 85 Prozent der Befragten zu. Das bedeutet allerdings nicht, dass neue Ideen nur auf der Vorstandsetage ausgeklüngelt werden. Als Zulieferunternehmen baut Leoni auf Qualität und vor allem auf die ständige Optimierung von Prozessen und Produkten im gesamten Unternehmen. Darum geht es auch im Berufsalltag bei der Aktiengesellschaft durchaus sportlich zu: So wählt einmal im Jahr ein Komitee das beste internationale Werk und jeder Bereich die besten Verbesserungsvorschläge von Kollegen. Mit Belohnung, versteht sich. Der Werkssieger bekommt 10 000 Euro. Das Geld kann entweder für eine Spende an eine gemeinnützige Einrichtung, für ein Mitarbeiterfest oder für einen Tag der offenen Tür verwenden werden. Bei den pfiffigsten Ideen aus dem Kollegenkreis wird ein Sieger aus den besten Eingaben ausgelost. Er bekam im letzten Jahr für seinen Einfall ein vierrädriges Spaß-Motorrad.

Auch in puncto Karriere hat der Mittelständler einiges zu bieten. „Die Förderung der eigenen Mitarbeiter hat einen großen Stellenwert", erklärt Probst. „Viele unserer Manager sind Eigengewächse." Alle zwei Jahre beurteilen Führungskräfte ihre Mitarbeiter in allen Werken und Bereichen. Die aussichtsreichsten Talente kommen in ein Entwicklungsprogramm, das unter anderem dreimal eine Woche Training beinhaltet. Die künftigen Chefs lernen beispielsweise Präsentations- und Kommunikationstechniken, und sie können bei Kamingesprächen die Vorstände mit Fragen löchern.

„Aus diesem Pool werden dann neue Projektleiter ausgesucht", sagt Probst. Die Aufgaben für den Nachwuchs haben es in sich: „Das kann durchaus der Aufbau eines neuen Standorts im Ausland sein", erklärt der Vorstandsvorsitzende. Jüngstes Beispiel ist die Planung eines Werks in Rumänien mit einem Budget von 2,5 Millionen Euro. Dort werden künftig Bordsysteme für die A-Klasse von DaimlerChrysler hergestellt. Zwei bis drei Jahre leitet der Werksleiter aus Deutschland den Standort, dann übernimmt in der Regel ein lokales Management das Werk. Solche Aufgaben sind in jeden Fall ein

Ansporn für den Nachwuchs: „Leoni ist für mich die erste Adresse in Bayern", sagt ein Mitarbeiter.

Great Place to Work Kriterien
7-8 Punkte: ausgezeichnet, 5-6 Punkte: sehr gut, 3-4 Punkte: gut.

Glaubwürdigkeit

„Verantwortung" – so steht es im Leitbild des Unternehmens – „heißt bei Leoni Geben und Nehmen." Des Weiteren spezifizieren Unternehmensleitsätze den grundsätzlichen Umgang mit Problemen und fordern auf, Missstände offen anzusprechen sowie Mitarbeiter aller Hierarchieebenen in die Lösungsprozesse miteinzubeziehen. Die Kultur der offenen Tür ermöglicht es jedem Mitarbeiter, mit Führungskräften inklusive des Vorstands Kontakt aufzunehmen Die Mitarbeiter spüren dabei das Vertrauen, das in sie gesetzt wird: 86 Prozent geben an, dass das Management auf ihre gute Arbeit setzt, ohne sie ständig zu kontrollieren.

Respekt

Pro Bilanzjahr bietet das Unternehmen circa 30 Ausbildungsstellen an. Qualifizierungsbedarfsanalysen sichern maßgeschneiderte Konzepte zur beruflichen Fortbildung der gesamten Belegschaft – gerade im Hinblick auf die Beschäftigungsfähigkeit aller Mitarbeiter. Die unternehmensbereichsübergreifende Personalentwicklung sieht bei Leoni Weiterqualifizierung etwa in Form geförderter MBA-Studiengänge oder Sprachkurse vor. Bis zu zehn Arbeitstage stehen hierzu jedem Mitarbeiter jährlich zur Verfügung. Im Management-Development-Programm werden aussichtsreiche Talente gezielt gefördert.

Fairness

Zur betrieblichen Altersversorgung gegen Entgeltumwandlung zahlt Leoni Zuschüsse in Abhängigkeit der Höhe des Umwandlungsbetrags. Im international aufgestellten Unternehmen kommt der kulturellen Vielfalt ein besonderes Gewicht zu. Zahlreiche Arbeitnehmer ausländischer Herkunft sind in den Arbeitnehmervertretungen vertreten. Frei werdende Stellen werden international ausgeschrieben. Ausländische Mitarbeiter, die neu zu Leoni kommen, werden durch Sprachkurse bei der Integration unterstützt. Zum fairen Umgang und zur Wahrung der Arbeitnehmerrechte hat Leoni eine Erklärung zu den sozialen Rechten und industriellen Beziehungen für die weltweite Anwendung schriftlich fixiert.

Stolz

Das Management ist bestrebt, jedem Mitarbeiter seinen Beitrag zum Erfolg des Unternehmens zu vermitteln, wie ein Beschäftigter bestätigt: *„Die Ideen der Mitarbeiter werden angehört und oftmals umgesetzt. So kommt es öfters zu einem „Erfolgserlebnis", und dies motiviert die Mitarbeiter"*. Des Weiteren leisten die Mitarbeiter ihre tägliche Arbeit in dem Bewusstsein, in einem traditionsreichen Unternehmen zu arbeiten, dessen Ursprünge bis in das Jahr 1569 zurückgehen. Zahlreiche Auszeichnungen (Bester Zulieferer) durch die großen Kunden tragen zur hohen Identifikation mit dem Mittelständler bei. 89 Prozent der Befragten glauben, im Unternehmen einen wichtigen Beitrag leisten zu können.

Teamorientierung

Arbeitnehmerjubiläen, runde Geburtstage, Weihnachtsfeiern, Verabschiedungen, Rentnertreffen, größere Projekt- oder Auftragsabschlüsse sind nur einige Anlässe, die bei Leoni gemeinsam gefeiert werden. Das internationale Fußballturnier, das alle zwei Jahre konzernweit durchgeführt wird, nimmt in den Kommentaren der Mitarbeiter einen zentralen Stellenwert ein. Standortspezifisch fördern weitere Sportgruppen die interne Teamentwicklung und den Spaß am Umgang mit den Kollegen.

Karriere

Talente, die bei uns einsteigen wollen, sollten folgende Eigenschaften mitbringen:

Von unseren Mitarbeitern erwarten wir vor allem Veränderungsbereitschaft, den Mut, neue Wege zu gehen, und interkulturelle Aufgeschlossenheit. Bei uns zählen nicht nur Zeugnisse und Noten, sondern in erster Linie die Persönlichkeit.

Fakten

Branche	Automobilzulieferer
Zahl der Mitarbeiter in 2003	2542 in Deutschland, weltweit 22 314
Adresse	Marienstr. 7, 90402 Nürnberg
Homepage	www.leoni.com
Beschäftigte Berufsgruppen	Berufsgruppen aus den Bereichen: Werkstoffwissenschaften, Kunststofftechnik, Elektrotechnik, Nachrichtentechnik, Feinwerktechnik, Verfahrenstechnik, Maschinenbau, Produktionstechnik, Fahrzeugtechnik, Wirtschaftswissenschaften, Wirtschaftingenieurwissenschaften, Wirtschaftsinformatik, Informatik
Anfangsgehalt für Hochschulabsolventen	circa 43 000 Euro pro Jahr
Bewerberinformationen	Leoni AG Gabriele Riedberg Marienstraße 7 90402 Nürnberg Tel.: 0911 2023-228 E-Mail: gabriele.riedberg@leoni.com
Weiterbildungsstunden pro Jahr für größte Berufsgruppe pro Mitarbeiter	19 Stunden
Anteil der Mitarbeiter unter 35 Jahren	34 Prozent
Frauenanteil	34 Prozent

Rang 40

Dow Chemical Germany

MITEINANDER PRODUZIEREN

Der Chemiekonzern Dow hat nach einem harten Jahr in 2002 zur alten Stärke zurückgefunden. Das freut die Belegschaft. Sie ist mit einem Aktienprogramm am Erfolg beteiligt. Neben den guten Sozialleistungen zeichnet das Unternehmen der faire Umgang mit den Mitarbeitern aus.

Neulinge aufgepasst: Die Mitarbeiter beim Chemie-Riesen Dow sprechen eine ganz eigene Sprache, die Außenstehende nur schwer verstehen. Es handelt sich um „Dowderwelsch" – eine Mischung aus deutschen und englischen Wörtern sowie eine Menge firmeninterner Abkürzungen. Nur gut, dass sich neue Kollegen zumindest das Erlernen von Nachnamen ersparen können. Ganz der amerikanischen Firmenphilosophie folgend wird bei Dow jeder geduzt – vom Geschäftsführer bis zum Produktionsmitarbeiter. Auch Doktortitel und Hierarchiegrade kann man im Joballtag getrost weglassen.

Dow ist eine Tochter des amerikanischen Chemie-Giganten Dow und ein klassisches Industrieunternehmen. An 14 Standorten, verteilt über ganz

Deutschland, produzieren mehr als 5400 Mitarbeiter Produkte, deren Namen an den Chemieunterricht erinnern. Dazu gehören Chlor, Glycerin, Methylzellulose und diverse Kunststoffe, unter anderem Polycarbonate – alles Stoffe, die beispielsweise in Brillengläsern, Sportartikeln, Automobilen, Kosmetika, Pflanzenschutzmitteln oder Tapetenkleister vorkommen. Nachdem der weltweit tätige Konzern mit Hauptsitz in Michigan, USA, in 2002 ein Sparjahr einlegen musste, schließt das börsennotierte Unternehmen das Geschäftsjahr 2003 mit einem Rekordumsatz ab. Er betrug 33 Milliarden US-Dollar. Das freut auch die Dow-Mitarbeiter hier zu Lande. Sie vergibt bei der Befragung „Deutschlands Beste Arbeitgeber" in der Kategorie Fairness besonders gute Werte. Das bedeutet, dass das Unternehmen auf Vielfältigkeit in der Belegschaft viel Wert legt.

Der typische Arbeitsplatz bei dem Chemieunternehmen ist in der Produktion. 70 Prozent der Beschäftigten arbeiten in den großflächigen Industrieanlagen. Der Rest beschäftigt sich mit Aufgaben in Verwaltung, Controlling, Marketing und Vertrieb der Produkte. Ob Akademiker oder Auszubildender – alle erleben dieselben Firmengrundsätze: flache Hierarchien und eine Politik der offenen Tür. „Das Büro des Deutschland-Geschäftsführers beispielsweise hat Glaswände. Jeder kann sehen, ob er anwesend ist, und ihn gegebenenfalls ansprechen", sagt Uwe Wiechern, Personaldirektor bei Dow Deutschland. Ein weiteres Plus im Unternehmen: „Hohe Selbstbestimmung, ohne allein gelassen zu werden", so ein Mitarbeiterkommentar. 85 Prozent der Befragten sagen: „Das Management vertraut auf die gute Arbeit der Mitarbeiter, ohne sie ständig zu kontrollieren."

Ein weiteres außergewöhnliches Votum der Befragten ist der faire Umgang unabhängig vom Geschlecht (95 Prozent) und der sexuellen Orientierung (99 Prozent). Das Geheimnis dieser Werte sind die konzernweit tätigen Netzwerkgruppen etwa von schwulen und lesbischen Mitarbeitern oder das Women Innovation Network. Die Interessengruppen bekommen von Dow ein eigenes Budget, um den Vielfältigkeitsgedanken unterschiedlicher Mitarbeiter im Unternehmen bekannter zu machen. Die Arbeit wirkt: „Es werden bevorzugt Führungspositionen an qualifizierte Frauen vergeben", erklärt Wiechern. „Unsere Quoten vergleichen wir mit den internationalen." Diskriminierung und sexuelle Belästigung duldet das Unternehmen nicht. In den USA wurden bereits Mitarbeiter entlassen, die per E-Mail anzügliche Bilder an Kollegen und Kolleginnen versendet haben.

Auch beim Gehalt ist Diskriminierung verpönt: So überwacht die Personalabteilung, ob bei gleicher Leistung Männer und Frauen auch gleich bezahlt werden. Das gilt vor allem bei dem variablen Gehaltsanteil, der einmal im Jahr bis zu zwei Monatsgehälter betragen kann – abhängig von der eigenen Leistung und dem Unternehmenserfolg. „Zusätzlich haben wir bei Dow im Branchenvergleich sehr gute Sozialleistungen", sagt der Personaldirektor.

Rang 40 : Dow Chemical Germany | 227

Beispielsweise eine Unfallversicherung, die auch den Privatbereich abdeckt, und das Wegegeld für die Fahrt zur Arbeit. Besonders beliebt ist zudem der Mitarbeiteraktien-Kaufplan, an dem rund 70 Prozent der Belegschaft teilnimmt. Die Freude bei den Anteilseignern ist groß, wenn die Dow-Aktie einen saftigen Kurssprung macht.

Great Place to Work Kriterien
7-8 Punkte: ausgezeichnet, 5-6 Punkte: sehr gut, 3-4 Punkte: gut.

Glaubwürdigkeit ■ ■ ■ ■ ■ ▫ ▫ ▫

Integrität ist bei Dow Teil des Leitsatzkatalogs: „Wir sind überzeugt, dass unser Wort unser wertvollstes Gut ist – wir stehen zu unseren Versprechen". Die Mitarbeiter stellen positiv heraus, dass mit wenig „*Command and Control*" geführt wird und die Mitarbeiter viel Verantwortung erhalten. Das bestätigen 87 Prozent der Befragten. Um die räumliche Distanz zum Top-Management in den USA zu überbrücken, gibt es einen Service im Intranet, über den alle Mitarbeiter Fragen an die Konzernleitung stellen können und unvermittelt Antworten erhalten. Auch in wirtschaftlich schwierigen Zeiten steht das Unternehmen hinter seinen Mitarbeitern und wird dem entgegengebrachten Vertrauen gerecht. 82 Prozent der Dow-Mitarbeiter sind der Ansicht, dass das Management Kündigungen nur als letzten Ausweg wählt.

Respekt ■ ■ ■ ■ ■ ■ ▫ ▫

Wer Eigeninitiative zeigt, den unterstützt Dow durch zahlreiche Maßnahmen zur Kompetenzverbesserung. Basierend auf einem 360-Grad-Feedback-Tool entwerfen Mitarbeiter in Absprache mit ihren Vorgesetzten ihre individuellen Entwicklungspläne. Auch Mitarbeitern ohne Meister- oder Doktortitel bietet das Unternehmen dadurch gute Karrierechancen. Dem Arbeitsschutz kommt im Chemieunternehmen Dow allerhöchste Priorität zu. In der Untersuchung bestätigten 98 Prozent der befragten Beschäftigten die Aussage, dass die körperliche Sicherheit am Arbeitsplatz gewährleistet ist.

Fairness ■ ■ ■ ■ ■ ■ ▫ ▫

Die Förderung von Vielfalt ist eine der Säulen der Personalpolitik des international aufgestellten Konzerns. In Deutschland gehört das Unternehmen zu den Vorreitern: Mit dem *Rhine Center* wurde bereits vor zehn Jahren ein binationaler Standort verwirklicht, dessen Mitarbeiter auf deutschem und französischem Boden arbeiten. Auf allen Ebenen existieren Arbeitsgruppen, die *Diversity* und toleranten Umgang im Unternehmen fördern. Fühlt sich ein Mitarbeiter ungerecht behandelt, kann er anonym die *Ethics Hotline* in Anspruch nehmen, deren Mitarbeiter standortübergreifend Verstößen gegen den Verhaltenskodex nachgehen.

Stolz

Die Identifikation und Verbundenheit zu Dow hebt sich deutlich von den 50-Top-Unternehmen des Wettbewerbs ab: Überdurchschnittliche 86 Prozent der Befragten ziehen in Betracht, bis zu ihrem Ruhestand für das Unternehmen zu arbeiten. Um seiner gesellschaftlichen Verantwortung gerecht zu werden, ergreift Dow eine Reihe verschiedener Maßnahmen. Beispielsweise bindet das Unternehmen im Rahmen der Aktion „Bürger beraten Dow" an den Standorten die lokale Bevölkerung mit ihren Interessen ein und führt über dieses Gremium einen offenen Dialog.

Teamorientierung

Trotz der weltweit knapp 50 000 Mitarbeiter versteht man sich bei Dow Chemical als großes und hilfsbereites internationales Team. Der Zusammenhalt unter den Mitarbeitern ist sehr gut, auch neue Mitarbeiter heißt man freundlich willkommen. Mitarbeiter, die innerhalb des Unternehmens ihre Tätigkeit oder ihren Arbeitsbereich wechseln, werden gut aufgenommen und integriert. 89 Prozent aller befragten Mitarbeiter bestätigen das im Rahmen der Untersuchung.

Karriere

Talente, die bei uns einsteigen wollen, sollten folgende Eigenschaften mitbringen:

Wir suchen Menschen mit viel Initiative und sehr guten zwischenmenschlichen Fähigkeiten, die sich aktiv in unsere globale vernetzte Organisation einbringen.

Rang 40 : Dow Chemical Germany | 229

Fakten

Branche	Chemie
Zahl der Mitarbeiter in 2003	5422
Adresse	Am Kronberger Hang 4, 65824 Schwalbach
Homepage	www.dow.com
Beschäftigte Berufsgruppen	Ingenieure, Chemiker, Betriebswirtschaftler, Chemikanten, Prozessleitelektroniker, Laboranten
Anfangsgehalt für Hochschulabsolventen	3355 Euro pro Monat
Bewerberinformationen	www.careersatdow.com
Weiterbildungsstunden pro Jahr für größte Berufsgruppe pro Mitarbeiter	circa 80 Stunden
Anteil der Mitarbeiter unter 35 Jahren	24 Prozent
Frauenanteil	25 Prozent

Rang 41
Heinrich-Deichmann Schuhe

MENSCHLICH WIRKEN

Der Schuheinzelhändler Deichmann aus Essen ist auf leisen Sohlen zu einem Großunternehmen mit Filialen in weiten Teilen Europas und den USA geworden. Ein wichtiger Grundsatz bei Deichmann heißt Menschlichkeit.

„Ein Unternehmen ist in erster Linie dazu da, den Menschen zu dienen: zuerst den Kunden, dann den Mitarbeitern, den Lieferanten und darüber hinaus Menschen, die in Not sind." Diesen Satz kennt bei dem deutschen Marktführer im Schuheinzelhandel jeder – vom Azubi bis zum Gebietsleiter. Vor allem der letzte Teil der Unternehmensphilosophie gilt nicht – wie bei anderen Firmen üblich – nur zur Weihnachtszeit. Bei Heinrich-Deichmann-Schuhe GmbH & Co. KG birgt der Profit eine Verpflichtung: „Einen Teil unseres erwirtschafteten Gewinns verwenden wir, um Menschen in Not zu helfen", sagt Heinrich Deichmann, Vorsitzender der Geschäftsführung. Er leitet das Familienunternehmen nun in dritter Generation. Seit über 25 Jahren fördern die Deichmanns Hilfsprojekte, etwa Schulen und Kliniken für Slumbewohner in Indien und Tansania. Auch Mitarbeiter in kritischen Lebenssituationen bekommen unbürokratisch Hilfe.

Das Konzept von christlicher Wertorientierung und menschlichem Führungsstil ging immer auf: Die Zahl der Filialen wuchs in den vergangenen Jahren genauso stetig wie der Umsatz, der in 2003 bei rund einer Milliarde

Euro lag. In 950 Schuhläden in Deutschland verkaufen rund 11 000 Mitarbeiter fast 50 Millionen Paar Schuhe. „Wir bieten einer breiten Kundenschicht gute und modische Schuhe zu günstigen Preisen", erklärt Deichmann das Unternehmenskonzept, das in den USA, in Westeuropa und seit neuestem auch in den östlichen Nachbarländern erfolgreich umgesetzt wird. Die Kollegen hier zu Lande geben bei der Befragung „Deutschlands Beste Arbeitgeber" ihren Chefs gute Noten.

„Das Management führt das Unternehmen kompetent." Dieser Aussage stimmten im Wettbewerb 90 Prozent der Teilnehmer zu. Neben flachen Hierarchien ist der Führungsspitze der enge Kontakt zu den Filialmitarbeitern wichtig: „Wenn ich nur Zahlen studiere, werde ich unruhig", sagt Deichmann. „Möglichst häufig fahre ich raus in die Filialen und spreche mit den Verkaufsstellenleitern und den Mitarbeitern." Sein Motto dabei: „Wenig Bürokratie, zügige Entscheidungen." Er legt Wert auf einen partnerschaftlichen Führungsstil. Befehl und Gehorsam gehören dazu definitiv nicht.

Bei Deichmann kommen die Führungskräfte meist aus den eigenen Reihen. Im Vertrieb sind es oft talentierte Kräfte, die als Auszubildende ins Unternehmen gekommen sind. In zentralen Funktionen wie Einkauf, Logistik und Marketing kommen Trainees oder Berufsakademiestudenten zum Zug. Für sie alle gilt: „Ellenbogenmentalität und Kampftaktiken schätzen wir hier nicht", betont Deichmann. Er weiß aus Erfahrung: „Druck schafft keinen wirtschaftlichen Erfolg."

Die Mitarbeiter – 70 Prozent der Angestellten sind Teilzeitkräfte – arbeiten gerne in dem Essener Unternehmen – und vor allem für viele Jahre. So musste Heinz-Horst Deichmann, Firmen-Senior und Aufsichtsratsvorsitzender, beispielsweise im letzten Sommer gleich zwei Rheinschiffe chartern: Es galt, rund 600 Jubilare zu ehren, die dem Unternehmen mindestens zehn Jahre die Treue hielten. Die Loyalität ist erwünscht: „Wir suchen die langfristige Partnerschaft", sagt Deichmann junior.

Neben den Jubiläumsfeiern stehen bei den Mitarbeitern die Gesundheitswochen in Gais in der Schweiz hoch im Kurs. „Mein Vater hat vor vielen Jahren eine Kur in der Schweiz gemacht. Ihm hat es so gut gefallen, dass er dieses Programm auch seinen Mitarbeitern anbieten wollte", sagt Deichmann. Nach zwei Jahren Firmenzugehörigkeit kann jeder, ob Führungs- oder Teilzeitkraft, für eine Woche in die Berge. Lediglich die Fahrtkosten bezahlen die Urlauber selbst. Auf dem Programm stehen wandern, Gymnastikübungen und gesundes Essen. „Ich bin mit Leib und Seele dabei", so die Stimme eines Mitarbeiters.

Great Place to Work Kriterien

7-8 Punkte: ausgezeichnet, 5-6 Punkte: sehr gut, 3-4 Punkte: gut.

Glaubwürdigkeit

Der Grundgedanke des partnerschaftlichen Umgangs ist tief in der Firmentradition verwurzelt, nicht zufällig rangiert der Grundsatz „Ich habe gerne mit Menschen zu tun" an erster Stelle der Handlungsanweisung für die tagtägliche Arbeit. Bestandteil des partnerschaftlichen Umgangs ist die Offenheit, mit der das Management alle Mitarbeiter informiert. 96 Prozent der Befragten bestätigen, dass das Management besondere Stärken bei der Vermittlung von Zielen und Strategien zeigt. Durch regelmäßige Filialbesuche suchen Inhaberfamilie und Geschäftsleitung den direkten Kontakt zu den Mitarbeitern und nehmen deren Vorschläge und Erfahrungen in informeller Weise auf. Regelmäßige Meetings der Gebiets-, Bezirks- und Filialleitungen ergänzen den Informationsfluss.

Respekt

Deichmann-Mitarbeitern bieten sich auf der Basis vielfältiger Förderprogramme wie einem „Verkaufsassistentinnen-Programm" sehr gute Zukunftsperspektiven. Das Unternehmen setzt auf die Förderung des eigenen Nachwuchses aus dem Mitarbeiterstamm. In schwierigen Lebenssituationen werden die Mitarbeiter nicht allein gelassen und falls nötig finanziell unterstützt. Beispielsweise beträgt die den Mitarbeitern zur Betreuung erkrankter oder hilfsbedürftiger Angehöriger zugestandene Zeit bis zu sechs Monate. Außerdem werden während dieser Zeit großzügige Regelungen zur Weiterbezahlung des Gehalts und der Sozialversicherungsbeiträge geleistet.

Fairness

Deichmann zeichnet sich durch eine ausgewogene Bezahlung aus. 82 Prozent der Mitarbeiter fühlen sich für ihre Arbeit angemessen bezahlt. Positiv fällt zudem das Engagement für ältere Mitarbeiter auf. Ziel ist es, die Mitarbeiter bis zum Erreichen des Rentenalters zu beschäftigen. So werden langjährigen älteren Mitarbeitern, die den Anforderungen im Verkauf körperlich nicht mehr gewachsen sind, in vielen Fällen ohne Gehaltseinbußen andere Tätigkeiten angeboten. Den Umgang miteinander erlebt die Belegschaft als fair. 83 Prozent – zehn Prozent über dem Durchschnittswert der Top-50-Unternehmen – sagen aus, dass die Mitarbeiter politische Machenschaften und Intrigen unterlassen, um etwas zu erreichen.

Stolz

Auf Grund des großen internationalen Erfolgs sind die Mitarbeiter nach eigener Aussage *"stolz und glücklich, für Deichmann zu arbeiten"*. Die Verbundenheit mit ihrem Arbeitgeber zeigen die Mitarbeiter beispielsweise dadurch, dass sie das soziale Engagement des Unternehmens aus freien Stücken mittragen. Indem sie beispielsweise einen geringen Teil ihres Gehaltes spenden, unterstützen sie die Deichmann-Aktion „Wort und Tat", die zum Beispiel gegen Kinderarbeit in indischen Steinbrüchen kämpft. Die Zusammenarbeit mit Lieferanten ist außerdem mittels eines verbindlichen Verhaltenscodex geregelt, der gewährleistet, dass Arbeits- und Produktionsbedingungen sozialen Standards genügen.

Teamorientierung

Der Inhaberfamilie gelingt es trotz der Firmengröße und der Filialstruktur, bei den Deichmann-Mitarbeitern ein intensives Gemeinschaftsgefühl zu erzeugen: 90 Prozent der Befragten stimmen der Aussage zu, in einem freundlichen Unternehmen zu arbeiten. Indem er zum Beispiel an den Weihnachtsfeiern der einzelnen Verkaufsstellen teilnimmt, wird Herr Deichmann für seine Mitarbeiter als *„Chef zum Anfassen"* erlebbar. Jubilare werden durch aufwändige Feiern geehrt, an denen auch die Inhaber teilnehmen.

Karriere

Talente, die bei uns einsteigen wollen, sollten folgende Eigenschaften mitbringen:

Analytisches Denkvermögen in Verbindung mit pragmatischem Handeln, Freude an eigenverantwortlicher Arbeit in kleinen Teams und Initiative, um innovative Ideen umzusetzen.
Im Einkauf erwarten wir zusätzlich: Gespür für modische Trends und Gefühl für Formen und Farben.

Fakten

Branche	Einzelhandel
Zahl der Mitarbeiter in 2003	11 000
Adresse	Boenertweg 9, 45359 Essen
Homepage	www.deichmann.com
Beschäftigte Berufsgruppen	Filialleiter, Bezirksverkaufsleiter, Gebietsverkaufsleiter, Spezialisten und Führungskräfte in verschiedenen Verwaltungsfunktionen
Anfangsgehalt für Hochschulabsolventen	2500 Euro pro Monat
Bewerberinformationen	www.deichmann.com Kontaktperson: Jörg Wins, Leiter Personalentwicklung
Weiterbildungsstunden pro Jahr für größte Berufsgruppe pro Mitarbeiter	16 Stunden
Anteil der Mitarbeiter unter 35 Jahren	33 Prozent
Frauenanteil	56 Prozent

Rang 42

GfK

MEINUNGEN ZÄHLEN

Das Marktforschungsunternehmen GfK wächst stetig an ausländischen Töchtern und Umsatz – vor allem dank engagierter Mitarbeiter. Sie schätzen den freundlichen Umgang miteinander und die Möglichkeit, Beruf und Familie in Einklang zu bekommen.

„Hier werden Sie den Mann fürs Leben finden", so begrüßte unlängst eine Führungskraft eine neue Kollegin. Der Mann kennt sich aus: Der Hauptsitz der GfK AG in Nürnberg ist nachgewiesenermaßen eine höchst erfolgreiche Kontaktbörse. Viele der rund 1500 Mitarbeiter in Deutschland kennen Firmenpärchen mit und ohne Trauschein. Die zwei Voraussetzungen für das traute Miteinander: Bei dem Marktforschungsinstitut arbeiten fast gleich viele Frauen wie Männer, und eine typische GfK-Karriere beginnt nach einem Hochschulstudium. Die Liebe zu Zahlen, Meinungen und Marketing scheint die Kollegen auf vielerlei Weise zu verbinden.

„Die Mitarbeiter sind bereit, einen zusätzlichen Einsatz zu leisten, um Arbeiten schneller fertig zu stellen." Dieser Aussage stimmten im Wettbewerb „Deutschlands Beste Arbeitgeber" 88 Prozent der Befragten zu. Das Engagement zeigt sich auch deutlich im Erfolg des seit 1999 börsennotierten Unternehmens. Das Marktforschungsunternehmen realisierte im Jahr 2003 einen Umsatz in Höhe von 595,1 Millionen Euro. Die 1929 als Verein gegründete Gesellschaft ist auf allen Kontinenten aktiv und arbeitet in fünf Geschäftsfeldern: Mediennutzung, Konsumentenanalyse, Informationsservice für Handel und Industrie, Dienstleistungen für den Bereich Gesundheit und Ad-hoc-Forschung. Wo mit Meinungsforschung Geld gemacht wird, ist die Kommunikation wichtig: Die GfKler schätzen Teamgeist und die Wertschätzung des Managements.

„Die Mitarbeiter sind die wesentlichen Wachstumsfaktoren", sagt Franz Merl, Finanzvorstand der GfK. „Sie sind es, die unsere Kunden beraten, betreuen und mit unseren Dienstleistungen beliefern." Dafür wählt das Unternehmen zum einen gute Teamarbeiter aus, und zum anderen bekommt jeder die Trainings, die ihn für den Kundenkontakt fit machen. Im Durchschnitt besuchen die Junior Marketing Consultants und Business Group Directors Seminare im Umfang von 100 bis 130 Stunden im Jahr. Schließlich ist das Marktforschungsinstitut sehr daran interessiert, den eigenen Nachwuchs weiterzuentwickeln. „Man empfindet glaubwürdig, dass das Unternehmen ohne seine Mitarbeiter praktisch keinen Wert besitzt", so ein Mitarbeiter in der Befragung.

Die Wertschätzung für die Kollegen zeigt das Unternehmen unter anderem mit einer Mitarbeiterbefragung, die alle zwei Jahre stattfindet. Sie soll zeigen, wie gut die Belegschaft über ihren Arbeitgeber Bescheid weiß und in welchen Bereichen des Joballtags es Probleme gibt. Dort, wo es hakt, setzen sich die Abteilungen zusammen und erarbeiten einen Verbesserungsplan. Ein Moderator begleitet auf Wunsch die Umsetzung des Plans. Dem angenehmen Klima in den GfK-Büros tut das gut: Sagen doch 88 Prozent der Befragten, dass sie in einem freundlichen Unternehmen arbeiten.

Das Meinungsforschungsinstitut hat noch eine weitere Besonderheit zu bieten, die derzeit in anderen Unternehmen Seltenheitswert hat: „Mehrarbeit soll mit Freizeit ausgeglichen werden", sagt Merl. „Unser Ziel ist es, dass es zu einem Ausgleich zwischen Karriereinteressen und Privatleben kommt." Dieses Modell gilt für alle Nicht-Führungskräfte. Sie können sich Überstunden ausbezahlen lassen oder abbummeln. Zudem sind die zahlreichen Teilzeitmodelle für Mütter beliebt. Kinder sind bei der GfK kein Karrierehindernis, zumal, wenn es sich um 100-prozentigen Marktforschernachwuchs handelt.

Great Place to Work Kriterien

7-8 Punkte: ausgezeichnet, 5-6 Punkte: sehr gut, 3-4 Punkte: gut.

Glaubwürdigkeit ■ ■ ■ ■

Die GfK betont in ihrem Wertesystem: „Unsere wichtigste Ressource sind die Mitarbeiter". Auch der Grundsatz, den Mitarbeitern Freiraum zu geben, um Dinge auszuprobieren und Entscheidungskompetenz zu erwerben, ist ausdrücklicher Bestandteil des Wertekanons: 86 Prozent der Befragten äußern, dass das Management auf die gute Arbeit der Mitarbeiter vertraut, ohne sie ständig zu kontrollieren. Betriebliche Informationen werden beispielsweise über Newsletter oder Informationsveranstaltungen der Geschäftsführung und regelmäßige Meetings weitergeleitet. Zudem sind die Vorgesetzen für die Mitarbeiter jederzeit ansprechbar.

Respekt ■ ■ ■ ■ ■

Die Entwicklung der Mitarbeiter wird durch umfangreiche Maßnahmen zur beruflichen Weiterbildung im fachlichen und überfachlichen Bereich unterstützt. Für die internationale Arbeit macht die GfK Academy in Brüssel entsprechende Angebote. Auch die Tätigkeiten selbst bieten Lern- und Entwicklungsfelder: *„Man kann sehr schnell interessante und verantwortliche Tätigkeiten übernehmen"*, formuliert ein Mitarbeiter. Bonifikationen und Prämien honorieren sowohl gute Leistungen des einzelnen Mitarbeiters wie auch ganzer Teams. Die Beteiligung der Mitarbeiter an der Entwicklung ihrer Arbeit und ihres Arbeitsumfeldes erfolgt über das jährliche Mitarbeitergespräch, eine alle zwei Jahre durchgeführte Mitarbeiterbefragung sowie Workshops zu aktuellen Themenstellungen.

Fairness ■ ■ ■ ■ ■

GfK-Mitarbeiter erhalten umfangreiche und ausgewogene Sozialleistungen: Urlaubsgeld, Weihnachtsgratifikation, vermögenswirksame Leistungen, Geburts- und Heiratsbeihilfen und Zuschüsse zu verschiedenen Sportmöglichkeiten. Eine geschätzte Besonderheit ist das *hochwertige* Nikolausgeschenk für alle Mitarbeiter. Die Zusammenarbeit über Landesgrenzen hinweg wird von den Mitarbeitern als harmonisch erlebt: *„Der intensive Kontakt mit ausländischen Mitarbeitern, direkt am Standort und in den Niederlassungen im Ausland, ist sehr bemerkenswert. Die positive Art, wie man miteinander an Projekten arbeitet, empfinde ich als sehr angenehm."* 98 Prozent der Mitarbeiter bestätigen, unabhängig von ihrer ethnischen Herkunft oder Religion fair behandelt zu werden.

Stolz

Stolz sind die Mitarbeiter auf die besondere Kultur der GfK-Gruppe: *„Das Unternehmen ist ein sehr junges und modernes Unternehmen, das auch so eine Art Lifestyle-Charakter widerspiegelt. Ein Unternehmen, zu dem man gerne gehört".* Die Mitarbeiter identifizieren sich zudem mit der Geschichte und dem großen wirtschaftlichen Erfolg des Unternehmens: *„Wir sind Marktführer, deshalb macht es Spaß, hier zu arbeiten".* Sie sind gerne bereit, diese Position durch ihren persönlichen Einsatz weiter auszubauen: 88 Prozent geben an, die Mitarbeiter seien bereit, einen zusätzlichen Einsatz zu leisten.

Teamorientierung

Die Mitarbeiter loben die gute Stimmung innerhalb des Unternehmens: *„Das Betriebsklima und der Zusammenhalt unter den Mitarbeitern sind sehr gut, es wird auch viel privat zusammen unternommen".* Gelegenheiten dazu bieten Feiern zu erfolgreichen Projektabschlüssen und Klassiker wie das alljährliche Sommerfest oder die Nikolaus- und Weihnachtsfeier. Zur guten Stimmung in den Teams trägt auch bei, dass bei der Einstellung neuer Mitarbeiter dem jeweiligen Team ein Mitspracherecht gewährt wird. Es erhält vorab die Gelegenheit, den neuen Mitarbeiter zum Beispiel durch Probearbeit kennen zu lernen. 87 Prozent urteilen, dass man sich als neuer Mitarbeiter im Unternehmen willkommen fühlt.

Karriere

Talente, die bei uns einsteigen wollen, sollten folgende Eigenschaften mitbringen:

Absolventen mit marketingorientiertem Schwerpunkt sowie Statistiker oder Informatiker passen gut zu uns. Wichtig ist uns aber auch die Persönlichkeit unserer künftigen Mitarbeiter. Wir suchen kommunikative Teamplayer, die mit Engagement an neue Aufgaben herangehen, über ein professionelles Auftreten verfügen und sich gerne im internationalen Umfeld bewegen.

Fakten

Branche	Marktforschung
Zahl der Mitarbeiter in 2003	1508
Adresse	Nordwestring 101, 90319 Nürnberg
Homepage	www.gfk.de
Beschäftigte Berufsgruppen	Consultants, Assistants, Informationstechnologie-Spezialisten, Statistiker, Mitarbeiter in Zentralbereichen
Anfangsgehalt für Hochschulabsolventen	35 000 bis 38 000 Euro pro Jahr
Bewerberinformationen	www.gfk.de/recruitment.php career@gfk.de
Weiterbildungsstunden pro Jahr für größte Berufsgruppe pro Mitarbeiter	circa 100 bis 130 Stunden
Anteil der Mitarbeiter unter 35 Jahren	38 Prozent
Frauenanteil	50 Prozent

Rang 43
Weinmann Geräte für Medizin

VERANTWORTLICH AGIEREN

Der Spezialist für Schlaf- und Notfallmedizin, Weinmann, blickt trotz Branchenkrise optimistisch in die Zukunft. Dabei helfen neue Produkte, an denen die Mitarbeiter tüfteln. Sie schätzen die Arbeitsbedingungen und sind stolz auf ihre Leistung.

In vielen deutschen Unternehmen ist die Generation der Mitarbeiter zwischen 55 und 65 Jahren fast vollständig verschwunden. Der Grund dafür: In den vergangenen drei Jahren haben viele Unternehmen ihre „Seniors" in Frührente geschickt. Bei Weinmann in Hamburg sieht das anders aus. „Jung und Alt gehen hier sehr gut miteinander um", sagt Ulrich Hennecke, Personalleiter des Medizintechnikherstellers. Er muss es wissen: Schließlich ist er 55 Jahre alt und seit 26 Jahren im Unternehmen. „Ich habe immer viel Vertrauen von Seiten der Geschäftsführung bekommen und kann meine Ideen umsetzen." Das Besondere dabei: Der Sprecher der Geschäftsführung, Marc Griefahn, ist 33 Jahre alt. Er übernahm in den vergangenen Jahren nach und nach die Aufgaben seines Vaters Joachim Griefahn.

Rang 43 : Weinmann Geräte für Medizin

Weinmann Geräte für Medizin GmbH & Co. KG ist ein Familienunternehmen mit jahrzehntelanger Tradition in der Medizintechnik. So entwickeln und vertreiben die Hamburger Diagnose- und Therapiegeräte im Bereich der Schlafapnoe und Sauerstoffmedizin sowie Geräte für Notfallmedizin. 70 bis 80 Prozent der Wiederbelebungsgeräte in Rettungswagen und -hubschraubern in Europa sind aus dem Hause Weinmann. Die Produkte werden in Werken im Großraum Hamburg hergestellt. Trotz schwierigem Marktumfeld rechnet das Unternehmen mit einem Umsatz von 60 Millionen Euro in 2004. „Wir haben jede Menge neuer Produkte, die wir in nächster Zeit auf den Markt bringen", verrät Hennecke. Sowohl Innovationen als auch Veränderungen gestalten Management und die rund 260 Mitarbeiter immer gemeinsam. Das kommt an: 93 Prozent der Befragten im Wettbewerb „Deutschlands Beste Arbeitgeber" sagen, dass sie im Unternehmen einen wichtigen Beitrag leisten können.

Ein Grund dafür ist, dass Führung bei dem Traditionshaus auch bedeutet, Neues miteinander zu gestalten. Meist geschieht das in Arbeitskreisen. Hier treffen sich je nach Thema unterschiedliche Experten aus den Fachabteilungen, beispielsweise Entwicklung und Marketing mit den Zuständigen für Qualitätsmanagement und der Geschäftsführung. Geht es um Personalfragen, sitzt auch der Betriebsrat mit am Tisch. „Wir sind gleichberechtigt in den Arbeitskreisen vertreten", sagt Jürgen Polomski, Betriebsratsvorsitzender. Ein Beispiel: Im vergangenen Jahr wurde im gesamten Unternehmen eine neue Software eingeführt, die die administrative Arbeit effizienter gestalten soll. „Die Hauptnutzer des Programms konnten ihre Wünsche und Forderungen in die Entwicklung mit einbringen und ihre Ideen in Workshops mit dem IT-Unternehmen besprechen", sagt Hennecke. Die Mitarbeiter im Arbeitskreis hielten wiederum ihre Kollegen auf dem neuesten Stand.

Bringt ein Arbeitskreis sein Projekt erfolgreich zu Ende, geizt die Führung nicht mit Lob. Im Fall der EDV-Umstellung fand eine große Party für die 50 beteiligten Mitarbeiter statt. Für besonders engagierte Mitarbeiter ist aber auch eine Geldprämie von bis zu 1000 Euro drin. Diesen Betrag hat beispielsweise Harun Özkalp bekommen. Er ist zuständig für Personalentwicklung und half drei Monate lang bei einer von Weinmann aufgekauften Firma in Frankreich bei der Neuorganisation und bei der Auswahl der Mitarbeiter.

Ein weiterer Wohlfühlfaktor im Unternehmen ist die gute Ausstattung mit Arbeitsmitteln sowie die flexiblen Arbeitszeiten. Dafür gibt es im Wettbewerb sehr gute Bewertungen. „Fach- und Führungskräfte, die ab und an in Ruhe zu Hause arbeiten wollen, bekommen ein Home Office eingerichtet", sagt Hennecke. „Die Telefonkosten und die Anschlussgebühr dafür wird bezahlt." So arbeitet beispielsweise ein junger Vater aus der Forschungs-

und Entwicklungsabteilung einen Tag in der Woche zu Hause und recherchiert Patente. Andere melden sich im Büro für einen Tag ab, wenn sie zu Hause eine Präsentation vorbereiten wollen. „Hier wird auf die selbstständige Arbeit vertraut, ohne dass es eine ständige Kontrolle durch Vorgesetzte gibt", so ein Mitarbeiter.

Great Place to Work Kriterien
7-8 Punkte: ausgezeichnet, 5-6 Punkte: sehr gut, 3-4 Punkte: gut.

Glaubwürdigkeit

Aufgabe der Unternehmensführung ist nach dem Leitbild des Unternehmens, „Freiraum zum unternehmerischen Handeln und zum Einbringen persönlicher Verantwortung" zu schaffen. 93 Prozent der befragten Mitarbeiter schreiben dem Management eine hohe Kompetenz in der Umsetzung der Mitarbeiterorientierung und der Unternehmensführung zu. Das basiert nicht zuletzt auf dem guten Verhältnis zwischen Geschäftsleitung und Angestellten. Mit dem Kommentar: *„Nach zweijähriger Betriebszugehörigkeit bin ich immer von der Geschäftsleistung mit Verständnis und viel Humor geachtet und behandelt worden"*, beschreibt ein Befragter sein Verhältnis zur Geschäftsführung. Dies schafft Vertrauen: 96 Prozent der Befragten halten die Geschäftspraktiken des Managements für ehrlich und ethisch vertretbar.

Respekt

Den Respekt als feste Größe im betrieblichen Miteinander bringen am treffendsten die Mitarbeiterkommentare selbst zum Ausdruck: *„Es wird jeder Mitarbeiter als Persönlichkeit gesehen, nicht nur als Personalnummer betrachtet. Auch bei privaten Problemen wird man nicht allein gelassen."* Des Weiteren zeigt sich der Respekt im Angebot zahlreicher Möglichkeiten zur persönlichen Weiterbildung. Die Mitarbeiter werden durch Einarbeitungspläne, Paten, maßgeschneiderte Trainingsangebote und individuelle Coachings unterstützt. Hohe Priorität genießt die Miteinbeziehung der Mitarbeiter in die betrieblichen Entscheidungsprozesse. Bei Veränderungen werden zum Beispiel Arbeitskreise gebildet, zu denen die betroffenen Mitarbeiter und der Betriebsrat eingeladen werden. 66 Prozent der Befragten sagen aus, dass das Management die Mitarbeiter in Entscheidungen mit einbezieht, die ihre Arbeit oder das Arbeitsumfeld betreffen – ein herausragend gutes Ergebnis im Wettbewerb.

Fairness

Im Wettbewerb äußerten sich 85 Prozent der befragten Mitarbeiter positiv über die als angemessen empfundene Bezahlung. Sozialleistungen wie bezuschusstes Kantinenessen, Jahreskarten für öffentliche Verkehrsmittel und eine betriebliche Altervorsorge in Form einer Betriebskasse ergänzen die Bezahlung. Der faire Umgang miteinander ist auch ungeachtet finanzieller Aspekte gelebter Bestandteil der Unternehmenskultur. In der Befragung gaben 86 Prozent der Mitarbeiter an, unabhängig von ihrer Position als vollwertiges Mitglied des Unternehmens behandelt zu werden.

Stolz

Die Unternehmensgruppe konnte über die vergangenen Jahre ein konstantes Wachstum verzeichnen, was sich auch in einer stetigen Zunahme der Mitarbeiterzahlen niederschlägt. Die Mitarbeiter sind stolz auf ihr Unternehmen, das sie als *„modern"* und *„für die Zukunft ausgerichtet"* wahrnehmen. Das belegen die überdurchschnittlichen 91 Prozent der Befragten, die stolz darauf sind, anderen erzählen zu können, dass sie bei Weinmann arbeiten. Außerdem honorieren die Mitarbeiter den hohen Einsatz des Unternehmens für Nachhaltigkeit und Umweltschutz: 92 Prozent äußern sich zufrieden mit der Art und Weise, in der das Unternehmen einen Beitrag für die Gesellschaft leistet.

Teamorientierung

Die Mitarbeiter loben den großen Zusammenhalt der Weinmann-Belegschaft: *„Wir haben einen Teamgeist nach dem Motto: Einer für alle und alle für einen"*, so ein Mitarbeiter. 87 Prozent geben an, dass es ihnen Freude macht, bei Weinmann zu arbeiten. Der enge Kontakt zu den Inhaberfamilien trägt in ihren Augen wesentlich zur guten Stimmung im Unternehmen bei: *„Der Geschäftsinhaber-Senior begrüßt mich wie alle Mitarbeiter selbstverständlich und mit offener Freude per Handschlag bei jedem Wiedersehen"*. Gelegenheiten, den Zusammenhalt weiter zu stärken, bieten zum Beispiel Einweihungsfeiern, Grillfeste und gemeinsame Motorradausflüge. Circa 15 Prozent der Mitarbeiter einschließlich einiger Vertreter der Geschäftsführung fahren als Team beim Radrennen HEW-Cyclassics in Hamburg mit.

Karriere

Talente, die bei uns einsteigen wollen, sollten folgende Eigenschaften mitbringen:

Mit selbstbewussten, verantwortungsvollen und vor allem engagierten Teamplayern möchten wir auch weiterhin zu den Innovationsführern gehören.

Fakten

Branche	Medizintechnik
Zahl der Mitarbeiter in 2003	257
Adresse	Kronsaalsweg 40, 22525 Hamburg
Homepage	www.weinmann.de
Beschäftigte Berufsgruppen	allgemein Kaufleute und Ingenieure
Anfangsgehalt für Hochschulabsolventen	circa 3000 Euro pro Monat
Bewerberinformationen	www.weinmann.de
Weiterbildungsstunden pro Jahr für größte Berufsgruppe pro Mitarbeiter	16 Stunden
Anteil der Mitarbeiter unter 35 Jahren	46 Prozent
Frauenanteil	32 Prozent

Rang 44
Kyocera Mita Deutschland

GEMEINSCHAFTLICH PROFITIEREN

Mit Druckern und Kopierern macht Kyocera Mita auch in schlechten Zeiten gute Gewinne. Bei dem Unternehmen steht weniger der Einzelne, vielmehr die Belegschaft als Team im Vordergrund. Demzufolge profitierten alle gleichermaßen am wirtschaftlichen Erfolg.

Japanische Philosophie im Industriegebiet von Meerbusch bei Düsseldorf – wie passt das zusammen? Kyocera Mita Deutschland hat im Rheinland seinen Sitz. Die Tochter des japanischen Börsenkonzerns Kyocera vertreibt mit über 200 Mitarbeitern in Deutschland Laserdrucker, digitale Kopierer und Multifunktionsgeräte. Der Gründer des weltweiten Imperiums Kazuo Inamori legt auf zwei Leitsätze besonders viel Wert: „Tu', was niemand zuvor getan hat. Vergiss aber auch bei allem Erfolg nie die menschliche Seite."

Die Weisheiten aus Japan haben auch im nüchternen Bürokomplex in Meerbusch Bestand. Erfolg und Menschlichkeit treffen bei der Kyocera Mita Deutschland GmbH zusammen. „Die Mitarbeiter zusammen mit dem Management haben Kyocera Mita Deutschland zu etwas ganz Besonderem gemacht", so ein Kommentar in der Befragung zum Wettbewerb „Deutschlands Beste Arbeitgeber". Die Belegschaft durfte sich in der Vergangenheit oft über Unternehmenserfolge freuen. Auch in diesem Jahr sieht es gut aus: Geschäftsführer Reinhold Schlierkamp rechnet hier zu Lande mit erneutem Wachstum und bis zu 200 Millionen Euro Umsatz bis zum Ende des Geschäftsjahres Mitte 2004.

„Wir haben keine Manager, die durch das Haus schweben", sagt Ursula Gebauer, Personalchefin von Kyocera Mita. Ein Mitarbeiter bestätigt das: Hier gibt es „keine Superstars", das Unternehmen ist „bodenständig". Für Schlierkamp ist diese Charakterisierung des Kopierer- und Druckerspezialisten keineswegs ein Schimpfwort. Im Gegenteil, Kontinuität im Geschäft ist ihm wichtig. Strategiewechsel im Quartalstakt sind nicht sein Stil. Auf gemeinsamen Treffen erfährt jeder Mitarbeiter, wohin der Weg geht: etwa die anstehenden Umsatzziele oder Produktneuerungen.

In einem Punkt unterscheidet sich das Meerbuscher Unternehmen erheblich von anderen Firmen: Hier sitzen alle in einem Boot. Dieses Motto gilt beim alljährlichen Drachenbootrennen der Mitarbeiter auf dem Rhein, vor allem aber im Berufsalltag. „Die gesamte Belegschaft ist dafür verantwortlich, dass die Ziele erreicht werden", so Gebauer. Das bedeutet auch, dass bei Erfolg alle den gleichen Bonus bekommen. Daneben sorgt ein jährlicher Branchenvergleich der Gehälter dafür, dass Außendienstkollegen wie Marketingleiter fair und marktgerecht bezahlt werden. 85 Prozent der Mitarbeiter sagen, dass sie angemessen bezahlt werden – ein weit überdurchschnittlicher Wert im Wettbewerb. Zudem erkennen 91 Prozent der Befragten die guten Sozialleistungen an. Neben Standards wie die Altersvorsorge schätzen die Angestellten das Budget für Extras: Beispielsweise gibt es Eis für alle in der Sommerhitze und T-Shirts und Taschengeld für Sport-Turniere der Volleyball- und Drachenboottruppe.

Gerade die Firmen-Sportgruppen bieten neuen Mitarbeitern eine gute Chance, sich schnell ins Unternehmen zu integrieren. Im vergangenen Jahr wechselten immerhin 50 Externe zur Kyocera Mita Deutschland – darunter waren auch Kandidaten, die durch das übliche Raster anderer Unternehmen gefallen wären. „Bei einem Bewerber müssen wir das Gefühl haben, dass er zu uns passt, auch wenn seine Ausbildung nicht so exzellent ist. So haben wir beispielsweise einen Lehrling eingestellt, der 30 Absagen bekommen hat", sagt Schlierkamp. Auch einen über 50-jährigen Vertriebsexperten hat der Geschäftsführer mit ins Boot geholt – und keinen Tag bereut.

Great Place to Work Kriterien
7-8 Punkte: ausgezeichnet, 5-6 Punkte: sehr gut, 3-4 Punkte: gut.

Glaubwürdigkeit

Das Management informiert bei großen Projekten und Zielen alle Mitarbeiter frühzeitig. *„Die Kommunikation in unseren Hause ist offen und von großer Herzlichkeit geprägt"*, so schildert ein Mitarbeiter die besondere Qualität von Kyocera Mita. Die Befragungsergebnisse bestätigen dies. 83 Prozent heben besonders den offenen Kommunikationsstil und die unkomplizierte Erreichbarkeit der Geschäftsleitung hervor. Weitere 95 Prozent halten die Geschäftspraktiken für ehrlich und ethisch vertretbar. 93 Prozent bescheinigen dem Management, dass es das Unternehmen kompetent führt. So lädt die Geschäftsführung beispielsweise mindestens einmal pro Monat eine Gruppe von Mitarbeitern zum Lunch ein, um diese besser kennen zu lernen.

Respekt

Mittels der 37 Stunden Weiterbildung im Jahr, die im Durchschnitt jedem Kyocera-Mita-Mitarbeiter gewährt werden, hält das Unternehmen das fachliche Know-how auf dem aktuellen Stand. Dazu gehört auch, dass den Mitarbeitern eine qualitativ hochwertige Ausstattung zur Verfügung gestellt wird: 90 Prozent der Befragten bejahen hierzu die entsprechende Aussage. Programme zur Förderung einer ausgeglichenen Worklife-Balance sind im Unternehmen installiert und werden konsequent durchgesetzt. So wird durch die Arbeitszeitregelung das Ausmaß an Überstunden für alle Mitarbeiter begrenzt, um zu verhindern, dass das Privatleben der Mitarbeiter zu kurz kommt.

Fairness

Variantenreiche Sozialleistungen, wie etwa Versicherungen zu besonders günstigen Konditionen, Direktversicherung und Pensionskasse tragen zur Zufriedenheit der Mitarbeiter bei. Das Gehalt aller im Unternehmen weist eine erfolgsabhängige variable Komponente auf. So kommen alle Kyocera-Mita-Mitarbeiter in den Genuss eines Gehalts, das weit über dem Tarif liegt. 85 Prozent der befragten Mitarbeiter – 18 Prozent mehr als der Durchschnitt der Top-50-Unternehmen – stimmen der Aussage zu, dass sie für ihre Arbeit angemessen bezahlt werden. Zudem erhalten die Mitarbeiter zwei zusätzliche Urlaubstage im Jahr.

Stolz

Die Mitarbeiter sind stolz auf den wirtschaftlichen Erfolg des Unternehmens, das trotz der allgemein ungünstigen Wirtschaftslage wächst und neue Mitarbeiter einstellt. Das bestätigten 94 Prozent der Befragten, die stolz auf das sind, was sie gemeinsam leisten. Das soziale Engagement und hier insbesondere der Einsatz des Unternehmens im Bereich Umweltschutz trägt zusätzlich zur Verbundenheit zwischen den Mitarbeitern und ihrem Arbeitgeber bei. So engagiert sich Kyocera Mita etwa in Kooperation mit dem Naturschutzbund für den Schutz der Niederrheinauen. 90 Prozent der Befragten äußern sich zufrieden zur Art und Weise, in das Unternehmen einen Beitrag für die Gesellschaft leistet.

Teamorientierung

Kyocera Mita gelingt es, wirtschaftlichen Erfolg mit einer angenehmen sozialen Atmosphäre zu verbinden. 92 Prozent der Beschäftigten bekunden, dass sie im Unternehmen sie selbst sein können und sich nicht zu verstellen brauchen. Die Mitarbeiter loben den als enorm positiv empfundenen Teamgeist und das entspannte Arbeitsklima in und zwischen den Abteilungen. Wenn es nötig ist, engagiert sich auch die Geschäftsleitung, wenn es gilt, gemeinsam „anzupacken", berichtet ein Mitarbeiter im Rahmen der Untersuchung. 99 Prozent aller befragten Mitarbeiter nehmen Kyocera als ein überaus freundliches Unternehmen wahr. Weiteren 94 Prozent macht es Freude, im Unternehmen zu arbeiten.

Karriere

Talente, die bei uns einsteigen wollen, sollten folgende Eigenschaften mitbringen:

Mitarbeiter, die in unserem Hause arbeiten, sollen sich mit unseren Produkten, aber auch mit der Firmenphilosophie identifizieren. Wichtiger Bestandteil unserer Philosophie ist die Innovation, die unsere Handlungsweise stets prägt: „Das Heute sollte besser sein als das Gestern, das Morgen muss besser sein als das Heute". Wir suchen Mitarbeiter/-innen, die sich bei uns engagieren und mit Kreativität einbringen und die eine optimistische Grundhaltung für einen positiven und freundlichen Umgang mitbringen.

Fakten

Branche	Hersteller
Zahl der Mitarbeiter in 2003	204
Adresse	Mollsfeld 12, 40670 Meerbusch
Homepage	www.kyoceramita.de
Beschäftigte Berufsgruppen	keine Angaben
Anfangsgehalt für Hochschulabsolventen	keine Angaben
Bewerberinformationen	keine Angaben
Weiterbildungsstunden pro Jahr für größte Berufsgruppe pro Mitarbeiter	37,5 Stunden
Anteil der Mitarbeiter unter 35 Jahren	33 Prozent
Frauenanteil	41 Prozent

Rang 45
Schreiner Group

PERFEKTION SCHAFFEN

Bei Schreiner Group, dem Spezialisten für Etiketten aller Art, kennt die Ertragskurve seit Jahren nur eine Richtung: nach oben. Der Unternehmenslenker setzt auf Innovationen und auf die Weiterbildung seiner Mitarbeiter.

Schlamper und notorische Zuspätkommer sollten um die Werke von Schreiner Group GmbH & Co. KG in Oberschleißheim einen großen Bogen machen. Denn eines ist allen klar: Helmut Schreiner, Chef und Unternehmenspatriarch, schätzt Perfektion sowohl bei seinen Produkten als auch bei der Arbeitsleistung und in seinen Firmengebäuden. „Jeder Mitarbeiter hat einen Parkplatz, alle Eingänge sind freundlich gestaltet, jeder Arbeitsplatz hat Frischluft und die modernste Ausstattung", so der Unternehmer, der den Etikettenhersteller in der zweiten Generation leitet. Schäbige Kaffee-Ecken oder verschmutzte Büroteppiche sucht man in den Gebäuden vergeblich. Die Belegschaft weiß das zu schätzen: 96 Prozent der Befragten beim Wettbewerb „Deutschlands Beste Arbeitgeber" sagen, dass die Einrichtungen des Unternehmens zu einem guten Arbeitsumfeld beitragen.

Rang 45 : Schreiner Group

Den Namen Schreiner Group kennen nur wenige Konsumenten, die Produkte begegnen ihnen jedoch häufig. So stecken die Etiketten aus Oberschleißheim in Handygehäusen oder im Motorraum von Autos. Mit Sicherheits-, Transponder-Etiketten, Leuchtfolien und Orginalitäts-Siegeln erwirtschaftete das Unternehmen 2003 einen Umsatz von 67 Millionen Euro. Zu den Kunden gehören Unternehmen aus der Automobil-, Telekommunikations- und Pharmaindustrie. Rund 450 Mitarbeiter in Forschung, Entwicklung, Vertrieb und Produktion arbeiten in Oberschleißheim bei München. Die Schreiner Group ist in 20 Ländern weltweit vertreten. Die Mitarbeiter sind stolz auf die Neuentwicklungen aus ihrem Hause und schätzen die guten Weiterbildungsmöglichkeiten.

„Allein in 2003 hatten wir über 2000 Schulungstage für unsere Mitarbeiter", sagt Schreiner. Die Kollegen besuchten beispielsweise Sprachtrainings, die auf Grund der Expansion des Unternehmens im Ausland nötig wurden. Daneben waren Seminare begehrt, die neue Qualitätsprozesse zum Inhalt hatten. Immer wieder geht es bei den Fortbildungen aber auch um die Werte des Mittelständlers: Innovation, Qualität, Leistungskraft und Freude. „Alle Mitarbeiter sollen diese Wertorientierung leben", sagt Schreiner. Die legt er beispielsweise Auszubildenden und angehenden Führungskräften persönlich in ausgewählten Seminarstunden dar. Der Einsatz des Firmenlenkers kommt an, wie ein Mitarbeiterkommentar zeigt: „Es wird sehr viel in die Mitarbeiter investiert. Sie stehen im Mittelpunkt des Unternehmens und werden als Kapital gesehen."

Stillstand gibt es in der Schreiner-Welt nicht. Demzufolge muss jedes Team auch an einem „kontinuierlichen Verbesserungsprozess" arbeiten. „Alle 14 Tage findet eine Gruppenbesprechung statt. Die Ergebnisse werden protokolliert und die Fortschritte von einem Beauftragten kontrolliert", erklärt der Firmenchef. Ist das Projekt abgeschlossen und der Erfolg dokumentiert, dann belohnen sich die Teams, beispielsweise mit einem gemeinsamen Abendessen oder einem Theaterbesuch.

Überhaupt ist der persönliche Kontakt zwischen den Kollegen untereinander und den Hierarchieebenen ein wesentlicher Bestandteil des Berufsalltags bei dem Etikettenhersteller. „Schreiner kennt jeden Mitarbeiter beim Namen", verrät ein Kollege. Ein Grund dafür: Der Firmenlenker hält wenig vom Hin- und Hersenden von E-Mails. „Wir haben ein dichtes Besprechungswesen", sagt er. Die verschiedenen Führungskräftezirkel finden regelmäßig im Konferenzraum neben dem Chefzimmer statt. Getränke und Kekse sind vorbereitet – Perfektion verpflichtet.

Great Place to Work Kriterien
7-8 Punkte: ausgezeichnet, 5-6 Punkte: sehr gut, 3-4 Punkte: gut.

Glaubwürdigkeit

Innovation, Qualität, Leistungskraft und Freude – die Werte der Schreiner Group prägen das Unternehmen und werden auf Einführungsabenden für neue Mitarbeiter durch den geschäftsführenden Gesellschafter persönlich nahe gebracht. Relevante Unternehmensdaten werden sehr offen im Unternehmen kommuniziert, wie ein Mitarbeiter beschreibt: „Absolute Transparenz. Jeder Mitarbeiter kennt die Unternehmensziele und kann seine Kreativität spielen lassen, um diese Ziele zu erreichen". 94 Prozent der Mitarbeiter attestieren dem Management besondere Kompetenz in der Vermittlung von Vision und Zielen. Der Geschäftsführer kennt jeden der 453 Mitarbeiter mit Namen und sucht das persönliche Gespräch.

Respekt

In puncto Anerkennung von Leistung legt man Wert auf eine direkte Rückmeldung: „In unserem Unternehmen herrscht ein sehr guter Geist, da eine Kultur des Lobes und des Dankens vorzufinden ist", so ein Mitarbeiter. Der Überzeugung folgend, dass die berufliche Leistungsfähigkeit in hohem Maße von einer harmonischen Beziehung zwischen Berufs- und Familienleben abhängt, werden derzeit über 30 verschiedene Arbeitszeitmodelle angeboten. Auch bei privaten Problemen können sich die Beschäftigten jederzeit an das Management wenden, wie ein Mitarbeiter bestätigt: „Herr Schreiner hat immer Zeit für seine Mitarbeiter und versucht zu helfen".

Fairness

Alle Mitarbeiter erhalten ein umfangreiches Paket an Sozialleistungen und attraktive Einmalzahlungen zu Jubiläen, zur Hochzeit oder zur Geburt des Nachwuchses. Darlehen für Haus- oder Wohnungskauf unterstützen die Eigentumsbildung. Zu Geburtstag, Valentinstag, Ostern, Urlaub und Weihnachten erhalten alle Mitarbeiter ein Geschenk von der Geschäftsleitung. Die Schreiner Group beschäftigt zurzeit Mitarbeiter mit 14 verschiedenen Nationalitäten. Ein formuliertes Ziel des Unternehmens ist es, gerade jungen Menschen den Einstieg in das Berufsleben und schnelle Entwicklungsmöglichkeiten zu bieten. Rund 43 Prozent der Mitarbeiter bei Schreiner sind unter 35 Jahren.

Stolz

Die Mitarbeiter sind stolz auf das zukunftsorientierte Management ihres Unternehmens: „Die Art und Weise, mit der sich unser Unternehmen auf die Zukunft vorbereitet, kann für andere Unternehmen Vorbildcharakter haben", äußert sich ein Beschäftigter. Dies bezieht sich vor allem auf die Weiterbildung der Mitarbeiter und auf die konsequente Schaffung von Innovation und Qualität. 88 Prozent der Befragten geben an, dass sie stolz auf das sind, was sie bei Schreiner gemeinsam leisten. Zudem schafft der sehr gute Ruf von Schreiner die Voraussetzung für eine hohe Identifikation mit dem Unternehmen.

Teamorientierung

Der Gruppenarbeit wird bei Schreiner ein hohes Gewicht beigemessen. In den regelmäßigen Gruppenbesprechungen werden gemeinsam Probleme besprochen und Verbesserungen im Rahmen des „Kontinuierlichen Verbesserungsprozesses" initiiert. Die Verbesserungsprojekte werden mit Punkten bewertet und der Gruppe gutgeschrieben. Bei einer entsprechenden Punkteanzahl organisiert die Gruppe selbst eine Aktivität, wie etwa einen gemeinsamen Ausflug. Die Kosten übernimmt Schreiner. In regelmäßigen Abständen gibt es einen „Tag der offenen Tür", an dem Familienangehörige, Verwandte und Bekannte der Mitarbeiter das Unternehmen besichtigen können. Lieferantengeschenke werden in einer Tombola gesammelt und so an alle Mitarbeiter weitergegeben. Einen Höhepunkt bildet die Weihnachtsfeier, in der das gemeinsam erarbeitete Unternehmensziel für das kommende Jahr offiziell in feierlichem Rahmen vorgestellt wird.

Karriere

Talente, die bei uns einsteigen wollen, sollten folgende Eigenschaften mitbringen:

Wir erwarten: Eine positive, motivierte Grundeinstellung, Aufgeschlossenheit und Lernbegeisterung, Qualitäts- und Leistungsorientierung und die Fähigkeit sowohl zur Teamarbeit als auch zur eigenständigen und eigenverantwortlichen Arbeit.

Fakten

Branche	Druck und Materialbearbeitung
Zahl der Mitarbeiter in 2003	453
Adresse	Bruckmannring 22, 85764 Oberschleißheim
Homepage	www.schreiner-group.de
Beschäftigte Berufsgruppen	40 verschiedene Berufsgruppen: gewerbliche Mitarbeiter aus allen Berufsbildern der Druckindustrie, kaufmännische Mitarbeiter, wissenschaftliche Mitarbeiter
Anfangsgehalt für Hochschulabsolvente	Gehaltsvereinbarung nach Qualifikation
Bewerberinformationen	www.schreiner-group.de Ansprechpartner: Thomas Flessa Leiter Personalmanagement Tel.: 089 31584-186, Fax: 089 31584-329 E-Mail: flessa@schreiner-group.de Frank Traut Personalreferent Tel.: 089 31584-336, Fax: 089 31584-307 E-Mail: traut@schreiner-group.de
Weiterbildungsstunden pro Jahr für größte Berufsgruppe pro Mitarbeiter	im Gesamtunternehmen 2245 Weiterbildungstage in 2003
Anteil der Mitarbeiter unter 35 Jahren	43 Prozent
Frauenanteil	31 Prozent

Rang 46
SAS Deutschland

NOBEL RESIDIEREN

Die Tochter des amerikanischen Softwareunternehmens SAS Institute* verzeichnete in den vergangenen Jahren ein kontinuierliches Ertragswachstum. Davon profitierten auch die Mitarbeiter, etwa in Form von sehr guten Arbeitsbedingungen.

Die Unternehmensgebäude von SAS Institute GmbH sind allererster Sahne. Statt nüchternem Zweckbau im Industriegebiet residieren die Mitarbeiter des Softwarehauses in noblen Stadtteilen und in aufwändig renovierten Altbauten – egal ob in der Zentrale in Heidelberg oder in den Niederlassungen Berlin, Frankfurt am Main, Hamburg und Köln. „Kreativität kann nur in einem schönen Ambiente entstehen", sagt Geschäftsführer Willi Janiesch. „Wir wollen, dass morgens jeder gerne zur Arbeit kommt." Ob ehemaliges Hotel oder Stadtvilla, die Firmengebäude sind nicht nur außen schön, sondern auch innen modern ausgestattet. Das loben 94 Prozent der Befragten im Wettbewerb „Deutschlands Beste Arbeitgeber".

---

* An dem Wettbewerb „Deutschlands Beste Arbeitgeber" hat die Teilgesellschaft SAS Deutschland teilgenommen.

Seit 20 Jahren gibt es den Softwarespezialisten in Europa. Aus damals zwei Mitarbeitern wurden inzwischen fast 720 Mitarbeiter, 420 davon sind für den deutschen Markt im Einsatz. Zusammen erarbeiteten sie in 2003 einen Umsatz von 129 Millionen Euro. „Wir vertreiben Software, die aus Daten in allen Branchen Informationen macht", erklärt Janiesch das Angebot des amerikanischen Unternehmens mit Hauptsitz in North Carolina, USA. Statistiker, Analysten, Controller, aber auch Marketingstrategen nutzen die Produkte und Dienstleistungen von SAS Institute für Prognosen oder Marketingaktionen. Vor allem das zweistellige Wachstum in den vergangenen Jahren entgegen dem Branchentrend macht die Mitarbeiter stolz. Sie schätzen auch die „tolle Team-Atmosphäre", die unter anderem mit gemeinsamen Feiern gefördert wird.

Die Belegschaft des IT-Hauses ist eine bunte Truppe: Neben Informatikern, Physikern und Betriebswirten arbeiten hier Psychologen, Ethnologen, Geographen und Theologen. „Nicht das Fachwissen ist entscheidet, denn das veraltet. Wir brauchen Mitarbeiter, die ständig dazulernen wollen", so Janiesch. Dafür erhalten die Beratungs- und Softwareexperten im Durchschnitt 80 Trainingsstunden im Jahr. „Dazu gehören natürlich viele technische Seminare, um immer auf dem neuesten Stand zu bleiben", sagt die Personalleiterin Marlies Bürkel. „Daneben ist es bei uns üblich, dass Mitarbeiter ihr Wissen an die Kollegen weitergeben in Form von Schulungen oder von Berichten im Intranet."

Wie es sich für ein IT-Unternehmen gehört, nutzt die Belegschaft auch neue Technologien, um miteinander zu kommunizieren. So berichtet etwa die Geschäftsführung via Web jeden Freitagmittag, wie sich die Umsätze entwickeln, wo es klemmt und welche Personalveränderungen es gibt. Außerdem melden sich Mitarbeiter zu Wort, die ein besonderes Projekt planen oder eine Veranstaltung wie die IT-Messe Cebit vorbereiten. „So sind alle Kollegen an allen Standorten immer auf dem neuesten Stand", sagt Bürkel. Verpasst ein Mitarbeiter die Web-Konferenz, kann er sie im Intranet zu einem späteren Zeitpunkt anschauen.

Freitage sind nicht nur die Tage der Neuigkeiten, jeden letzten Freitag im Monat ist auch Party-Tag. Im eigenen Biergarten wie am Heidelberger Standort oder im Garten der Münchner Dependance organisieren die Kollegen je nach Laune einen Umtrunk oder ein richtiges Grillfest. Freunde, Partner und Kinder sind dazu herzlich willkommen. „Leben und arbeiten gehören zusammen", sagt Janiesch. Übrigens: Die IT-Spezialisten nutzen ihre Grünanlagen nicht nur zum Feiern: „Es ist üblich, dass im Sommer die Besprechungen auch im Freien stattfinden", so Bürkel.

Great Place to Work Kriterien
7-8 Punkte: ausgezeichnet, 5-6 Punkte: sehr gut, 3-4 Punkte: gut.

Glaubwürdigkeit ■ ■ ■

Die Firmenkultur von SAS Institute basiert auf dem Grundsatz des Firmengründers „If you treat employees as if they make a difference to the company, they will make a difference to the company". Die Geschäftsleitung ist bestrebt, ein hohes Maß an Transparenz zu erreichen. „*Das Management ist offen und ehrlich – absolut glaubwürdig*", so drückt es ein Mitarbeiter aus. Die Geschäftsleitung spricht monatlich via Internet zu allen Mitarbeitern, um über die neuesten Entwicklungen im Unternehmen, wie Kundenabschlüsse oder Neuigkeiten aus dem Mutterkonzern, zu informieren. Zur Gewährung der Erreichbarkeit praktiziert die Unternehmensführung das „Management by walking around", das heißt sie sucht regelmäßig den persönlichen Austausch mit den Mitarbeitern.

Respekt ■ ■ ■ ■ ■

Außergewöhnliche Incentives stellen sicher, dass besondere Leistungen aller Mitarbeiter anerkannt und ausgezeichnet werden. Im Rahmen des „Million $ Club" werden zum Beispiel Vertriebsmitarbeiter, die Projekte innerhalb eines Jahres in diesem Rahmen abschließen, von der Geschäftsleitung zu einer Reise eingeladen. Zur Firmenphilosophie gehört es, eine Arbeitsumgebung zu schaffen, in der sich alle Mitarbeiter wohl fühlen und sich frei entfalten können. So gehört zu den Firmengebäuden am Neckarufer in Heidelberg beispielsweise ein historischer Gebäudekomplex aus dem 14. Jahrhundert. Das trägt in hohem Maße zur Zufriedenheit bei: 97 Prozent der Mitarbeiter geben an, dass Gebäude und Einrichtungen des Unternehmens zu einem guten Arbeitsumfeld beitragen.

Fairness ■ ■ ■ ■

SAS Institute investiert zehn Prozent des Grundgehalts jedes Mitarbeiters in eine Lebensversicherung, die zur Absicherung der späteren Rentenzahlung als Risikolebensversversicherung und Berufsunfähigkeitsrente fungiert. Ein Job-Ticket, eine private Unfallversicherung und eine Krankenhaustagegeld-Versicherung, Sonderkonditionen für weitere Versicherungen und Vorzugskonditionen im Bereich der Finanzierung von Krediten ergänzen das umfangreiche Paket an Sozialleistungen, das SAS-Mitarbeiter erhalten. Obst und Getränke sind für alle Mitarbeiter grundsätzlich kostenlos, für den mittäglichen Besuch in der Kantine zahlen sie lediglich den Wareneinsatz.

Stolz

Seinen Wachstumskurs konnte SAS auch in der angespannten Situation der letzten Jahre fortsetzen und seine Position als einer der weltweit führenden Anbieter von Unternehmenssoftware weiter festigen. Ein Ergebnis, das alle SAS Mitarbeiter Stolz empfinden lässt: *„Der Erfolg von SAS ist kein Zufall, sondern das Resultat eines außergewöhnlichen Unternehmens und seiner außergewöhnlichen Mitarbeiter"*, beschreibt es ein Mitarbeiter. Das soziale Engagement, wie beispielsweise die regelmäßigen Versteigerungen von Firmeninventar, deren Erlöse gemeinnützigen Zwecken zukommen, steigert die Identifikation mit der Firma.

Teamorientierung

Die gute Stimmung im Unternehmen beschreibt ein Mitarbeiter mit *„tolle Team-Atmosphäre – jeder kann sich entsprechend seiner Fähigkeiten einbringen"*. Neue Mitarbeiter fühlen sich im Unternehmen willkommen, das bestätigen 96 Prozent der Befragten. Das Gemeinschaftsgefühl zeigt sich auch an der jeden letzten Freitag im Monat stattfindenden „End of the Month"-Party, die jedes Mal unter einem neuen Motto veranstaltet wird. Zu speziellen Anlässen wird mit Live-Musik oder bei einer Schifffahrt auf dem Neckar gefeiert.

Karriere

Talente, die bei uns einsteigen wollen, sollten folgende Eigenschaften mitbringen:

Wir freuen uns über Mitarbeiter, die mit uns eine langfristige Bindung eingehen wollen, eigeninitiativ neue Ideen anstoßen und engagiert an einer gemeinsamen Zielerreichung im Team arbeiten. Kommunikationsstärke, ausgeprägte Kundenorientierung, Begeisterungsfähigkeit und Zielorientierung sollten als persönliche Stärken eingebracht werden.

Rang 46 : SAS Deutschland | 259

Fakten

Branche	Informationstechnologie
Zahl der Mitarbeiter in 2003	420
Adresse	In der Neckarhelle 162, 69118 Heidelberg
Homepage	www.sas.de
Beschäftigte Berufsgruppen	Akademiker aller Fakultäten und kaufmännische Angestellte
Anfangsgehalt für Hochschulabsolventen	keine Angaben
Bewerberinformationen	Tel.: 06221 415-180 (Hotline) http://www.sas.com/offices/europe/germany/karriere/index.html
Weiterbildungsstunden pro Jahr für größte Berufsgruppe pro Mitarbeiter	80 Stunden
Anteil der Mitarbeiter unter 35 Jahren	42 Prozent
Frauenanteil	35 Prozent

Rang 47

Hannover Rückversicherung

SICHER BEURTEILEN

Der Finanzdienstleister Hannover Rück hat sich für die kommenden Jahre ehrgeizige Ziele gesetzt. Dafür arbeiten die Mitarbeiter ständig an Verbesserungsprozessen. Die schätzen den Austausch der Kulturen und die guten Weiterbildungsmöglichkeiten.

Von außen wirkt das Gebäude der Hannover Rück wie eine Trutzburg. Rotfarbene Klinkermauern türmen sich auf wie eine Stadtmauer, die aussieht, als ob sie alles Unheil fern halten sollte. In den Gebäuden herrscht Ruhe, alles wirkt aufgeräumt. Man spürt, dass hier nicht Lippenstifte, Schuhe oder Software kreiert werden, sondern Experten potenzielle Risiken abwägen und bepreisen. Doch mindestens einmal im Jahr wird die Ruhe unterbrochen, dann werden aus den Zahlen- und Rechtsspezialisten Partykönige. Bei der Weihnachtsfeier geht es hoch her, ein DJ legt Musik auf, und alle tanzen. „Bei den Betriebsfesten mischen sich die Nationalitäten, und alle haben gemeinsam Spaß", so ein Kommentar aus der Befragung zum Wettbewerb „Deutschlands Beste Arbeitgeber".

Die Finanzexperten in Hannover sind eine bunte Gruppe aus unterschiedlichen Ländern. Der fünftgrößte Rückversicherer der Welt mit einem Prämienvolumen von 11,3 Milliarden Euro hat über 100 Tochter-, Beteiligungs-

Rang 47 : Hannover Rückversicherung

gesellschaften und Repräsentanzen in 19 Ländern. Für das Deutschlandgeschäft ist die Tochter E+S Rück mit 777 Mitarbeitern zuständig. Sein Geld verdient das börsennotierte Unternehmen in erster Linie in den Sparten Schaden-, Personen und Finanzrückversicherung. Der Konzerngewinn nach Steuern betrug im Geschäftsjahr 2003/2004 rund 354,8 Millionen Euro. In 2006 liegt das angepeilte Ziel bei einer halben Milliarde Euro. Das Unternehmen setzt für seine ehrgeizigen Ziele auf das Potenzial der Mitarbeiter, die das Weiterbildungsangebot schätzen.

So sind in der Zentrale fast täglich Sprachtrainer zu Gast. „Die Konzernsprache ist Englisch", sagt Eckehard Lühring, Personaldirektor der deutschen Tochter der Hannover Rück. „Darüber hinaus lernen viele Kollegen noch eine weitere Sprache, je nachdem, in welchen regionalen Märkten sie zu tun haben." Damit die Kommunikation über die Grenzen hinweg klappt, bietet das Unternehmen für Anfänger wie für Fortgeschrittene Kurse in Englisch, Französisch, Spanisch, Italienisch, Portugiesisch und Deutsch an – kostenlos und während der Arbeitszeit.

Dem Management bei Hannover Rück liegt viel daran, die Meinung der Mitarbeiter zu erfahren. So lädt etwa der Vorstandsvorsitzender Wilhelm Zeller in der Regel einmal im Monat Mitarbeiter aus den unterschiedlichsten Bereichen zum Frühstück ein. „Jeder kann fragen, was ihn gerade bewegt", sagt Personaldirektor Lühring. Außerdem beurteilen die Mitarbeiter alle zwei Jahren ihre Führungskräfte per Fragebogen. Damit nicht genug: Die Serviceeinheiten wie der IT-, der Personal- oder der Verwaltungsbereich müssen sich jährlich dem Votum der Kollegen stellen, die ihre Dienste in Anspruch nehmen. Dabei werden Fragen zur Erreichbarkeit und zur Qualität der Dienstleistungen gestellt.

Vor allem für Führungskräfte sind die Ergebnisse der Befragung wichtig. Sie sind Teil eines ständigen Verbesserungsprozesses, der mit Nachdruck im Unternehmen etabliert wird. Selbst auf das Gehalt haben Lob und Tadel Einfluss: „Je nach Hierarchieebene der Leitenden sind 30 bis 50 Prozent des Gehalts variabel", sagt Lühring. Und davon wiederum ist die Hälfte des Bonus abhängig von den individuell erreichten Zielen – der Rest bemisst sich an den wirtschaftlichen Erfolgen des Unternehmens. Bei Mitarbeitern ohne Führungsfunktion werden nach und nach variable Zahlungen eingeführt. Die Idee dahinter: Wenn die Finanzexperten auch weiterhin fleißig optimieren und verbessern, verdienen sie wie die Aktionäre an dem Erfolg der Hannover-Rück-Aktie mit.

Great Place to Work Kriterien
7-8 Punkte: ausgezeichnet, 5-6 Punkte: sehr gut, 3-4 Punkte: gut.

Glaubwürdigkeit

„Kommunikation ist keine Einbahnstraße. Sie beruht auf Gegenseitigkeit und bezieht andere Standpunkte ein." So halten es die Führungsgrundsätze der Hannover Rückversicherung fest. Die Mitarbeiter loben die Nähe zum Vorstand: *„Vorstände sind regelmäßig in der Kantine anzutreffen und ansprechbar"*, bestätigt ein Befragter. Der Vorstandsvorsitzende führt monatlich ein Mitarbeiterfrühstück durch, zu dem nach dem Zufallsprinzip Mitarbeiter aus allen Unternehmensbereichen eingeladen werden. Über *Performance Excellence* – ein auf Ganzheitlichkeit abzielendes Managementsystem zur Umsetzung der Unternehmensstrategie – erfolgt unter anderem die sehr transparente Information über die Unternehmensziele: 83 Prozent aller befragten Mitarbeiter stimmen der Aussage zu, dass das Management klare Vorstellungen von den Zielen des Unternehmens hat und davon, wie diese erreicht werden können.

Respekt

Die Mitarbeiter loben die sehr guten Bildungsmöglichkeiten. Neben einem umfangreichen Angebot an verschiedensten Sprachkursen und Fachschulungen finden unter anderem Seminare zur Kompetenzentwicklung (zum Beispiel in Verhandlungsführung, Projektleitung oder Präsentationstechnik) statt. Als herausragend wird auch die Unterstützung empfunden, die das Unternehmen berufstätigen Eltern bietet: *„Ich kenne kein anderes Unternehmen, das so flexibel und individuell auf die Bedürfnisse von Mitarbeitern mit kleinen Kindern eingeht"*, stellt eine Mitarbeiterin fest. So erhalten alle Mitarbeiter die Möglichkeit zur Telearbeit, die sie mit Hilfe eines eigens eingerichteten Testarbeitsplatzes ausprobieren können. Schulungen bereiten gezielt auf die Arbeit von zu Hause aus vor.

Fairness

Mitarbeiter der Hannover Rückversicherung erwartet eine ausgewogene, deutlich übertarifliche Bezahlung und viele Extras wie etwa die Belegschaftsaktien. Die Mitarbeiterschaft ist sehr international. Den Kontakt zu unterschiedlichen Kulturen und Mentalitäten erlebt sie als Bereicherung: *„Als weltweit operierendes Unternehmen mit Mitarbeitern aus vielen Nationen ist besonders die in unserem Unternehmen herrschende gute Zusam-*

menarbeit und Akzeptanz unter den Kollegen unabhängig von Nationalität, Hautfarbe und Religion hervorzuheben"*, beschreibt es ein Beschäftigter. 96 Prozent der Befragten bestätigen diese Aussage.

Stolz

„Hannover Rück schafft es, dass ich mich als Mitarbeiter 100 Prozent mit dem Unternehmen identifizieren kann", bemerkt ein Befragter. Stolz sind die Beschäftigten vor allem auf den herausragenden wirtschaftlichen Erfolg: *„Die nach wie vor herausragende Performance des Unternehmens im nationalen wie internationalen Umfeld ermöglicht jedem Mitarbeiter eine überdurchschnittliche Perspektive"*, bringt es ein Befragter auf den Punkt. Die Hannover Rück, der fünftgrößte Rückversicherer der Welt, wurde im vergangenen Jahr bereits zum dritten Mal zum *Reinsurer of the Year* gewählt. Die Mitarbeiter tragen mit außergewöhnlichem Engagement hierzu bei: 87 Prozent geben an, dass die Mitarbeiter bereit sind, einen zusätzlichen Einsatz zu leisten, um Arbeiten fertig zu stellen.

Teamorientierung

„Hannover Rück hat einen dermaßen umfassenden Teamgeist, den man nicht einmal in Theorie-Büchern findet", stellt ein Mitarbeiter begeistert heraus. Das geringe Durchschnittsalter der Belegschaft und der lockere Umgang miteinander werden als Stärken des Unternehmens gesehen. Die Mitarbeiter fühlen sich wohl im Unternehmen, die Zusammenarbeit in den Teams funktioniert problemlos: *„Hier sind alle Mitarbeiter kooperationsbereit und engagiert. Jenseits der leeren Wörter oder plakativen Begriffe herrscht hier tatsächlich eine sehr produktive Teamarbeit, wobei sich Initiative und Erfahrung gut kombinieren lassen"*, so ein Mitarbeiter. Betriebsausflüge, Feiern und gemeinsame Unternehmungen wie Kanutouren geben die Gelegenheit, sich noch besser kennen zu lernen.

Karriere

Talente, die bei uns einsteigen wollen, sollten folgende Eigenschaften mitbringen:

Eine gute Basis ist eine Berufsausbildung als Versicherungskaufmann beziehungsweise -kauffrau. Bei Hochschulabsolventen sind Absolventen der Fachrichtungen Mathematik, Wirtschaftswissenschaften, Informationstechnologie und Jura bis hin zu Meteorologie für uns interessant.

Wir legen Wert auf Kreativität, Teamfähigkeit, Eigeninitiative, Dynamik, Überzeugungskraft und Entschlusskraft. Wichtiger noch als diese Standards ist uns aber, dass Sie offen sind gegenüber Menschen aus den unterschiedlichsten Kulturen und dass Sie neben sehr gutem Englisch möglichst weitere Fremdsprachen sprechen. Ein längerer Auslandsaufenthalt sowie praktische Erfahrungen im Erst- oder Rückversicherungsgeschäft sind von Vorteil.

Fakten

Branche	Finanzdienstleistungen, Versicherungen
Zahl der Mitarbeiter in 2003	777
Adresse	Karl-Wiechert-Allee 50, 30165 Hannover
Homepage	www.hannover-rueck.de
Beschäftigte Berufsgruppen	Wirtschaftswissenschaftler, Betriebswissenschaftler, Mathematiker, Juristen, aber auch Informatiker, Geologen und Physiker
Anfangsgehalt für Hochschulabsolventen	2900 Euro pro Monat
Bewerberinformationen	Klaudia Gering personell@hannover-re.com
Weiterbildungsstunden pro Jahr für größte Berufsgruppe pro Mitarbeiter	hausweit durchschnittlich 35 Stunden (Informationstechnologie-Seminare, Fachseminare, Soft Skills, Sprachkurse, externe Seminare) pro Mitarbeiter
Anteil der Mitarbeiter unter 35 Jahren	38 Prozent
Frauenanteil	52 Prozent

Rang 48
Burster Präzisionsmeßtechnik

GENAU INFORMIEREN

Das Familienunternehmen Burster Präzisionsmeßtechnik bereitet sich derzeit auf die Internationalisierung des Geschäfts vor. Die Mitarbeiter finden die Arbeit mit der Technik spannend, und sie schätzen ihre flexiblen Arbeitszeiten.

Auf den ersten Blick ist die Burster Präzisionsmeßtechnik GmbH & Co. ein klassisches Familienunternehmen. Chef ist Matthias Burster, Firmenlenker in zweiter Generation. Allerdings kommt der Physiker und Master of Science keineswegs wie ein Patriarch daher. Im Gegenteil: Er lässt die Zügel relativ locker. Bei Burster gilt das Prinzip, dass sich die Teams selbst organisieren – egal, ob in der Produktion, im Vertrieb oder in der Entwicklung. „*Das Management hat höchstes Vertrauen in Eigenverantwortung und Verantwortungsbewusstsein der Mitarbeiter und bietet ein maximales Maß an persönlicher Flexibilität und Freiheit in jeder Beziehung*", so ein Kommentar in der Befragung „Deutschland Beste Arbeitgeber".

„Die Mitarbeiter haben Spaß an den Produkten und an der Technik", sagt der Geschäftsführer Burster. Sein Unternehmen mit 104 Angestellten ist in drei Feldern aktiv: der Sensorik, der Kalibrier- und der Messtechnik. „Unsere Hauptkunden sind die Maschinenbau- und die Automobilzuliefererbranche", so der Chef des badischen Unternehmens. Zu den Kunden gehören

Konzerne wie Siemens, Bosch, mittelständische Unternehmen wie Tox oder Dürr und Forschungseinrichtungen wie die Fraunhofer-Institute. Mit einer breiten Produktpalette erwirtschaftet das Gernsbacher Unternehmen in 2003 mehr als elf Millionen Euro. Die Zukunft ist global, davon ist man auch im Murgtal in der Nähe von Baden-Baden überzeugt. Noch in diesem Jahr findet bei Burster Präzisionsmeßtechnik ein internationales Service-Meeting mit Handelsvertretern aus den USA und China statt. Überlegt wird dabei, wie die Kunden weltweit noch besser betreut werden können.

„Ich lege viel Wert auf eine transparente Kommunikation", so Burster. So tagt alle vier bis acht Wochen der so genannte erweiterte Führungskreis mit zehn Mitgliedern. „Sie sind wiederum in der Pflicht, ihre Teams über alle relevanten Neuigkeiten zu informieren, und zwar zeitnah", so der Geschäftsführer. Die Neuigkeitenübermittlung funktioniert: 85 Prozent der Befragten loben, dass ihre Führungskräfte für sie gut erreichbar und unkompliziert anzusprechen sind. Auch das Zwischenmenschliche kommt nicht zu kurz: *„Man kann mit den Vorgesetzten über jedes Problem reden, ob geschäftlich oder privat"*, sagt ein Mitarbeiter.

„Supergute Arbeitszeiten" – das ist ein weiterer Punkt, den die Messtechnikspezialisten an ihrem Arbeitgeber sehr schätzen. „Wir haben seit 30 Jahren eine offene Gleitzeit", erklärt Edgar Miggler, Mitglied der Geschäftsleitung bei Buster. „Die Mitarbeiter regeln im Team, wann wer arbeitet oder Urlaub nimmt." Dabei orientiert sich jeder an der Auftragslage und an den Kundenbedürfnissen. „Wenn beispielsweise eine Produktentwicklung abgeschlossen ist, kann ein Beteiligter auch mal vier Wochen Urlaub machen", so Burster. „Muss ein Auftrag unbedingt fertig werden, dann kommen die Teams auch einmal am Samstag."

Nicht nur die Arbeit koordinieren die Montage- und Entwicklungsspezialisten sowie die Vertriebsexperten selbst, auch bei Feiern wird mit angepackt – und selbst organisiert. Sie bestücken etwa beim Sommerfest auf dem Firmengelände das Buffet mit Hausgemachtem. Die Getränke spendieren jene Kollegen, die ohnehin etwas zu feiern haben – einen Geburtstag oder ein Jubiläum. „Die Mitarbeiter kümmern sich umeinander", so ein Kollege. Das gilt beim Feiern wie im Joballtag. 93 Prozent der Befragten sagten, dass sie in einem freundlichen Unternehmen arbeiten.

Great Place to Work Kriterien

7-8 Punkte: ausgezeichnet, 5-6 Punkte: sehr gut, 3-4 Punkte: gut.

Glaubwürdigkeit

Die Kommunikationskultur beruht auf klar formulierten Leitsätzen, den „Spielregeln für das Führungsteam", die Offenheit und Transparenz hervorheben. Bei Burster ist die Frage, inwieweit die Leitsätze umgesetzt werden, Bestandteil der jährlichen Führungskräftebeurteilung. 88 Prozent der Mitarbeiter sprechen dem Management eine hohe Kompetenz in der Führung des Unternehmens und Umsetzung der Mitarbeiterorientierung zu. Durch E-Mail, Meetings und die regelmäßige Mitarbeiterversammlung ist das Management gut erreichbar und unkompliziert anzusprechen, was wiederum 85 Prozent der Befragten bestätigen. Gleichsam kommt das Management seinen Führungsaufgaben mit nur wenig Kontrolle nach. 92 Prozent heben hervor, dass das Management auf die gute Arbeit der Mitarbeiter vertraut, ohne sie ständig zu kontrollieren.

Respekt

Der Slogan „Ohne Probleme keine Verbesserung" bringt die Herangehensweise der Burster-Mannschaft an Schwierigkeiten und unbeabsichtigt auftretende Fehler auf einen Nenner. Das Total Quality Management betont die Problemlösekapazität aller Mitarbeiter und fordert jeden auf, Missstände und Problembereiche offen zu legen und auf einer Lösung zu beharren. Zur Kompetenzentwicklung werden jährlich individuelle Weiterbildungsbedarfe festgelegt. Burster unterhält ein elaboriertes Schulungs- und Weiterbildungswesen.

Fairness

Das Vergütungssystem ist so gestaltet, dass alle Mitarbeiter von außergewöhnlichen individuellen wie kollektiven Leistungen profitieren können. Wird das jährliche Umsatzziel erreicht oder überschritten, heben Tantieme, Gruppenprämien und Jahressondervergütung das Einkommen der gesamten Belegschaft. Durch Gleitzeitregelung lassen sich berufliche Verpflichtungen und private Interessen gut in Übereinstimmung bringen. 94 Prozent bejahen in der Untersuchung die Aussage: „Ich kann mir Zeit frei nehmen, wenn ich es für notwendig halte."

Stolz

Durch sein soziales Engagement zeigt der Mittlerständler Verantwortung für das Gemeinwesen und fördert auf diese Weise die Identifikationsprozesse seiner Belegschaft mit der Firma. So überreichen regelmäßig Burster-Mitarbeiter Sachspenden wie PCs an die lokale Schule oder spenden Geld für Katastrophenopfer. Für die hohe Identifikation der Belegschaft mit ihrer Arbeit sprechen 90 Prozent der Befragten, die angeben, dass die Kollegen bereit sind, einen zusätzlichen Einsatz zu leisten, um Arbeiten fertig zu stellen.

Teamorientierung

Die Befragung ergab mit 92 Prozent Zustimmung, dass sich neue Mitarbeiter im Unternehmen willkommen fühlen. Dafür sorgen nicht zuletzt die persönlichen und freundlichen Umgangsformen. Zusätzlich sind flache Hierarchie und die Nähe in den Gruppen und Teams garant für ein gutes Betriebsklima. 86 Prozent Zustimmung auf die Aussage „Ich kann im Unternehmen ich selbst sein und brauche mich nicht zu verstellen" belegen die gute Stimmung bei Burster.

Karriere

Talente, die bei uns einsteigen wollen, sollten folgende Eigenschaften mitbringen:

Wir suchen teamfähige und verantwortungsbewusste Mitarbeiter/-innen, die sich in unserem innovativen Unternehmen engagieren wollen. Es erwartet sie eine interessante und abwechslungsreiche Tätigkeit in einem flexiblen und angenehmen Arbeitsumfeld. Wir bieten ihnen, außer einer attraktiven Vergütung, die Vorzüge einer offenen Gleitzeit. Fachliche und soziale Kompetenz setzen wir voraus.

Fakten

Branche	Automationstechnik
Zahl der Mitarbeiter in 2003	104
Adresse	Talstraße 1–5, 76593 Gernsbach
Homepage	www.burster.de
Beschäftigte Berufsgruppen	angelernte Mitarbeiter, Facharbeiter, Elektrotechniker, Elektronik-, Entwicklungs- und Vertriebsingenieure, kaufmännischer und technischer Sachbearbeiter mit speziellen Kenntnissen.
Anfangsgehalt für Hochschulabsolventen	keine Angaben
Bewerberinformationen	keine Angaben
Weiterbildungsstunden pro Jahr für größte Berufsgruppe pro Mitarbeiter	circa zehn Prozent der Gesamtstunden pro Jahr
Anteil der Mitarbeiter unter 35 Jahren	29 Prozent
Frauenanteil	49 Prozent

Rang 49

3M Deutschland

GRENZENLOS ARBEITEN

Das Multitechnologie-Unternehmen 3M Deutschland ist auf Wachstum ausgerichtet. Der Konzern setzt auf Innovationen, Internationalität und Weiterbildung der Mitarbeiter – für Fach- wie für Führungskräfte.

„Man kann die Branche wechseln, ohne das Unternehmen zu verlassen", beschreibt ein Mitarbeiter seinen Brötchengeber in der Befragung „Deutschlands Beste Arbeitgeber". Ein Kollege ergänzt: „Du kannst Dein ganzes Berufsleben bei 3 M arbeiten." Neuen Kollegen in der Deutschlandzentrale in Neuss wird schnell klar, warum auch nach vielen Jahren beim selben Arbeitgeber keine Langeweile aufkommt: Auf der Fläche eines Einfamilienhauses sind die unterschiedlichen Produkte des Weltkonzerns in unzähligen Vitrinen ausgestellt: Overhead-Projektoren, Klebebänder, Kabel, Stoffe für Jacken und Schuhe, reflektierende Folien, Medikamente und Materialien für die Zahnbehandlung, um nur einige zu nennen. Sieben ganz unterschiedliche Geschäftsfelder vereint das Unternehmen mit Stammsitz in St. Paul, USA, unter einem Dach.

Rang 49 : 3M Deutschland

„Wo sind hier die Grenzen?" Das war die erste Frage von Josef Mrozek, dem heutigen Personaldirektor von 3M Deutschland GmbH, als er vor 18 Jahren im Unternehmen einstieg. Mrozek hat bei einem Riesen-Konzern angeheuert: 1902 gegründet, arbeiten derzeit mehr als 66 000 Mitarbeiter in über 60 Ländern für das Innovationsunternehmen mit einem Umsatz von rund 18,2 Milliarden US-Dollar in 2003. Die über 4600 Kollegen an elf deutschen Standorten erwirtschafteten davon rund 1,6 Milliarden Euro. Trotz der schwierigen wirtschaftlichen Lage hier zu Lande schaut das Unternehmen optimistisch in die Zukunft. Die 3Mler sind stolz auf ihre Produkte und ihren Arbeitgeber. Sie schätzen die gute Altersvorsorge genauso wie die Weiterbildungsmöglichkeiten.

„Hochprofessionelles Unternehmen", lobt ein Mitarbeiter seinen Arbeitgeber. Das hat vor allem damit zu tun, dass der Konzern Trainings und Seminare sehr konsequent einsetzt – und zwar weltweit. So lädt die Zentrale in den USA jedes Jahr rund 45 Direktoren aus den unterschiedlichsten Ländern zu einer 17-tägigen Fortbildung ein. Elf Tage davon arbeiteten die Manager in Gruppen an einem Projekt, das sie dann am Ende dem Top-Management präsentieren. Training bei 3 M ist nicht nur Chefsache: eine Beispiel dafür ist „Six Sigma": Mit Hilfe dieser Methode sollen Kosten gesenkt, Wachstum generiert und gebundenes Kapital freigesetzt werden. Ob Marketingexperte, Teamleiter in der Entwicklung oder Vertriebschefs, jeder lernt diese Idee der Prozessoptimierung. Mehr als 20 000 3M-Mitarbeiter rund um den Globus sind darin bereits trainiert, der Rest wird bis Ende 2004 fit gemacht.

Trainings wie Six Sigma haben bei 3M noch einen weiteren Hintergrund: „Personalentwicklungsmaßnahmen sind nicht nur reine Fortbildungsveranstaltungen, sondern auch gute Gelegenheiten für die Geschäftsleitung, Potenziale zu erkennen. Außerdem tauschen sich die Teilnehmer über Hierarchieebenen hinweg miteinander aus", so der Personaldirektor. Einmal im Jahr legt das Management dann die Namen der Talente auf den Tisch und entscheidet, welche neuen Aufgaben – auch internationale – den Nachwuchs weiterbringen. Ein Mitarbeiterkommentar bestätigt das: *„Wer hohe Einsatzbereitschaft zeigt, gelangt schnell in gute Positionen und wird dabei gefördert."*

Auch in der Kategorie Fairness loben die Befragten ihr Unternehmen. Dazu gehört sowohl der guten Umgang miteinander als auch die angemessene Vergütung von Leistung. „Neben den persönlichen ergebnisorientierten Gehaltsveränderungen können alle Mitarbeiter an einem Aktienkaufprogramm teilnehmen", erklärt Mrozek. „Für Führungskräfte gibt es zudem eine Gewinnbeteiligung und ein Aktienoptionsprogramm." Selbst bei der Altersvorsorge will der Riesenkonzern in nichts nachstehen: „Darin sind wir spitze", so der Personaldirektor.

Great Place to Work Kriterien

7-8 Punkte: ausgezeichnet, 5-6 Punkte: sehr gut, 3-4 Punkte: gut.

Glaubwürdigkeit

Die Mitarbeiter von 3M erhalten bei der Erledigung ihrer Arbeit große Freiräume und spüren das Vertrauen des Managements in ihr Qualitätsverständnis: 87 Prozent der Mitarbeiter bestätigen in der Befragung, dass sie viel Verantwortung erhalten. Über Intranet und E-Mail, 3M TV und die Mitarbeiterzeitung 3M intern wird die Belegschaft fortlaufend über Aktuelles aus dem Unternehmen informiert. Regelmäßige Treffen auf allen Ebenen geben zusätzliche Möglichkeiten zum persönlichen und wechselseitigen Austausch mit Kollegen und Management.

Respekt

Das Unternehmen setzt auf den Ideenreichtum seiner Mitarbeiter: Jedem Angehörigen der Forschungs- und Entwicklungsabteilung wird eingeräumt, 15 Prozent seiner Arbeitszeit auf Projekte zu verwenden, die auf eigene Initiative und Forschungskreativität zurückgehen und zurzeit nicht vom Unternehmen gesponsert werden. Firmeninterne Awards prämieren jährlich besonders erfolgreiche Teamarbeit. Über das Programm *„Spot Recognition"* verfügen Führungskräfte über ein Budget zur spontanen Gratifikation.

Fairness

Von den zahlreichen Lohnnebenleistungen ist vor allem die betriebliche Altersversorgung hervorzuheben, die deutlich oberhalb des Industriestandards liegt und zu der keine Mitarbeiterbeiträge erhoben werden. Besonders progressiv zeigt sich 3M bei der Integration der weiblichen Mitarbeiter im Rahmen der Karriereentwicklung und -förderung. In allen Programmen für Potenzialträger und Führungskräfte steigt kontinuierlich der Anteil der Teilnehmerinnen. Bereits jetzt stellen Frauen bis zu einem Drittel der Geförderten.

Stolz

Der mit 86 Prozent hohe Anteil der Befragten, die in Betracht ziehen, bis zu ihrem Ruhestand bei 3M zu arbeiten, spricht für eine hohe Verbundenheit mit dem Unternehmen. Durch die Unterstützung diverser sozialer Programme fördert das Unternehmen zusätzlich die Identifikation der Mitarbeiter mit ihrem Arbeitgeber. So wird 3M beispielsweise durch die gezielte Förderung zahlreicher Schulen im Umfeld der Standorte seiner gesellschaftlichen Verantwortung gerecht.

Teamorientierung

Aufgrund der Vielzahl der Bereiche, in denen das Unternehmen tätig ist, kommt es bei den Beschäftigten zu häufigen Wechseln zwischen Abteilungen oder Geschäftsfeldern. Der „3M-Geist" erleichtert Neuanfang und Integration ins Team: 87 Prozent der Befragten fühlen sich bei einem Wechsel gut aufgenommen. Jährlich treffen sich Mitarbeiter und ihre Angehörigen aus zahlreichen Nationen zum gemeinsamen Feiern und geben den 3M-Familien- und Sommerfesten internationales Flair.

Karriere

Talente, die bei uns einsteigen wollen, sollten folgende Eigenschaften mitbringen:

Über die fachliche Qualifikation hinaus legen wir großen Wert auf eine positive Grundhaltung Neuem gegenüber. Sie sollten sich in einer Arbeitsatmosphäre wohl und gefordert fühlen, die durch Freiräume, Engagement, Eigeninitiative und Verantwortung gekennzeichnet ist. Die Übernahme von Projekten, Teamarbeit sowie Kommunikation und Kooperation sind für unsere Mitarbeiter genauso selbstverständlich wie die eigenverantwortliche Gestaltung ihrer Weiterbildung.

Fakten

Branche	Multitechnologie, Chemie
Zahl der Mitarbeiter in 2003	2939
Adresse	Carl-Schurz-Straße 1, 41453 Neuss

Homepage	www.3m.com/de
Beschäftigte Berufsgruppen	fast alle Berufsgruppen
Anfangsgehalt für Hochschulabsolventen	circa 38 000 Euro pro Jahr, abhängig von Fachrichtung und Zusatzqualifikationen
Bewerberinformationen	www.3Mjobs.de
Weiterbildungsstunden pro Jahr für größte Berufsgruppe pro Mitarbeiter	25 bis 40 Stunden
Anteil der Mitarbeiter unter 35 Jahren	29 Prozent
Frauenanteil	29 Prozent

Rang 50

Epigenomics

VISIONÄR FORSCHEN

Das Biotech-Unternehmen Epigenomics möchte in zwei Jahren mit neuen Diagnostikmethoden und pharmazeutischen Wirkstoffen die Gewinnzone erreichen. Dafür arbeiten die Mitarbeiter hart – in hierarchiefreier und internationaler Atmosphäre.

Vor dem Chef ist bei Epigenomics kein Mitarbeiter sicher. „Ich ziehe munter durchs Haus", sagt Alexander Olek, der Vorstand des Biotechnologieunternehmens. In den sechs Jahren seit der Firmengründung hat er seinen Schreibtisch an fünf verschiedenen Ecken im Unternehmen aufgebaut, immer mitten unter seinen Leuten. Die Mobilität des Firmenlenkers ist bezeichnend für das Start-up-Unternehmen: Die über 100 Mitarbeiter kennen weder physische Grenzen in Form von Hierarchiesymbolen wie Vorstandszimmer oder -damen noch unsichtbare Schranken im Kopf. „Fehler sind gut", sagt Olek. „Sie zeigen, dass du etwas riskiert hast."

„Wir brauchen die Gründereuphorie", so der Mathematiker und ehemalige Forscher am Max-Planck-Institut. Das Unternehmen mit Sitz in Seattle und am Hackerschen Markt im Herzen Berlins ist mit Venture Capital finanziert. Gemeinsam mit seinen vier Gründerkollegen hofft Olek im Jahr 2005 auf die erste schwarze Null in der Bilanz. Die Aussichten sind gut: Zusammen mit dem Pharmaunternehmen Roch Diagnostics will die Epigenomics AG in den kommenden drei Jahren einen molekularen Test auf den Markt bringen, bei dem eine Blutprobe genügt, um Darmkrebs zu diagnostizieren. Die Pionierarbeit auf dem Feld der Krebsfrüherkennung ist ein Grund für den Stolz der Mitarbeiter auf ihre Leistung und auf ihren Arbeitgeber. Außerdem loben sie in der Befragung im Wettbewerb „Deutschland Beste Arbeitgeber" das faire Miteinander zwischen Vorständen, nationalen wie internationalen Forschern und technischen Assistenten. *„Hier kann jeder jeden ansprechen, auch der Praktikant den Vorstand"*, so ein Mitarbeiter.

Die einzelnen Forscherteams arbeiten bei dem Start-up sehr eigenständig. „Kommt ein Mitarbeiter in seiner Arbeit nicht weiter, wird ihm ein Coach zur Seite gestellt", so Olek. Das System funktioniert: „Das Management vertraut auf die gute Arbeit der Mitarbeiter, ohne sie ständig zu kontrollieren." Dieser Aussage stimmten 90 Prozent der Mitarbeiter zu. Dieser Vertrauensvorschuss gilt auch für die Arbeitszeit. „Die Anwesenheitspflicht ist nicht geregelt", so der 33-jährige Vorstand. Der Arbeitstag beginnt üblicherweise um 10 Uhr mit einem Gruppenmeeting und endet circa um 20 Uhr. Wer an einem Tag später kommt oder von zu Hause aus arbeiten möchte, gibt einem Kollegen Bescheid. „Am Abend gehen viele später von zu Hause aus noch ins Internet, um mit ihren Kollegen in den USA Dinge zu besprechen, an denen sie gerade gemeinsam arbeiten", sagt der Gründer.

„Unzufriedenheit kann hier offen angesprochen werden", lobt ein Mitarbeiter. „Es gibt viel Kritik, aber auch viel Respekt", ergänzt Olek. „Arroganz ist verpönt." Die Gründer haben sich bei der Entwicklung ihrer Unternehmensgrundsätze darauf verständigt, dass Diskussionen sachlich verlaufen sollen. Auch unter Stress wird keiner „zusammengeschissen". Ganz dem Forscherideal entsprechend, muss sich bei Epigenomics keiner verstellen: 94 Prozent der Mitarbeiter sagen, dass sie sie selbst sein können.

Damit jeder Mitarbeiter weiß und versteht, wie es um die Fortschritte in der Forschung oder die wirtschaftliche Lage steht, gibt es alle zwei Wochen das „Mittwochsseminar". Jeweils ein Team präsentiert in Englisch sein aktuelles Projekt den Kollegen vor Ort in Berlin und via Konferenzschaltung der Mannschaft in Seattle. Anschließend essen, trinken und diskutieren die Kollegen noch miteinander, wie es sich für Pioniere gehört.

Great Place to Work Kriterien
7-8 Punkte: ausgezeichnet, 5-6 Punkte: sehr gut, 3-4 Punkte: gut.

Glaubwürdigkeit

Organisationen sollen Zelte sein! Das Postulat flexibler und transparenter Strukturen aus der modernen Managementliteratur ist bei Epigenomics Bestandteil der Unternehmenswirklichkeit – gerade was den Fluss von Information betrifft. Neben Intranet, Mitarbeiterzeitung und Mitarbeiterhandbüchern werden dazu vor allem die zweiwöchentlich stattfindenden Firmenseminare genutzt. Alle Mitarbeiter sind eingeladen, während des Seminars und dem anschließenden Imbiss den informellen Austausch zu suchen.

Respekt

Epigenomics investiert in die Weiterbildung und Qualifizierung seiner Mitarbeiter. Es existieren individuelle Entwicklungs- und Weiterbildungspläne für Mitarbeiter aller hierarchischen Ebenen. Hausinterne Schulungen thematisieren Kommunikation, Selbst- und Konfliktmanagement sowie zeitgemäßes Führungsverhalten. Wöchentlich werden kostenlos Sprachkurse in Deutsch und Englisch angeboten, die die Mitarbeiter während ihrer Arbeitszeit besuchen können. Jedem Mitarbeiter steht ein Mentor zur Seite, der bei Bedarf als Coach fungiert. Die Angebote zur *Job Rotation* insbesondere mit der 100-prozentigen Tochter in Seattle, USA, ermöglichen internationale Arbeitseinsätze.

Fairness

Übertarifliche Bezahlung und umfangreiche Sozialleistungen tragen zur Zufriedenheit der Epigenomics-Mitarbeiter bei. Das Einstiegsgehalt für Informatiker liegt bei circa 42 000 Euro und laut Benchmark-Studien für die Branche Biotechnologie im oberen Gehaltsrahmen. Die Beschäftigten werden durch das Angebot von Teilzeitarbeit und flexibler Arbeitszeit darin unterstützt, Familie und berufliches Fortkommen in Einklang zu bringen. Die Mitarbeiter fühlen sich fair behandelt: 82 Prozent geben in der Befragung an, dass die Führungskräfte die Bevorzugung einzelner Mitarbeiter vermeiden. Die interne Beförderungspraxis erleben 66 Prozent der Mitarbeiter als ausgewogen – ein Wert, der deutlich (17 Prozent) über dem Durchschnitt der Top-50-Unternehmen liegt.

Stolz

Das Unternehmen bietet ein interessantes Arbeitsumfeld mit Mitarbeitern vieler Fachrichtungen und Nationalitäten im Zentrum der Hauptstadt. Epigenomics hat sich das Ziel gesetzt, die Behandlungsmöglichkeiten von Krebs und anderer komplexer Erkrankungen entscheidend zu verbessern. Die Identifikation mit der eigenen Tätigkeit wird daher besonders hervorgehoben, weil sie den Mitarbeitern die Möglichkeit bietet, „etwas Gutes und Sinnvolles für die Menschheit zu tun". 80 Prozent der Befragten sind mit der Art und Weise zufrieden, in der sie einen Beitrag für die Gesellschaft leisten.

Teamorientierung

Sommerfest, Weihnachtsfeier und spontane Grillfeste schaffen gute Gelegenheiten, sich im zwanglosen Rahmen besser kennen zu lernen. Neue Mitarbeiter fühlen sich im Unternehmen willkommen, was 92 Prozent aller Mitarbeiter in der Befragung bestätigen. Das Unternehmen unterstützt das Zusammengehörigkeitsgefühl der Belegschaft in den Teams zum Beispiel durch Sweatshirts und T-Shirts mit Firmenlogo, die alle Mitarbeiter bei der Einstellung erhalten.

Karriere

Talente, die bei uns einsteigen wollen, sollten folgende Eigenschaften mitbringen:

Flexible Talente mit praktischer Erfahrung und sicheren Englischkenntnissen, mit Begeisterung fürs Interdisziplinäre und Internationale – natürlich hoch motiviert und – qualifiziert!

Fakten

Branche	Biotechnologie
Zahl der Mitarbeiter in 2003	109

Rang 50 : Epigenomics

Adresse	Kastanienallee 24, 10435 Berlin
Homepage	www.epigenomics.com
Beschäftigte Berufsgruppen	Biologen, Mediziner, Chemiker, Mathematiker, Informatiker, Ingenieure, kaufmännische Angestellte, technische Angestellte
Anfangsgehalt für Hochschulabsolventen	36 000 bis 42 000 Euro pro Jahr
Bewerberinformationen	Careers@epigenomics.com
Weiterbildungsstunden pro Jahr für größte Berufsgruppe pro Mitarbeiter	24 bis 40 Stunden
Anteil der Mitarbeiter unter 35 Jahren	58 Prozent
Frauenanteil	46 Prozent

Folgende Bücher sind im Handel erhältlich oder können bestellt werden bei:

FinanzBuch Verlag

Frundsbergstr. 23 I D-80634 München I Telefon: 089 651285-0 I Fax: 089 652096
eMail: bestellung@finanzbuchverlag.de

www.finanzbuchverlag.de

Volker Lindemann

Positioning
329 Seiten, Hardcover, € 34,90 (D); 35,90 (A); SFr. 58,60
ISBN: 3-89879-057-6

Welche Möglichkeiten gibt es, um als Beratungsunternehmen die Herausforderungen der Positionierung und Profilierung zu meistern? Warum ist „Positioning" sowohl Grundvoraussetzung als auch Katalysator für eine auf Dauer wettbewerbsfähige Akquisition?
Der Autor greift ein Themenfeld auf, das in der Literatur bisher ausgespart blieb. Er gibt dem Leser aber nicht nur die Facts & Figures, das Know-how und die unumstößliche Regeln an die Hand. In zahlreichen Interviews plaudern führende Beratungsunternehmen aus dem Nähkästchen. Ein Muss für jeden, der wissen will, wie Beratungsmarketing wirklich funktioniert – und warum es unumgänglich ist.

Christiane Engelhardt

Wir schaffen das!
223 Seiten, Hardcover, € 29,90 (D); 30,80 (A); SFr. 50,50
ISBN 3-89879-059-2

Zehn Geschichten von zehn Mittelständlern – zum Zeitpunkt vor der Krise vor zwei bis drei Jahren und heute – erzählen von zehn verschiedenen Erfahrungen im Umgang mit immer schwieriger gewordenen wirtschaftlichen Rahmenbedingungen. Sie erzählen von Erfolgen und Niederlagen. Von Optimismus und Zweifel. Von Neubeginn und Zusammenbruch. Doch so unterschiedlich die Erlebnisse sein mögen, ein Wille eint sie alle:
„Wir schaffen das!".

Roland Leuschel und Claus Vogt

Das Greenspan-Dossier 2., erweiterte Auflage 2004
400 Seiten, Hardcover, € 34,90 (D); 35,90 (A); SFr. 58,60
ISBN: 3-89879-101-7

Eine knallharte und schonungslose Abrechnung mit der Geldpolitik des »Herren der Blasen«, des berühmtesten Notenbankers aller Zeiten. Die »dunkle« Seite Greenspans, beleuchten Roland Leuschel und Claus Vogt in ihrem provozierenden Buch. Eine »Gelddruckmaschine riesigen Ausmaßes«, sei die Federal Reserve Bank unter Greenspans Führung geworden, so die Autoren. Greenspan erwarb sich den Ruf als »Magier der Märkte«: Wie von Zauberhand machte er aus Geldmengenwachstum Wohlstand. Doch ein Teufelskreis begann und aus dem Magier Greenspan wurde eine »Zauberlehrling«, dem die Situation mehr und mehr entglitt. Die kommenden zehn Jahre werden schwierig werden. Bereiten Sie sich darauf vor, und setzen Sie Ihren ganz persönlichen Vorsorgezug rechtzeitig auf das richtige Gleis. Die Autoren geben gezielte Hinweise, wie Sie Ihr Vermögen und Ihre Altersvorsorge vor dem Verfall schützen können.

Olaf Gersemann
Amerikanische Verhältnisse
384 Seiten, Hardcover, € 34,90 (D); 35,90 (A); SFr. 58,60, 2. Auflage 2004
ISBN: 3-89879-078-9

Unakzeptabel seien diese „amerikanischen Verhältnisse" für Deutschland. Doch vergleicht man die beiden Systeme einmal auf fundierter Basis, so gibt es nur ein Ergebnis: Der Preis, den Deutschland für sein Modell zahlt, ist gewaltig. Warum, erfahren Sie in diesem Buch.

Peter Fischer
Siegen aus Leidenschaft
269 Seiten, Hardcover, € 24,90 (D); 25,60 (A); SFr. 42,30
ISBN 3-89879-061-4

Dieses Buch legt die Tiefenstruktur des individuellen und kollektiven Erfolgs frei. Eine unentbehrliche Lektüre, die Sportlern, Trainern, Führungskräften und Unternehmern neue Impulse vermitteln wird.

Wenn Sie **Interesse** an
unseren Büchern für z.B.

Ihre Kundenbindungsprojekte als Geschenk haben, fordern Sie unsere attraktiven Sonderkonditionen an.

Weitere Informationen erhalten Sie bei Stefan Schörner unter 089 / 651285-0

oder schreiben Sie uns per e-mail an: sschoerner@finanzbuchverlag.de